demografía

ECONOMÍA CAMPESINA Y AGRICULTURA EMPRESARIAL: TIPOLOGÍA DE PRODUCTORES DEL AGRO MEXICANO

por

CEPAL

siglo
veintiuno
editores

MÉXICO
ESPAÑA
ARGENTINA
COLOMBIA

siglo veintiuno editores, sa de cv
CERRO DEL AGUA 248, DELEGACIÓN COYOACÁN, 04310 MÉXICO, D.F.

siglo veintiuno de españa editores, sa
C/PLAZA 5, MADRID 33, ESPAÑA

siglo veintiuno argentina editores, sa

siglo veintiuno de colombia, ltda
AV. 3a. 17-73 PRIMER PISO, BOGOTÁ, D.E. COLOMBIA

edición al cuidado de carmen valcarce
portada de anhelo hernández

primera edición, 1982
cuarta edición, 1989
© siglo xxi editores, s.a. de c.v.
ISBN 968-23-1095-4

ÍNDICE

7

RECONOCIMIENTOS

El presente trabajo forma parte de una investigación más amplia realizada por la Comisión Económica para la América Latina, con la cooperación financiera de la Agencia Canadiense para el Desarrollo Internacional, sobre la estructura agraria y política agrícola en México. Su realización fue encomendada al señor Alejandro Schejtman, asesor de la CEPAL.

Además de la agencia mencionada, contribuyeron a hacer posible el estudio, cuyos resultados aquí se presentan, las siguientes instituciones: el Centro de Investigaciones para el Desarrollo Rural (CIDER) de la Secretaría de Programación y Presupuesto colaboró en la elaboración de la dieta mínima rural que sirve de base a la estratificación del sector de agricultura campesina; la Comisión del Plan Nacional Hidráulico (CPNH) de la Secretaría de Agricultura y Recursos Hidráulicos colaboró en el diseño y aplicación de los programas de cómputo empleados en la elaboración de la tipología, y el Centro de Cómputo de la Universidad Agrícola de Chapingo otorgó amplio acceso a sus servicios de computación para el reprocesamiento de las boletas del Centro Agropecuario.

INTRODUCCIÓN

Hasta avanzada la década de los sesenta, la preocupación por los problemas estructurales del agro se reducía, en general, al problema del reparto o si se quiere, al debate sobre la relación deseable entre los componentes ejidal y privado de la ecuación agraria nacional. Esta falta relativa de interés por profundizar en los problemas estructurales del agro no debería sorprendernos si se considera que, desde el fin del cardenismo y por un cuarto de siglo, el comportamiento de la agricultura mexicana constituyó uno de los ejemplos más destacados del paradigma clásico sobre relación entre agricultura y desarrollo o, más específicamente, entre agricultura y crecimiento del complejo urbano-industrial.[1]

En efecto, el producto agropecuario creció en dicho lapso a una tasa superior al 4.5%, promedio anual, con un incremento acumulativo del producto por persona empleada del orden del 2.8%. La demanda interna de alimentos e insumos logró satisfacerse plenamente a precios estables e incluso decrecientes (1950-1963) en relación con los precios industriales. Las importaciones agropecuarias no pasaron nunca del 5% de la oferta local total de estos productos ubicándose, en general, en torno al 1% y al 2%. La relación de precios ciudad-campo que había crecido en un 33% en la década 1940-1950 descendió un 23% en el periodo siguiente.[2] Se generaron divisas de origen agropecuario a un ritmo creciente (aproximadamente 6.5% promedio anual) hasta llegar a representar más de la mitad del total de exportaciones de bienes. El sector rural aportó, con creces, la mano de obra que el crecimiento urbano industrial reclamaba, con salarios que crecieron apreciablemente menos que la productividad en el sector industrial: la población rural se redujo de cerca del 65% al 45% de la total en el lapso referido y la productividad por hombre en la industria

---

[1] El artículo de Johnston y Mellor, "El papel de la agricultura en el desarrollo económico", *El Trimestre Económico*, vol. xxiii, núm. 114, abril-junio de 1962, constituye, tal vez, la mejor síntesis de lo que, a partir de la economía clásica, se considera que debe ser la aportación de la agricultura al desarrollo.

[2] Centro de Investigaciones Agrarias (CDIA), *Estructura agraria y desarrollo agrícola de México*, México, Fondo de Cultura Económica, 1974, p. 104, y L. Gómez Oliver, "Crisis agrícola y crisis de los campesinos", *Comercio Exterior*, vol. 28, núm. 6, junio de 1978, p. 723.

crecía (a precios de 1960) en más de un 119%, mientras que el salario mínimo urbano se incrementaba sólo en un 31%. Se generaron excedentes transferibles a la acumulación industrial a través de los sistemas fiscales, bancario y de precios que equivalieron, en algunos años, al 15% del producto agrícola.[3] Finalmente, el desarrollo de un sector de agricultura moderna y, en menor medida, la disminución de la autosuficiencia campesina, contribuían a la formación más o menos acelerada de un mercado interno para insumos y bienes finales manufacturados.

A la luz de semejante desempeño, no debe sorprender que —avanzada la década de los sesenta— estudiosos de la economía mexicana sobreestimaran la elasticidad de la demanda efectiva en las explicaciones que ofrecieron sobre el mayor o menor dinamismo de la oferta agrícola en cada coyuntura.[4] Las rigideces de la oferta no habrían de tardar, sin embargo, en hacerse presentes y en agotar, por así decirlo, las fuentes relativamente fáciles de expansión del producto en el periodo considerado. El aumento de la superficie cosechada —que había constituido hasta mediados de los cincuenta la fuente principal de crecimiento— y el de los rendimientos (que unidos al primer factor explicarían el crecimiento de la producción agrícola en la década siguiente) empezaron a tropezar con dificultades técnicas, o si se quiere con costos fuertemente crecientes al verse prácticamente agotadas las opciones de las grandes obras hidráulicas en zonas apropiadas para el desarrollo del tipo de agricultura característica de la llamada "revolución verde".[5]

A partir de 1966 se inicia una tendencia al descenso del área cosechada que sólo se pudo compensar con una mejoría en los rendimientos y en la composición de los cultivos. Por eso el crecimiento

[3] El valor neto para el periodo considerado fue del 2.3% del producto agrícola (CDIA, op. cit.; pp. 143-184 y L. Gómez Oliver, op. cit., pp. 715-721). Sin embargo, no fueron los excedentes más significativos y hay quienes incluso cuestionan su existencia (L. Solís, "Hacia un análisis general y a largo plazo del desarrollo económico de México", Demografía y Economía, vol. 5, núm. 1, México, El Colegio de México, 1967). Los más significativos procederían de la articulación entre la agricultura campesina y el resto de la economía a que hacemos referencia en el capítulo II, pero su monto no es susceptible de estimación.

[4] "En los últimos años, incluso, y como consecuencia del dinamismo de la producción agrícola en relación con el comportamiento de la demanda efectiva, se han registrado excedentes apreciables en todos los cultivos donde se han ofrecido garantías de compra o de precios. Este hecho, además de la capacidad del sector para utilizar insumos y avances técnicos, y la apreciable flexibilidad en materia de cultivos, reflejan el predominio de un sistema dinámico y moderno de producción agrícola" (R. Cordera, "Estado y desarrollo en el capitalismo tardío y subordinado", Investigación Económica, vol. XXXI, núm. 23, México, julio-septiembre, 1971, p. 465).

[5] Comisión del Plan Nacional Hidráulico (CPNH), Plan nacional hidráulico. Resumen general, México, 1976, pp. 12-13.

del producto agrícola apenas alcanzó un 0.8% anual en el priodo de
1966-1977;[6] todos los elementos del paradigma empezaron a rever-
tirse: concluía la autosuficiencia alimentaria y las importaciones de
maíz y frijol alcanzaban proporciones sin precedentes; el saldo neto
en la balanza agropecuaria, que en el año de 1965 financiaba la cuarta parte del total de importaciones, se convertía en una fuente marginal de recursos llegando incluso, en algunos años, a ser negativo. Los
precios agrícolas crecieron a un ritmo mayor que los del conjunto de
la economía, sobre todo en el periodo 1970-1977. El flujo de mano
de obra continuó siendo significativo, pero lejos de constituir un
"aporte" al desarrollo, se convirtió en una traba al no existir condiciones para su absorción productiva en otros sectores y significar costos sociales crecientes su emigración hacia las áreas urbanas. La sali-
da de trabajadores agrícolas hacia los Estados Unidos en calidad de
braceros e indocumentados ha constituido una válvula de escape —no
exenta de tensiones— cuya magnitud, aunque difícil de precisar, ha
sido estimada, conservadoramente, en alrededor de 2.5 millones de
personas, magnitud que a pesar de lo significativa, resulta todavía insuficiente para neutralizar el problema ocupacional.[7]

La condición de que la gran mayoría de la población rural constituya mercado interno para el desarrollo manufacturero parece estar
reñida, sin embargo, con el nivel de ingresos de la inmensa mayoría
de la población rural y con el tipo de manufactura —orientada a un
diversificado consumo de sectores medios y altos— que se ha cons-
truido, en parte, con cargo a las transferencias de diverso orden que
dicha población ha generado.

El sesgo optimista que la alta elasticidad de la oferta agrícola imprimiera a los estudios de los inicios de los años sesenta se ha ido
viendo sustituido por una búsqueda de los orígenes de la crisis y del
estancamiento sectorial.

A lo anterior se une el consenso creciente de que el desarrollo industrial, por acelerado que fuere, no estaría en condiciones de dar a
los pobres del campo, la posibilidad de escapar a dicha condición en
un futuro razonable. Esta comprobación ha llevado, entre otros
planteamientos, a la formulación del ambicioso proyecto denominado Sistema Alimentario Mexicano (SAM) que, en materia agrícola,
tiende específicamente a proporcionar capacidad de autosustentación
alimentaria a este vasto segmento social.

La necesidad de profundizar en el análisis de la crisis agrícola, así
como la de diseñar estrategias o políticas que permitieran abordar los
problemas de pobreza rural que la crisis había agudizado, volvieron a

    [6] L. Gómez Oliver, *op. cit.*, p. 714.
    [7] W.A. Cornelius, "La migración ilegal mexicana a Estados Unidos", en *Indocumen-
tados, mitos y realidades*, México, El Colegio de México, 1979, p. 70.

poner de relieve y a colocar en el centro de la temática sectorial, el análisis de los problemas estructurales, dejando atrás, por insatisfactorios, los intentos de explicación basados en relaciones simples de causalidad, en las que la pérdida de dinamismo de la oferta quedaba "explicada" por la inversión, los precios, la demanda interna, la demanda internacional, o cualquier combinación de estas variables. El propósito principal de este trabajo es, precisamente, el de contribuir al análisis de la estructura agraria mexicana integrando tanto los fundamentos teóricos, como los resultados empíricos de una reformulación del análisis de dicha estructura que recoge los aportes conceptuales presentes en la vasta literatura que, sobre el tema, se ha venido produciendo desde mediados de los sesenta. Al propósito anterior se agrega el de mostrar que la reformulación propuesta constituye una herramienta útil en el diseño de una estrategia de desarrollo rural que tome en cuenta la heterogeneidad de los productores que ésta deberá involucrar.

El trabajo ha sido dividido en tres partes: la primera dedicada al desarrollo teórico de los conceptos que se utilizarán para la construcción de la tipología; en la segunda, se presentan los resultados cuantitativos del análisis tipológico, y en la tercera se da un ejemplo de la forma en que dicha tipología puede ser empleada para el diseño de una estrategia de desarrollo rural.

En el primer capítulo se presenta la visión que han tenido a través del tiempo de la estructura agraria deseable, los principales teóricos e ideólogos de cada uno de los periodos en que se suele dividir convencionalmente la historia política de México, para proseguir con un breve bosquejo de la evolución que han sufrido los estudios agrarios a partir de la década de los sesenta, haciendo referencia al remplazo de las formulaciones dualistas y dicotómicas del tipo tradicional-moderno, por planteamientos en los que se reconoce la especificidad de la economía campesina y se percibe su evolución como parte de un proceso único de desarrollo general de la economía y de la sociedad.

En el capítulo II se presenta una formulación sintética pero comprensiva de la teoría de la economía campesina que incorpora e integra los principales aportes del desarrollo teórico descrito en la segunda parte del capítulo anterior. Una vez definido el concepto "economía campesina" se contrasta la "lógica de manejo" que caracteriza a este tipo de economía con la que es propia de la agricultura empresarial (o capitalista o comercial), de modo de fundamentar la pertinencia teórica de un análisis de la estructura agraria como una estructura bimodal.

El capítulo III, que incia la segunda parte, enlaza la formulación teórica desarrollada en el capítulo que le precede con la construcción

empírica de la tipología de productores de que se ocupa esta sección
del estudio. Se parte de una evaluación de los alcances y limitaciones
teórico-metodológicas del estudio del Centro de Investigaciones
Agrarias, en vista de que dicho estudio ha constituido la referencia
obligatoria de todos los trabajos que han abordado la cuestión
agraria en México, desde que se publicó hasta la fecha.

Se destacan a continuación las diferencias entre los conceptos y las
aproximaciones estadístico-operativas que se emplearán en el análisis
cuantitativo, con especial referencia a las limitaciones que se derivan
de la imprecisión de las definiciones censales, así como de los defectos de estimación de algunas variables importantes.

Los capítulos IV a VII incluyen los resultados obtenidos de la
aplicación de los criterios operacionales establecidos en el capítulo
anterior al procesamiento de 2.8 millones de boletas censales, en términos de una tipología de productores que distingue tres grandes
sectores: el campesino (compuesto por cuatro estratos: el de infrasubsistencia, el de subsistencia, el estacionario y el excedentario); el de
unidades transicionales, y el de empresas agrícolas propiamente dichas
(compuesto por tres estratos: pequeñas, medianas y grandes).

En el capítulo IV se analiza el número absoluto de las unidades que
constituyen cada tipo, así como la magnitud de los diversos recursos
de que disponen, se hace una distinción entre los sectores de tenencia
de la tierra y se mencionan las diferencias regionales y la situación
que caracteriza a ciertas entidades federativas extremas, para poner
de relieve la heterogeneidad de la estructura tipológica al nivel de estados; es decir, se responde a las interrogantes de cuántos son, dónde
están y qué recursos tienen las unidades que corresponden a cada
tipo.

En el capítulo V se presentan los patrones de uso del suelo que son
característicos de cada uno de los tipos de productores considerados
en el capítulo anterior, mostrando los contrastes tipológicos de los
principales cultivos existentes, y analizando con mayor detalle el relativo al cultivo del maíz y del frijol. En otras palabras, se trata de responder a la interrogante de ¿quiénes son los productores de cada
uno de los principales cultivos?

En el capítulo VI se estudian los principales insumos empleados por
los diversos tipos de productores, así como los niveles de producción
alcanzados con su empleo, para culminar con una comparación muy
general de los niveles tecnológicos que caracterizan a cada tipo, a
partir de índices simples de las principales relaciones insumo-insumo
e insumo-producto. Se trata, en otras palabras, de responder a las interrogantes del cómo y del cuánto producen los distintos estratos de
la tipología.

En el capítulo VII se inicia la tercera parte del estudio: se procuran destacar las limitaciones de la tipología en lo que respecta a reflejar adecuadamente el grado de polarización de la estructura agraria existente, mencionándose una serie de fenómenos que, por el propio origen de la información empleada en la tipología (boletas del censo agropecuario), la misma no podía reflejar. Las secciones finales del capítulo son fundamentalmente interpretativas (y en cierta medida especulativas) y se refieren a las tendencias a la descomposición-concentración que parecen caracterizar la estructura agraria mexicana. Su objetivo es el de superar la visión estática proporcionada por la tipología, empleando para ello los antecedentes que proporciona la literatura existente que, aunque no permite una aproximación cuantitativa a los efectos de los procesos de cambio, hace posible identificarla y señalar, por lo menos, la dirección principal de éstos.

El último capítulo ilustra la forma en que algunos de los antecedentes proporcionados por la tipología podrían aplicarse al diseño de una estrategia de desarrollo rural basada en la dinamización o viabilización del sector de la agricultura campesina. Se hacen aquí breves alusiones al tipo de orientaciones estratégicas que se derivan de las distintas visiones de la cuestión agraria a que se hizo referencia en el capítulo I para, en seguida, pasar a la formulación de los lineamientos de una estrategia que internaliza la heterogeneidad de los productores agrícolas, para poner de relieve la necesidad de adoptar políticas específicas para los distintos tipos de unidades productivas, basadas tanto en la situación objetiva que las caracterizan en el punto de partida del proceso como en los elementos que determinan su conducta como productores.

PRIMERA PARTE

ELEMENTOS CONCEPTUALES PARA LA CONSTRUCCIÓN DE UNA TIPOLOGÍA DE PRODUCTORES

I. LA CUESTIÓN AGRARIA EN MÉXICO: TEORÍA E IDEOLOGÍA

Uno de los temas sociales y económicos sobre el que la literatura mexicana ha sido extraordinariamente prolífica es, sin duda, el que se refiere a la cuestión agraria. Lo anterior no tiene por cierto nada de extraño en una sociedad que hasta mediados de este siglo era mayoritariamente rural y en la que tanto la génesis del Estado actual como la estabilidad que lo caracteriza desde su consolidación, han estado (y siguen estando) estrechamente relacionadas con la forma en que la cuestión agraria ha sido abordada.

Se ha creído conveniente empezar por destacar, de modo necesariamente esquemático, algunos hitos del pensamiento agrario del pasado, para presentar, después, en forma también esquemática, algunas de las tesis que se han elaborado recientemente sobre la estructura agraria de modo de situar las ideas aquí propuestas dentro de cierta perspectiva histórico-conceptual. Cabe advertir, sin embargo, que no se trata ni de una síntesis de la historia agraria ni de un análisis genético de las ideas prevalecientes sobre estructura agraria pues no se hacen sino referencias muy tangenciales al tipo de fuerzas sociales que estaban detrás de las posibilidades aquí recogidas.

Los términos en que el problema agrario ha sido abordado en México hasta un pasado reciente parecen haber estado mucho más estrechamente relacionados con las características de su propia historia política que en la mayoría de los países latinoamericanos: la Independencia, la Reforma, el porfiriato, la Revolución, el cardenismo y el poscardenismo, con los diversos matices que los distinguen, constituyen el marco histórico-político en el que se discurre sobre el tema agrario.

Aunque sea cierto que, hasta el porfiriato incluido, el "debate agrario" muestre semejanzas claras con el que se dio en otras latitudes del continente americano y, como en aquéllas, tenga un origen común en las tesis del positivismo y del liberalismo decimonónico, a partir de la Revolución y en razón de ésta, dicho debate fue adquiriendo una especificidad que lo diferencia del de los países del resto de Latinoamérica.

Es decir, el aspecto doctrinario más o menos rígido en el que se enmarcó en Latinoamérica el tema agrario y que recogieron movimientos y partidos de carácter muy distinto (liberales, conservadores, radicales, socialistas, etc.), se fue diluyendo en México hasta amalgamarse, con mayor o menor coherencia, en el discurso mismo de la Revolución, que pasó a ser el punto de referencia y de invocación legitimadora de un amplio espectro de planteamientos ideológicos. La manera más clara de lograr una síntesis como la que nos hemos propuesto puede ser tal vez presentar los planteamientos que, sobre ciertos tópicos relativos a la estructura agraria, hicieran los ideólogos, políticos o estudiosos de la cuestión que, a juicio de algunos autores contemporáneos, fueron los más destacados en cada uno de los momentos históricos a que hicimos referencia.

A. LAS TESIS OFICIALES

1. *De la Independencia a la Constitución de 1856*

En las instrucciones que sobre los aspectos agrarios entregó Morelos a los jefes militares, se señalaba ya en síntesis el tipo de paradigma que veremos reiterarse más adelante bajo distintas fórmulas y con distintas implicaciones: "[...] deben también inutilizarse todas las haciendas grandes cuyas tierras laborables pasen de dos leguas cuando mucho, porque el beneficio de la agricultura consiste en que muchos se dediquen con separación a beneficiar un corto terreno que puedan asistir con su trabajo e industria, y no en que un solo particular tenga mucha extensión de tierras infructíferas, esclavizando a millares de gentes para que cultiven por fuerza en la clase de gañanes o esclavos, cuando pueden hacerlo como propietarios de un terreno limitado, con libertad y beneficio suyos y del pueblo".[1]

Esta visión de un mundo competitivo e igualitario de pequeños productores se expresaría en una forma todavía más radical por el clérigo Severo Maldonado —llamado el Charles Fourier mexicano— al proponer en su proyecto de ley agraria que: "todas las leyes contrarias a la libre circulación de la tierra quedan desde luego abolidas" (artículo 6), y destacar que en el reparto de tierras y en la abolición de "el derecho horrible de la propiedad perpetua hereditaria y exclusiva" se encontraba la base tanto del desarrollo de la agricultura como de la solidez de la República.[2] La misma visión es expresada también por Lorenzo de Zavala —que en 1827 desempeñara el cargo de gober-

---

[1] Citado por Jesús Silva Herzog. *El agrarismo mexicano y la reforma agraria*, México, Fondo de Cultura Económica, 1959 (2a. ed. aumentada, 1964), pp. 41-42.
[2] Véase, J. Silva Herzog, *op. cit.*, p. 43.

nador del estado de México— y por los escritores Z. Ortiz, J. L. Mora
y Mariano Otero.[3]
   En general, los planteamientos del periodo se caracterizarían por
señalar con más o menos radicalismo el tipo retrógrado, en lo económico
y en lo político, de las enormes haciendas subexplotadas y la
conveniencia de crear una agricultura de pequeños y/o medianos
propietarios con el reparto de las tierras nacionales o de la gran propiedad,
adquirida para estos efectos por el Estado, sin poner en duda
por ello la inviolabilidad del derecho a la propiedad privada.[4]

2. La Constitución de 1856 y la Ley de Desamortización

Tanto el debate de la constituyente —en particular el que se produce
sobre el artículo 27— como el contenido de la Ley sobre desamortización
de tierras aprobado por amplia mayoría en junio de 1856, son
una clara expresión de la gama de posiciones que existía en materia
agraria en este periodo. La opinión mayoritaria aparece expresada en
el referido artículo que dice textualmente: "la propiedad de las personas
no puede ser ocupada sin su consentimiento, sino por causa de
utilidad pública y previa indemnización [...] ninguna corporación civil
o eclesiástica, cualquiera que sea su carácter, denominación u objeto,
tendrá capacidad legal para adquirir en propiedad o administrar
por sí bienes raíces, con la única excepción de los edificios destinados
inmediata y directamente al servicio u objeto de la institución".
El artículo citado recoge, en pocas palabras, lo esencial de la
Ley de desamortización aprobada por el mismo Congreso antes de
promulgar la Constitución y que, a juicio de Silva Herzog, constituye
"seguramente (el acto) de mayor trascendencia en materia de propiedad,
no sólo en el seno del Congreso sino en la historia del México
independiente hasta esa memorable fecha".[5]
   Tanto la Ley de desamortización como el artículo constitucional
que la contiene fueron efectivos sólo en lo que se refiere a la incorporación
de las tierras de la Iglesia y de las comunidades al mercado
de tierras, pero lejos de generar por esa vía el desarrollo de la propiedad
pequeña o mediana, que constituía el paradigma agrario de buena
parte de los legisladores, habría de contribuir más bien a acentuar
su acumulación en pocas manos.

   [3] Ibíd., pp. 44-66.
   [4] Además de los autores citados por J. Silva Herzog, véanse los textos que sobre dichos
autores y otros reproduce J. Meyer en *Problemas campesinos y revueltas agrarias*
(1821-1910), México, SepSetentas, 1973, así como las convocatorias que bajo el nombre
de "Planes" (Amatlán, Tantoyuca, Río Verde, Yucatán) dan muestra de las inconformidades
campesinas que dieron lugar a las diversas revueltas agrarias del periodo.
   [5] Véase, J. Silva Herzog, *op. cit.*, pp. 84-85.

En el periodo que consideramos, las ideas de un reformismo más radical estaban encabezadas, tal vez, por Ponciano Arriaga, quien —habiendo presidido la comisión redactora del artículo menciona- do— habría de dejar asentada su inconformidad al señalar que "se desecharon todas las (reformas sociales) conducentes a definir y fijar el derecho de propiedad, a procurar por medios indirectos la división de los inmensos terrenos en poder de unos cuantos poseedores, a co- rregir los abusos que todos los días se cometían invocando aquel sa- grado e inviolable derecho".[6] Ponciano Arriaga, en su discurso ante el Congreso constituyente agregaría: "poseedores de tierras hay, en la República Mexicana, que en fincas de campo o haciendas rústicas ocupan (si se puede llamar ocupación lo que es inmaterial y pura- mente imaginario) una superficie de tierra mayor que la que tienen nuestros Estados soberanos y aún más dilatadas que las que alcanzan alguna o algunas naciones de Europa [...] Es preciso, indefectible, que llegue la reforma, que se hagan pedazos las restricciones y lazos de la servidumbre feudal; que caigan todos los monopolios y despo- tismos, que sucumban todos los abusos y penetre en el corazón y en las venas de nuestra institución política el fecundo elemento de la so- beranía popular [...] La palabra reforma ha sido pronunciada y es en vano que se pretenda poner diques al torrente de la luz y de la ver- dad."[7]

Sin embargo, incluso en un pensamiento radical como el de Pon- ciano Arriaga, se estaría lejos de cuestionar la propiedad privada de los medios de producción: "[...] en el estado presente nosotros reco- nocemos el derecho de propiedad y lo reconocemos inviolable. Si su organización en el país presenta infinitos abusos convendrá deste- rrarlos pero destruir el derecho, proscribir la idea de propiedad no sólo es temerario, sino imposible."[8]

El economista Pimentel, tal vez el teórico más destacado del efí- mero segundo Imperio, es un crítico moderado de la gran propiedad terrateniente, en particular del ausentismo terrateniente, y al igual que muchos de sus predecesores y de los pensadores que le suceden, considera que la redistribución y la multiplicación de los productores es el eje mismo del progreso.[9]

[6] *Ibid.*, p. 68.
[7] *Ibid.*, p. 69.
[8] *Ibid.*, p. 71.
[9] No parece haber acuerdo entre los autores citados sobre si en el Imperio se inno- vó o no, en materia agraria, por lo que respecta a las leyes de la Reforma. Para J. Silva Herzog existiría un notable paralelismo en la legislación agraria de ambos periodos (véase la página 93 de su obra citada), mientras para Meyer, por el contrario, habría en el "intermedio imperial" una vuelta a las concepciones virreinales expresada en la le- gislación que restituía la personalidad jurídica a las comunidades y les reconocía el derecho a la posesión de tierras en comunidad, e incluso la dotación en estos términos

3. *El porfiriato*

Aunque parezca una exageración afirmar que el problema de la tierra
no existió como tal para los ideólogos del porfiriato —como lo hace
Arnaldo Córdova en su excelente estudio sobre *La ideología de la Revolución mexicana*[10] refiriéndose a los términos con que J. Y. Li-
mantour y E. Rabasa la abordan— no se puede negar que todo lo referente a la cuestión agraria ocupó un lugar secundario para los pensadores del periodo referido.

Por otra parte, la idea implícita en la interpretación del autor citado —de que el conjunto de estos pensadores veía en la gran propiedad agraria el modo de explotación deseable—, parece ajustarse más
al criterio de algunos de estos ideólogos (E. Rabasa y G. Barreda) que
al de otros pensadores (Justo Sierra).

En efecto, aunque E. Rabasa y Justo Sierra (para mencionar sólo a
dos de los ideólogos más fecundos) coincidían en los términos con
que racionalizaban la necesidad política del régimen autoritario —como el único capaz de crear las condiciones de orden que condujeran
a la integración nacional y al progreso material y "moral"— así como
en considerar al porfiriato como la transición necesaria hacia un régimen de plenas libertades,[11] mostraron, sin embargo, diferencias no
sólo de matiz en sus planteamientos referentes al régimen agrario.

Con respecto a los latifundios diría Rabasa "[...] son un mal necesario que el Estado debe curar cuando crean un obstáculo al desen-
volvimiento de la propiedad en pequeño, cuando su existencia priva
a los demás de la posibilidad de trabajar la tierra; pero cuando no
tienen ese carácter son tan inofensivos y aun tan inútiles como un
fundo ordinario, como una riqueza cualquiera. Por supuesto que en
ningún caso debería procederse de un modo ilegal so pretexto de dividir latifundios: porque quebrantar las bases en que descansa la sociedad entera, falsear la propiedad en sus principios esenciales, no es
remedio para aliviar la condición de los propietarios que se trata de
hacer. La propiedad incomovible [...] es tan necesaria para los latifundistas como para los dueños de una yugada [...] Hasta para llegar
al estado social que resista la aplicación de las doctrinas socialistas, se
requiere llegar primero a la consolidación de la propiedad."[12]

En cambio señalaría Justo Sierra "[...] decretar la desamortización
que aún falta, la expropiación por causa de utilidad pública. Ni hay

a aquellas comunidades que carecían de ellas, como consecuencia de la "influencia
(ejercida por) Víctor Considerant y los socialistas franceses en la política del Imperio"
(Ibid., pp. 87-88).
   [10] A. Córdova, *La ideología de la Revolución mexicana*. México, ERA, 1975, p. 73.
   [11] *Ibid.*, capítulo I, en especial las pp. 53-63 y 76-79.
   [12] *Ibid.*, pp. 74-75.

otra solución, ni otro remedio [...] Expropiación sin indemnización previa, sino posterior; es decir suspensión de los efectos del Artículo 27 de la Constitución [...] creer que se violan derechos con sacar de la posesión de los particulares terrenos que no cultiva, que no aprovecha de ningún modo es no conocer la naturaleza del derecho de propiedad, bien distinto de los otros individuales como la libertad y la vida; es darle una amplitud bien extraña para los que creen que no se viola con el proteccionismo este derecho claro y preciso como el que más [...] el derecho de propiedad [...] es un derecho condicional [...] Cesa el derecho de propiedad particular, desde el momento en que conforme a las condiciones de la ley, conforme a la ley, una sociedad ha formulado el límite preciso en donde se va a detener la propiedad de un individuo; esa propiedad no puede pasar de ahí; hasta ahí debió llegar [...] ."[13]

Las diferencias mencionadas no nos permiten afirmar sin embargo que en el planteamiento de los autores referidos se encontraran explícitos paradigmas agrarios contrapuestos, puesto que ni hay en Rabasa una exaltación unilateral de la gran propiedad terrateniente ni puede verse en Justo Sierra la postulación de una agricultura de pequeños propietarios comparable a la de los pensadores que le precedieron y le sucedieron. En ambos autores aparece también implícita la idea de que alcanzado un cierto nivel de progreso material, y como producto de la transición porfiriana, surgirían las condiciones de libertad económica, y sobre todo política, que harían que el libre juego de las fuerzas del mercado generase la estructura de propiedad más adecuada para la continuidad del progreso material.[14]

4. Precursores agraristas de la Revolución

En pleno porfiriato y contradiciendo las tesis agrarias de los principales ideólogos de aquel periodo, surgió una serie de pensadores independientes que "[...] en primer lugar, opusieron a la gran propie-

---

[13] J. Silva Herzog, op. cit., pp. 101-102.

[14] "El estado moral y social de los grandes grupos humanos depende de su estado económico [...] el modo y la intensidad de acción de los tres factores económicos por excelencia, la naturaleza, el trabajo, el capital; las relaciones sociales entre el propietario y el trabajador; la proporción entre el salario real y la productividad de trabajo del obrero jornalero, se tendrá un conjunto de datos en donde podrá inferirse con plena seguridad cuál es la fisonomía neta de un pueblo bajo la máscara de sus instituciones, generalmente copiadas, y de sus derechos descritos; cuál es el valor de los elementos de sociabilidad, es decir, de civilización que en él existen; qué grado de firmeza tienen sus instituciones domésticas; cuál es su coeficiente de actividad individual, es decir, de libertad, base de la responsabilidad y sustancia de la moral." (A. Córdova, op. cit., pp. 57-58, citando a Justo Sierra.)

dad la pequeña propiedad, precisamente como un ideal de organización económica; en segundo lugar combatieron la concepción que atribuía a los grandes latifundios el carácter de organización óptima de la producción agrícola, concediendo, en cambio, a la pequeña propiedad condiciones óptimas para la producción; en tercer lugar, y es lo más importante para explicarnos el carácter de la nueva ideología, desenmascararon a la gran propiedad, señalando con la mayor claridad la secuela de rapiñas y crímenes de toda suerte que habían dejado su formación y consolidación y los cuales habían sido cometidos en detrimento de los indígenas y los pobres del campo".[15]

Entre los más destacados de estos intelectuales figuran Winstano Luis Orozco y Andrés Molina Enríquez. Ambos volverían a defender y a desarrollar con más fuerza que sus predecesores preporfirianos los postulados liberales, sobre la conveniencia de una agricultura de pequeños propietarios, y a atacar la gran propiedad territorial como responsable de la existencia de tierras ociosas, por un lado, y de la miseria de los que carecen de este recurso, por otro.

Orozco efectúa una crítica sin concesiones de las compañías deslindadoras, destacando la responsabilidad que al Estado le habría correspondido en tal desarrollo "(la actividad de las deslindadoras ha significado) [...] un trastorno completo del propósito de las leyes y los ideales de la democracia, pues mientras el fin supremo de las leyes de baldío y de colonización es alargar el beneficio de la propiedad agraria a los que carecen de ella, en nombre de esas mismas leyes se arroja de sus posesiones a los pobres campesinos o se les obliga a rescatarlas mediante dolorosos sacrificios [...] De esta manera, cosas buenas, honestas y justas en la teoría legal o científica, vienen a ser profundamente malas, odiosas y antisociales en las realidades descarnadas de la vida."[16]

Como alternativa, Orozco se muestra partidario de un Estado que, por la vía de las "buenas leyes y buenos gobernantes", creara las condiciones para que se extendiese la pequeña propiedad agraria: "uno de los medios más apropiados que poseemos para redimir y mejorar nuestras clases desheredadas es repartir juiciosamente entre ellas los terrenos públicos que poseemos y procurar eficazmente que se divida también entre ellas el excedente inútil y enorme de las propiedades privadas".[17]

Convencido como estaba del valor de las doctrinas del liberalismo económico —e influido probablemente más por Stuart Mill que por otros autores de dicha escuela— no consideró al Estado como el

[15] Ibíd., p. 114.
[16] J. Silva Herzog, op. cit., p 119.
[17] A. Córdova, op. cit. p. 121.

agente directo de la redistribución de la gran propiedad terrateniente sino más bien como el responsable de la creación de los estímulos del mercado que se necesitaban para que dicha redistribución se produjera: "el dios estado, el estado tutor, el estado administrador doméstico, es un delirio condenado por la ciencia y relegado a los manicomios de la historia", escribía Orozco en 1911 en lo que se considera una polémica con Molina Enríquez.[18] Era necesario reformar el Estado para que "la revolución económica" que él propugnaba pudiera desarrollarse, es decir, "Orozco proclamaba [...] un retorno a la concepción del Estado neutral que asegura y promueve los intereses particulares a través de medidas legislativas y administrativas o de políticas fiscales específicas" que permitieran la vigencia de las leyes postuladas por el liberalismo económico y que la existencia de un "feudalismo oscuro y soberbio no permiten actuar".[19] •

Andrés Molina Enríquez, que como juez de pueblo y defensor de las comunidades frente al asedio de la hacienda conocía de cerca los mecanismos y las implicaciones de la concentración, no tendría, como Orozco, aprensión ni prejuicio alguno frente a la expropiación. Su crítica de la gran propiedad tiene por cierto matices ricardianos: "[...] las haciendas, sin ciertas condiciones de que después hablaremos, no son negocio. Ya hemos indicado esto al afirmar que no atraen el capital extranjero. Después del sentimiento de la dominación que les da su carácter saliente, lo que las mantiene en su estado actual es la renta fija, permanente y perpetua que producen. Al hacendado inteligente lo único que le preocupa es que los productos y gastos de su hacienda tengan la mayor normalidad posible. Para esto no tiene jamás en cuenta la proporcionalidad que existe entre el capital y sus productos en todos los demás negocios."[20] Siguiendo a Orozco, denuncia el carácter feudal de la hacienda en el sentido de que "dentro de los límites territoriales de una hacienda el propietario ejerce la dominación absoluta de un señor feudal. Manda, grita, pega, castiga, encarcela, viola mujeres y hasta mata"; y lo asimila —con el ánimo de legitimar la expropiación en los términos de la Constitución de 1856— a las tierras eclesiásticas: "la hacienda es todavía una vinculación, no de ley sino de costumbre".[21]

En una síntesis de su propia visión sobre una estructura agraria deseable escrita 30 años después de la obra que citamos, Molina Enríquez diría: "El objetivo de quienes éramos los agraristas de aquel tiempo era el de abatir a las haciendas disolviéndolas en la pequeña propiedad, y en elevar la propiedad comunal de los pueblos

[18] *Ibid.*, p. 120.
[19] *Ibid.*, p. 119.
[20] J. Silva Herzog, *op. cit.*, p. 143
[21] *Ibid.*, p. 144.

hasta que por su parte se pudieran disolver en la pequeña propiedad misma."[22]

Caído el gobierno autoritario de Porfirio Díaz —que a juicio de Molina Enríquez tuvo el poder necesario para haber impulsado la redistribución deseada— nuestro ideólogo no vería más camino que el de la revolución y el de la reforma agraria para crear la estructura que permitiera la integración nacional, la "paz orgánica" y el progreso.[23]

5. El debate agrario en la Revolución

A partir de la Revolución, los planteamientos sobre el tema agrario pasarían de la polémica teórico-ideológica a la acción, bien para fundamentarla o bien para racionalizarla. Estas ideas se expresan en las convocatorias políticas o "planes", en los debates constitucionales, en los proyectos legislativos y en los discursos de los principales dirigentes.

a] Las ideas de Luis Cabrera

Luis Cabrera fue tal vez el más influyente de los intelectuales agraristas del primer momento de la Revolución, tanto por el contenido de sus planteamientos como por su ubicación destacada en las filas del carrancismo. En materia agraria, Cabrera consideraba en 1911 lo que él llamaba el "peonismo" y el "hacendismo" como algunas de las causas principales del descontento, definiendo al primero como: "la esclavitud de hecho o servidumbre feudal en que se encuentra el peón jornalero, sobre todo el enganchado o deportado del sureste del país y que subsiste debido a los privilegios económicos, políticos y judiciales de que goza el hacendado", y al "hacendismo" como: "la presión económica y competencia ventajosa que la gran propiedad ejerce sobre la pequeña a la sombra de las desigualdades del impuesto y de la multitud de privilegios de que goza aquella en lo económico y en lo político y que producen la constante absorción de la pequeña propiedad agraria por la grande".[24]

Las ideas que expresa sobre la estructura que sería de desear recuerdan a las de Orozco y de Molina Enríquez (de quien era amigo personal) y a las de sus predecesores en el sentido de propugnar también por la pequeña propiedad. Sin embargo, en contraste con ellos y proponiendo una tesis que vendría a constituir la esencia misma del

[22] A. Córdova, op. cit., p. 132.
[23] Ibid., p. 134.
[24] J. Silva Herzog, El pensamiento económico, social y político de México, 1810-1964, México, FCE, p. 196.

reparto agrario, Cabrera planteaba la necesidad de proceder a la "reconstrucción de los ejidos, procurando que éstos sean inalienables, tomando las tierras que se necesiten para ello de las grandes propiedades circunvecinas, ya sea por medio de compras, por medio de expropiaciones por causa de utilidad pública con indemnización, ya por medio de arrendamientos o de aparcerías forzosos".[25] Más bien que de constituir por esta vía unidades económicas viables se trataba de crear para el trabajador agrícola una fuente de actividad y de ingresos complementarios a los de su empleo como asalariado: "[...] mientras no sea posible crear un sistema de explotación agrícola en pequeño que sustituya a las grandes explotaciones de los latifundios, el problema agrario debe resolverse por la explotación de los ejidos como medio de complementar el salario del jornalero".[26]

Si, esquematizando, se quisiera deducir el prototipo agrario de los planteamientos de Cabrera, el mismo habría de consistir, en una primera etapa, en la entrega de haciendas (voluntaria o compulsivamente) a pequeños arrendatarios; en empresas agrícolas medianas e incluso grandes, explotadas a plenitud, y por ejidos constituidos a base de las tierras expropiadas al gran latifundio que permitirían los ingresos de los jornaleros de las empresas agrícolas (e impedir, de paso, que los mismos "tomen el fusil y se hagan zapatistas").[27] Este tipo de estructura no sería sino una transición hacia "un sistema de explotación agrícola en pequeño".[28]

Con excepción de lo señalado con respecto al arrendamiento, se podrá apreciar que esta formulación expresa lo que habría de ser la esencia del planteamiento agrario oficial, por lo menos hasta el cardenismo, y se tiene, además, una descripción de los resultados concretos de la aplicación de una parte significativa del reparto agrario, sobre todo del posterior al cardenismo.

Las voces —y las acciones— que disintieron de la formulación anterior fueron los postulados agrarios del zapatismo y del villismo, así como la corriente anarquista del floresmagonismo, que tuvo relativamente poca influencia en el desenlace de los acontecimientos pero fueron significativas por su mayor antagonismo ideológico.

b] *El zapatismo*
En un principio el zapatismo sólo fue una reivindicación del derecho a la existencia de los pueblos (los campesinos): "[...] seguían

[25] A. Córdova, *op. cit.*, p. 139.
[26] J. Silva Herzog, *El agrarismo... op. cit.*, p. 206.
[27] L. Paré, *El proletariado agrícola en México*, México, Siglo XXI 1977, p. 72, citando a Soto y Gama, *La revolución agraria del sur y Emiliano Zapata, su caudillo*, México, 1960, p. 209.
[28] A. Córdova, *op. cit.*, p. 140.

siendo tolerantes de la estructura de la vida de Morelos: le daban su lugar a la hacienda. Pero también insistían en que se les reconociese su propio lugar; ésta era la justicia de su política revolucionaria, según la entendían, y consistía simplemente en respaldar la aldea y el rancho, en imponer su respeto al derecho a existir también";[29] sin embargo, la frustración que experimentó con el maderismo haría que esta expresión se ampliara al extrapolarse a la nación entera, en la convocatoria del Plan de Ayala, sin alterar por ello su profundo sentido campesino. En su inciso séptimo, dicho Plan señalaba: "en virtud de que la inmensa mayoría de los pueblos y ciudadanos mexicanos no son más dueños que del terreno que pisan, sufriendo los horrores de la miseria sin poder mejorar en nada su condición social ni poder dedicarse a la industria o a la agricultura por estar monopolizadas en unas cuantas manos las tierras, montes y aguas, por esa causa se expropiarán, previa indemnización de la tercera parte de esos monopolios, a los poderosos propietarios de ellas, a fin de que los pueblos y ciudadanos de México obtengan ejidos, colonias, fundos legales para pueblos o campos de sembradura o de labor y se mejore en todo y para todo la falta de prosperidad y bienestar de los mexicanos".[30]

Díaz Soto y Gama, secretario de Zapata, aclararía el verdadero alcance del proyecto: "no socialización no colectivización, tierra libre, parcela libre, libre cultivo, libre explotación de la parcela sin capataces ni amos dentro del ejido, sin tiranías individuales pero también sin tiranías ejercidas por el Estado o por la colectividad".[31]

En cierto modo, la emergencia (efímera) de una agricultura y de una sociedad campesina en las áreas bajo control zapatista sería la expresión concreta de la utopía agraria de esta corriente revolucionaria.[32] J. Womack, en un pasaje revelador de su excelente libro, señala refiriéndose a los campesinos de Morelos: "En vez de rehabilitar la hacienda, evidentemente preferían cultivar y vender los artículos alimenticios que habían sido siempre el sustento principal del pueblo. Y durante el verano reabastecieron los mercados municipales de Morelos con los acostumbrados frijoles, garbanzos, maíz, tomates, cebollas, chiles e inclusive pollos [...] Con tan claros relieves se dibujó el carácter del Morelos revolucionario: en los cultivos mismos a que quería dedicarse la gente se reveló la clase de comunidad en la que deseaba vivir. No les gustaba la vida de constante ajetreo, la vida de un perpetuo adquirir y lograr, de cambio, azar y constante inquie-

[29] J. Womack, *Zapata y la Revolución mexicana*, México, Siglo XXI, 1969, p. 85, citado por A. Córdova, *op. cit.*, p. 147.
[30] A. Córdova, *op. cit.*, p. 149.
[31] *Ibid.*, p. 155.
[32] J. Womack, *op. cit.*, pp. 236-237.

tud y movimiento. En vez de esto querían una vida que pudiesen controlar, una prosperidad modesta, familiar, en compañía de otras familias medianamente prósperas, a las que conociesen, y todo en el mismo lugar. Por ejemplo, probarían un experimento sólo después de que se persuadieran de que daría resultado, es decir, después de que ya no tuviese carácter de experimento. Y apreciaban las ganancias únicamente cuando podían hacer un uso de las mismas, consagrado por la costumbre."

c] *El villismo*

Según Arnaldo Córdova: "al igual que Zapata, ni Villa ni los suyos fueron colectivistas. Pero Villa mantuvo posiciones más individualistas que Zapata; para Villa el problema agrario no era problema de pueblos y comunidades [...] ni siquiera —como también para los zapatistas— a manera de trámite para llegar a establecer la pequeña propiedad; para Villa, el problema agrario era el problema de la pequeña propiedad."[33] La Ley agraria que Villa expidió en mayo de 1915 —y que no llegaría a tener aplicación concreta por haber coincidido con un periodo de derrotas masivas de la División del Norte— expresa con claridad la idea del villismo: el fraccionamiento por causa de utilidad pública de las grandes propiedades, previa indemnización, y la creación de explotaciones individuales con un límite (a fijar con exactitud para cada Estado) de unas 25 hectáreas.

La formación de la pequeña propiedad individual se hace extensiva también a los pueblos. Como puede apreciarse, "entre el villismo y el zapatismo la gran diferencia radica exclusivamente en el acento puesto por el primero en la división, consolidación y protección a la pequeña propiedad".[34]

d] *El floresmagonismo: la corriente excluida*

En sus primeras manifestaciones, el floresmagonismo no se apartó declaradamente de su matriz liberal, expresada en el programa del partido liberal de 1906, que con respecto a la cuestión agraria plantea algunas reivindicaciones relativas a los salarios, a la jornada de trabajo y a las relaciones entre trabajadores y patrones (puntos 21, 28, 29 y 31 del programa). Plantea, además, la expropiación de las tierras ociosas (punto 34) y su distribución entre los solicitantes con topes máximos a precisar (puntos 35 y 36), así como la restitución a los indígenas, comunidades e individuos, de los terrenos de que hubieran sido despojados, a costa de bienes que deberían confiscarse a los funcionarios enriquecidos del porfiriato (punto 50).[35]

---

[33] A. Córdova, *op. cit.*
[34] *Ibíd.*, p. 162.
[35] J. Silva Herzog, *op. cit.*, p. 155.

Años más tarde, y formando ya parte de postulados claramente anarquistas, Ricardo Flores Magón vería en el capital (que en su pensamiento se confunde frecuentemente con la propiedad de la tierra) "la causa del dolor de todos los pobres de la tierra". A su juicio, el antagonismo entre ricos y pobres sería irreconciliable y sólo se resolvería en favor de los segundos aboliendo el derecho de propiedad privada de los medios de producción.

6. La Constitución de 1917 y la etapa precardenista

El Congreso constituyente de Querétaro y su resultado —la Constitución de 1917— sintetizan las diversas corrientes —susceptibles de expresión— que existían a aquellas alturas del proceso insurreccional.

El artículo 27 de la referida ley fundamental vendría a ser la fórmula para conciliar los intentos del carrancismo de reducir los alcances de la reforma social de esa ley [36] y los criterios más radicales de los agraristas. Aunque el texto aprobado recoge predominantemente las posiciones de lo que Silva Herzog llamaría "el ala izquierda" (mayoritaria) del Congreso constituyente, está redactado con la ambigüedad necesaria para permitir tanto la gestación de una estructura agraria con el predominio de empresas privadas (medianas y pequeñas), como una en la que predominan tendencias campesinas (individuales o cooperativas), dependiendo del sentido que el Ejecutivo dé a las enormes facultades discrecionales que la Constitución le otorga para la transformación agraria.[37]

El artículo 27 establece en sus primeros párrafos que: "La propiedad de las tierras y aguas comprendidas dentro de los límites del territorio nacional corresponde originariamente a la nación, la cual ha

---

[36] Véanse los aspectos más destacados del proyecto carrancista, así como los postulados de los agraristas radicales que, como Molina Enríquez, tendrían un papel destacado en la redacción final del citado artículo (J. Silva Herzog, *El agrarismo...*, *op. cit.*, pp. 247-249). Pastor Rouaix, que intervendría destacadamente también en la elaboración del texto constitucional, diría que la presentación de Carranza (del artículo 27, que se refería a la propiedad de las tierras y a los derechos del poseedor) "causó el mayor desconsuelo entre los constituyentes porque sólo contenía innovaciones de interés secundario sobre el artículo vigente de la Constitución de 1857, sin atacar ninguna de las cuestiones vitales cuya resolución exigía una revolución que había sido provocada e impulsada por la necesidad de una renovación absoluta en el régimen de la propiedad rústica" (J. Silva Herzog, *ibid.*, p. 247). Es probable que Carranza, al advertir los enormes poderes discrecionales que dicho artículo en particular, así como la Constitución en general, depositaban en el Ejecutivo, haya hecho las concesiones necesarias para lograr la convergencia que se requería para la aprobación del conjunto del proyecto constitucional.

[37] A. Córdova, *op. cit.*, pp. 229-230.

tenido y tiene el derecho de transmitir el dominio de ellas a los particulares, constituyendo la propiedad privada.

"Las expropiaciones sólo podrán hacerse por causa de utilidad pública y mediante indemnización

"La nación tendrá en todo tiempo el derecho de imponer a la propiedad privada las modalidades que dicte el interés público así como el de regular el aprovechamiento de los elementos naturales susceptibles de apropiación, para hacer una distribución equitativa de la riqueza pública y para cuidar de su conservación. Con este objeto se dictarán las medidas necesarias para el fraccionamiento de los latifundios; para el desarrollo de la pequeña propiedad; para la creación de nuevos centros de población agrícola con las tierras y aguas que les sean indispensables; para el fomento de la agricultura y para evitar la destrucción de los elementos naturales y los daños que la propiedad pueda sufrir en perjuicio de la sociedad."[38]

Se puede afirmar que, con excepción de los últimos propósitos del floresmagonismo, los diversos modelos y utopías agrarias formuladas a lo largo de un siglo caben, sin desvirtuarse, en el marco definido por el artículo 27.

En el periodo de Carranza, en el de Obregón y en el del llamado maximato, el tipo de modelo agrario que se pretendió impulsar correspondería básicamente al formulado por Cabrera que se podría definir en pocas palabras como una estructura compuesta por un sector privado de empresas medianas (y pequeñas) y un sector de "ejido-complemento" o "ejido pegujal" cuyos usufructuarios serían, al mismo tiempo, trabajadores del sector empresarial.

a] *El obregonismo y la tesis de la modernización*

En el caso de Obregón, la esencia del argumento en favor de un modelo como el descrito, estaría en la necesidad de crear una estructura capaz de asimilar el avance tecnológico para adquirir la competitividad internacional: "en nuestro país, desgraciadamente, una mayoría de los terratenientes han permanecido absolutamente ajenos a la evolución de la agricultura han seguido sus procedimientos rutinarios, a tal grado que no han podido competir con los productos similares de otros países del mundo y siempre piden derechos arancelarios proteccionistas para poder obtener un precio que les permita vender sus productos [...] con sus procedimientos rutinarios tenían que buscar la utilidad que exigía su capital, no su habilidad, no en su maquinaria, no en su capital, sino en el esfuerzo personal de sus propios jornaleros".[39]

[38] Citado por J. Silva Herzog, *op. cit.*, p. 38.
[39] A. Córdova, *op. cit.*, p. 277.

La constitución de la pequeña propiedad modernizante debería
efectuarse gradualmente "sin recurrir al fraccionamiento de propiedades para dotar de ellas a los pequeños agricultores antes de que se
haya logrado el desarrollo evolutivo de la pequeña agricultura [...]
Vamos entonces preferentemente a utilizar los latifundios que usen
esos procedimientos y a dar tierras a todo el que las necesite, a todo el
que esté capacitado para conservarlas, y vamos a dar una tregua a los
que estén usando procedimientos modernos para que se vean esti-
mulados, para que evolucione rápidamente nuestra agricultura y po-
damos llegar a alcanzar en un periodo próximo un desarrollo máximo: que no tengamos que pedir aranceles proteccionistas contra los
granos que vienen de afuera y que tengan que atemorizarse los centros productores de otros países porque nosotros invadamos sus
mercados."[40]

Por otra parte, se adoptaría otra vez, y se sostendría hasta el cardenismo, el criterio de las tenencias ejidales y comunales como tenencias transitorias y paso previo eventualmente a la pequeña y mediana
propiedad. Con gran lucidez "dos autores que después de don Andrés Molina Enríquez han sido considerados como los más connota-
dos exponentes del agrarismo en México, Fernando González Roa
[...] y José Covarrubias habían escrito desde 1917: nuestra tendencia debe ser procurar que el latifundismo desaparezca y que venga
a ser sustituido no por la propiedad comunal, sino por un gran número de propietarios individuales, pero nos vemos obligados a aceptar para algunas regiones, con la propiedad comunal, una solución
transitoria del problema de la tierra. Cuando lleguemos a una situación mejor, será inútil proteger a esa sociedad comunal, salvo algunos casos muy limitados. De todas maneras, como una medida mo-
mentánea y destinada a dar satisfacción a las miserables relaciones
del campo, no podemos menos que aplaudir la política de restitución
de ejidos y de la propiedad comunal con que el Gobierno de la Revolución ha inaugurado su programa de reforma agraria."[41]

[40] Ibid., pp. 278-279.
[41] Citado por A. Córdova, op. cit., p. 285. Cabe mencionar, a propósito de los autores citados, que éstos expresarían además con gran claridad el sesgo de ingenuo an-
ticapitalismo que caracteriza a buena parte del discurso agrarista en el que el modelo
americano (farmer) de desarrollo agrícola parece haber estado en la base de sus formulaciones: "Los gobiernos de México, revolucionarios o no, están en el más estrecho
deber de aplicarse a la resolución del problema agrario, es decir a la sustitución del
régimen capitalista de la producción rústica trabajada por peones asalariados por el
régimen de colonos libres, propietarios o arrendatarios pero que labren el campo por
cuenta propia. Éste es el problema fundamental que hay que resolver aquí." (Ibid., p.
286.) Por otra parte, y asimilando en forma peculiar el "etapismo" de las formulaciones del socialismo marxista, Covarrubias señalaría: "En México, sin embargo, el la-
mentable atraso de nuestra organización económica y social hace que las reformas que

b] *Calles: el ejido como forma transitoria*

El carácter transitorio del ejido y la búsqueda de una estructura generalizada de pequeños propietarios habrían de ser postulados también por Calles: "los ejidos, como propiedad comunal de los pueblos, significan [...] el primer paso hacia la pequeña propiedad rural. El trabajo en común de los ejidos no creo que pueda originar grandes estímulos ni producir frecuentemente más que desavenencias entre los vecinos; es como dejo dicho, en mi concepto, una forma transitoria para preparar el advenimiento de la pequeña propiedad",[42] y agrega en otra ocasión: "[...] la meta debía ser la propiedad privada. El ejido, con sus restricciones comunales y sus protecciones debía ser una escuela de donde salieran los ejidatarios, con el tiempo, en condiciones de graduarse como campesinos propietarios."[43]

La única formulación que no sigue el curso principal del pensamiento agrarista —aunque se inscriba también en el marco de dicho pensamiento— estaría constituida por la famosa circular 51 emitida por la Comisión Nacional Agraria en 1922 y considerada como el primer antecedente de la política de colectivización ejidal, en cuya exposición de motivos se destaca: "el divorcio que existe entre la organización de las fuerzas productivas que tienden a ser colectivas y el régimen de propiedad individual totalmente anticuado ya".[44]

El decreto mencionado no tuvo prácticamente aplicación alguna y fue neutralizado en 1925 por la Ley del patrimonio parcelario ejidal, en uno de cuyos considerandos se señala que: "los ensayos de organización comunal, efectuados por un número bien escaso de pueblos de entre los que han obtenido dotaciones de tierras, han venido a producir la firme convicción de que tal sistema, de prolongarse, haría nulatorio el esfuerzo para la reconstrucción económica del país que se persigue recientemente con la resolución del problema agrario [...] de hecho la enorme mayoría de los pueblos dotados han adoptado el sistema de hacer, por medio de sus comités administrativos una repartición en parcelas de las tierras de cultivo, y de explotar en común los otros elementos del ejido, como pastales, montes y

---

hay necesidad de emprender sean de orden más modesto que las reformas a que aspiran los proletarios europeos y que son objeto de la doctrina socialista. Nuestra reforma agraria, limitada a la supresión del peonaje y creación de la pequeña propiedad es, por otra parte, el antecedente necesario para que este país pueda entrar con éxito en el terreno de la reforma social, en el sentido en el que lo entienden los socialistas." (J. Silva Herzog, *op. cit.*, p. 293.)

[42] A. Córdova, *op. cit.*, p. 335.

[43] Centro de Investigaciones Agrarias (CDIA), *Estructura agraria y desarrollo agrícola en México, op. cit.*, p. 21.

[44] Citado por I. Restrepo y S. Eckstein, *La agricultura colectiva en México: la experiencia de La Laguna*. México, Siglo XXI, 1975, p. 159.

aguas, cuya explotación es manejada por el comité administrativo".[45]
En la declaración de principios de comienzos de 1929 que da vida
al Partido Nacional Revolucionario (predecesor del PRI) se describe,
sin ambigüedades, el tipo de estructura agraria al que se deseaba llegar a través de la Reforma. Es ahí donde se plantea la sustitución del
"sistema rutinario latifundista" por la creación de tres subsectores: a)
el ejidal, dotando (presumiblemente) de tierras en áreas de temporal
a "la clase rural más desfavorecida" en cantidad que permita la "manutención de los agricultores"; b) el de empresas pequeñas y medianas, de preferencia en áreas de nueva irrigación, "para lograr la li-
beración económica de la clase media campesina, medieros, apar-
ceros, colonos, etc., y, c) el de la empresa agrícola para "los empresarios agricultores de mayor iniciativa y mayores recursos".[46]

7. *El cardenismo: el ejido como pilar del desarrollo agropecuario*

Los diversos estudiosos de la cuestión agraria en México están de
acuerdo en que con el cardenismo se asiste a un viraje decisivo de la
política agraria que tiene su expresión no sólo en el ritmo de la distribución sino —y en relación con el tema que aquí nos interesa— en el
paradigma agrario mismo, pues la visión del ejido como fuente complementaria de ingresos del campesinado o como una mera tenencia
transitoria, es sustituida por una en la que éste pasa a ser uno de los
pilares del desarrollo agrícola esmerado: "A la evolución del concepto del ejido correspondió la elaboración de un nuevo texto del artículo 27 constitucional. Pudo haber habido, en alguna época temprana de la Revolución, quienes consideraron al ejido como mero
suplemento del jornal, insuficiente para garantizar al trabajador la
independencia económica que es el fundamento de todas las libertades. Pero esto nada influye en los deberes presentes de la autoridad.

[45] J. Silva Herzog, *op. cit.,* p. 324. En la Cámara de Diputados, el proyecto recibió
críticas de un sector de izquierda que veía en esta formulación un retroceso respecto a
las dotaciones ejidales no parceladas. A raíz de algunas de estas críticas, el secretario de
Agricultura, Luis León, daría una respuesta cuyo interés radica en que en ellas se insi-
núa también una visión "etapista" influida por el marxismo: "a nosotros no nos asusta ninguna ideología [...] a nosotros no nos asusta ningún sistema social porque en él
examinamos lo que tiene de práctico, lo que puede formar inmediatamente parte de la
realidad y de la vida del pueblo mexicano, y lo que tiene de utópico que no juzgamos
irrealizable pero que consideramos realizable dentro de una evolución más o menos
larga de la humanidad actual para conseguir individuos más o menos capacitados in-
telectual y moralmente para obtener una organización humana superior a la actual;
nosotros no creemos que sea el momento para el pueblo mexicano, dada la situación
del campesino de nuestro país, de poder obtener un fruto seguro de la explotación de
la tierra implantando un sistema comunista". *(Ibid.,* p. 327.)
[46] *Ibid*, p. 372.

Que grupos de campesinos llegaran a poseer pequeños lotes de tierra, verdaderos 'pegujales', sin aperos, sin créditos, sin organización, era fruto bien raquítico de tamaño sacrificio en la lucha. Y esto sin contar con que el ejido así entendido habría acabado por ofrecer un recurso más para que el hacendado pudiera disminuir los jornales —de suyo envilecidos— sabiendo que el trabajador contaba con un arbitrio adicional para subsistir [...]

"Dentro de nuestro sistema agrario constitucional, el ejido, en efecto, es el medio directo de satisfacer las necesidades de los núcleos de población hasta el límite en que las tierras afectables lo permiten, y constituye para la comunidad una fuente de vida propia que libera a los habitantes de trabajar a jornal y permite a cada uno de ellos percibir el valor íntegro del esfuerzo que aplica a las tareas productoras [...]

"La pequeña propiedad agrícola en explotación se reconoce y se rodea de respeto; pero es una institución distinta respecto de la cual el Estado tiene deberes específicos, y de ningún modo puede considerarse como la forma que se aspira a lograr a través de los ejidos, los cuales constituyen institución distinta, bien determinada en su origen, en su establecimiento, en su organización, y en sus funciones económicas."[47]

Como se puede apreciar, no se plantea la desaparición de la pequeña propiedad pero todo sugiere que se espera de ella un papel menos importante que el del ejido.[48]

A la nueva concepción del rol de ejido en la economía nacional hay que agregar los conceptos que se relacionan con las formas de organización interna de dichas tenencias, respecto a las cuales se plantea la necesidad de impulsar formas cooperativas —erróneamente denominadas colectivas, por contraposición seguramente a la explotación en parcelas individuales— en aquellos casos calificados por el Código Agrario de 1934 en los términos siguientes: "a) deberán trabajarse en forma colectiva las tierras que por constituir unidades de explotación infraccionables exijan para su cultivo la intervención conjunta de los componentes del ejido; b) en igual forma se explotarán los ejidos que tengan cultivos cuyos productos estén destinados a industrializarse y

---

[47] Ibíd., p. 409.
[48] A. Córdova, en su libro La política de masas del cardenismo (México, ERA, 1974, p. 104), diría al respecto: "Cárdenas deseaba más que cualquier otra cosa, que el sector ejidal se convirtiera en el motor, en el factor predominante de la economía agraria, de modo que por sí solo fuera el proveedor seguro y confiable de todos los productos agrícolas que el país necesitara. Y desde el momento en que el ejido se volvía parte integrante del estado y de la economía pública, el problema volvió siempre, una y otra vez, al sostén que el propio estado podía prestarle." Véase en general el capítulo 4, pp. 93-122, sobre los criterios agrarios del cardenismo.

LA CUESTIÓN AGRARIA 37

que constituyan zonas agrícolas tributarias de una industria. En este caso también se determinarán los cultivos que deberán llevarse a cabo; c) podrá asimismo adoptarse la forma de explotación colectiva en los demás ejidos cuando por los estudios técnicos y económicos que se realicen se compruebe que con ella pueden lograrse mejores condiciones de vida para los campesinos y que es factible implantarla; d) se adoptará la forma de explotación colectiva en los ejidos cuando una explotación individualizada resulte antieconómica o menos conveniente, por las condiciones topográficas y la calidad de los terrenos, por el tipo de cultivo que se realice, por las exigencias en cuanto a maquinaria, implementos e inversiones de la explotación, o porque así lo determine el adecuado aprovechamiento de los recursos; e) esta forma de organización del trabajo podrá adoptarse aun cuando el ejido ya haya sido fraccionado."[49]

Para obtener un panorama completo de los principales cambios efectuados por el cardenismo en materia agraria, habría que agregar la modificación al artículo 45 del código agrario de 1934 que convertía a los peones en beneficiarios potenciales de la reforma agraria.

8. El poscardenismo: subordinación de lo agrario al complejo urbano-industrial

El acelerado y sostenido crecimiento del sector industrial que se observa a partir de 1933 y habría de verse reforzado, desde inicios de la década siguiente, por las condiciones creadas por la segunda guerra mundial, condujo a un viraje cada vez más notorio de los términos en que se había concebido el papel del desarrollo agrícola en el desarrollo general, en el sentido de definirlo como subordinado a las demandas planteadas por el crecimiento urbano-industrial.

a) Ávila Camacho y el impulso a la agricultura empresarial

A partir de Ávila Camacho, este sesgo industrialista caracterizaría sin excepción a los gobiernos revolucionarios sucesivos, y la funcionalidad de la estructura agraria pasaría a ser juzgada, explícita o implícitamente, en términos de su capacidad de contribuir al crecimiento industrial, que a partir del periodo indicado pasa a ser sinónimo del desarrollo en generral.[50]

[49] Centro de Investigaciones Agrarias, *op. cit.*, pp. 10-11. Surge en este periodo una importante corriente de opinión entre los agraristas mexicanos que favorece estas formas de explotación que, en rigor, no abarcarían sino a una fracción no precisable de las dotaciones del cardenismo. Véase al respecto las referencias que hace J. Silva Herzog, *El agrarismo...*, *op. cit.*, pp. 423-451, a varios autores del periodo.

[50] "El año 1940 marca un hito en el desarrollo de las relaciones entre los sectores público y privado de México. Es el año en que asumió el poder el primero de una sucesión de presidentes dedicados a demostrar que el crecimiento industrial, de acuerdo

En términos esquemáticos, el modelo agrario implícito en la estrategia oficial poscardenista sería el de una estructura bimodal, con un sector fundamental aunque no exclusivamente privado en las áreas de mayor potencial productivo, y un sector campesino (ejidal básicamente) en el resto del territorio.

Ávila Camacho señalaría durante su campaña: "concentraré mi empeño en hacer florecer la parcela de los campesinos extendiendo todos los estímulos de que pueda disponer el país. Extremaremos la protección a la pequeña propiedad no sólo para defender la que ya existe, sino para que de las vastas extensiones incultas se formen nuevas pequeñas explotaciones agrícolas... (nos proponemos) acelerar el reparto ejidal y garantizar por medios efectivos la posesión y el usufructo de la tierra a quienes, practicada la reforma, sean sus legítimos poseedores, llámense ejidatarios, o pequeños propietarios; incrementar la producción del ejido hasta que éste llegue a ser la base de la economía agrícola del país, *en la medida de sus recursos;* crear en el campo las *ventajas de la explotación en mayor escala,* mediante obras y sistemas convenientes de adelanto económico, evaluando los últimos por su utilidad y no por sus implicaciones políticas."[51]

Como puede apreciarse, la idea señalada, aparecía todavía con cierta ambigüedad en los planteamientos —aunque no en la acción agraria— del avilacamachismo, seguramente como una concesión a la preponderancia ideológica del cardenismo,[52] para llegar a adquirir plena vigencia en el periodo de Alemán.

b] *De Alemán a Díaz Ordaz: fortalecimiento y consolidación de la agricultura empresarial*

El criterio adoptado por el alemanismo habría de quedar claramente definido por las reformas que se le hicieron al artículo 27 constitucional. Así, a la fracción 14, se le agregó el párrafo: "Los dueños y poseedores de predios agrícolas o ganaderos, en explotación, a los que hayan expedido, o en el futuro se expidan, certificados de inafectabilidad, podrán promover el juicio de amparo contra la privación o afectación agraria ilegales de sus tierras o aguas", y la pequeña propiedad quedó definida en la fracción xv del

con el criterio moderno, era indispensable para este país. Es el año en el que el impacto de la Segunda Guerra Mundial empezó a hacerse sentir, dando a México una oportunidad inmejorable para empezar a comprender sus posibilidades industriales." (R. Vernon, *El dilema del desarrollo económico en México,* México, Diana, 1966, p. 105.)

[51] J. Silva Herzog, *El agrarismo...,* *op. cit.,* pp. 462-463.

[52] El peso del agrarismo cardenista en el suceder político oficial es tan significativo que, a partir de los cuarenta, los planteamientos de candidatos y gobernantes ha dejado de constituir una fuente aceptable de aproximación a los modelos de estructura agraria impulsados por cada uno de ellos.

artículo citado en los términos siguientes: "Se consideran, asimismo, como pequeña propiedad, las superficies que no excedan de doscientas hectáreas en terrenos de temporal o de agostadero susceptibles de cultivo; de ciento cincuenta cuando las tierras se dediquen al cultivo de algodón, si reciben riego de avenida fluvial o por bombeo; de trescientas, en explotación cuando se destinen al cultivo del plátano, caña de azúcar, café, henequén, hule, cocotero, vid, olivo, quina, vainilla, cacao o árboles frutales [...] Cuando, debido a obras de riego, drenaje o cualesquiera otras ejecutadas por los dueños o poseedores de una pequeña propiedad a la que se haya expedido certificado de inafectabilidad, se mejore la calidad de sus tierras para la explotación agrícola o ganadera de que se trate, la propiedad no podrá ser objeto de afectaciones agrarias, aun cuando, en virtud de la mejoría obtenida, se rebasen los máximos señalados en esta fracción, siempre que se reúnan los requisitos que fije la ley."[53] Si a lo anterior se le agrega la adición a la fracción x, que fija como límite inferior a la parcela ejidal las diez hectáreas de riego o humedad (o sus equivalentes en tierra de temporal), tendremos una imagen bastante completa del modelo agrario deseado por el régimen a que hacemos referencia.

F. Chevalier sintetizaría en los siguientes términos el tratamiento dado a la cuestión agraria durante el periodo de referencia: "La política de los sucesores de Cárdenas en relación a estas tierras ha consistido en actuar como si las medidas agrarias esenciales o básicas hubieran sido ya tomadas, y en decidir que al país le correspondía tener ahora un incremento en la producción a través del progreso agrícola y técnico, sin decir nada de la industrialización. La preocupación con el desarrollo económico se sobrepuso rápidamente a las preocupaciones sociales, especialmente bajo la presidencia de Miguel Alemán (1946-1954). La construcción de presas de irrigación en las áreas de rico suelo se intensificó para la producción de exportaciones. El capital extranjero se atrajo, y sin ninguna declaración formal al respecto la tendencia fue a considerar que el ejido, aun los de tipo más moderno, no podía adaptarse a la explotación comercial moderna. La propiedad privada pasó a favorecerse nuevamente: no 'la pequeña propiedad familiar' del tipo favorecido por Calles (quien a pesar de su anticlericalismo militante adoptó este concepto de la corriente social cristiana) sino en propiedades ricas de gran tamaño creadas en las áreas recientemente irrigadas."[54]

Si hacemos abstracción de los matices, puede afirmarse que desde

[53] J. Silva Herzog, El agrarismo..., op. cit., p. 490.
[54] F. Chevalier, "The ejido and political stability in Mexico", en The politics of conformity in Latin America, Londres, C. Velliz Ed., Oxford University Press, 1967, pp. 170-171.

los cuarenta hasta el echeverrismo no se produjeron cambios significativos en el paradigma agrario oficialista.[55]

c) *Echeverría: reformulación del agrarismo cardenista*
La visión sobre estructura deseable del echeverriísmo constituye una respuesta tanto a problemas de orden político como al estancamiento o al lento crecimiento de la agricultura que se hace evidente desde mediados de la década de los sesenta,[56] y que se traduce en una incapacidad creciente por parte de dicho sector, de seguir satisfaciendo —como lo había hecho desde mediados de los años treinta— las exigencias del desarrollo urbano-industrial.

Dentro de lo que podría calificarse como un cierto renacimiento del agrarismo cardenista —aunque con más énfasis en las tareas de organización que en las propiamente redistributivas— se vuelve a ver en el ejido, previa reorganización de sus relaciones internas, el instrumento de rehabilitación de una dinámica agrícola orientada preferentemente a satisfacer la demanda interna de alimentos. Esta revisión de los enfoques precedentes quedó expresada, de un modo cabal, en todo un cuerpo legislativo interdependiente: la Ley federal de la reforma agraria, la Ley federal de aguas y la Ley de crédito rural.

En la exposición de motivos de la Ley federal de la reforma agraria se señala: "que (el ejido) es una empresa social destinada inicialmente a satisfacer las necesidades agrarias del núcleo de población, tiene por finalidad la explotación integral y racional de los recursos que lo componen, procurando, con la técnica moderna a su alcance, la superación económica y social de los campesinos [...] El ejido como empresa implica la decisión libremente adoptada por los ejidatarios de agrupar sus unidades de dotación en tal forma que el conjunto de ellas se transforme en una organización rentable capaz de elevar su nivel de vida."[57]

Esta intención se expresaría en el estímulo de la creación de los ejidos colectivos que aparecen definidos en el artículo 131 en términos semejantes a los del código agrario de 1940.[58] Al artículo menciona-

[55] Expresión de lo anterior es el hecho de que el código agrario elaborado en tiempos de Ávila Camacho sólo sería reformado en abril de 1971 por Echeverría.
[56] Hay un gran consenso en considerar a este periodo (mediados de los sesenta) como el punto de inflexión del dinamismo agrario. Véase entre otros, C. Luiselli, *Diagnóstico del sector agrícola de 1965 a 1975*, México, CIDE 1978 (fotocopia); J. Castell y F. Rello, "Las desventuras de un proyecto agrario, 1970-1976", *Investigación Económica*, vol. XXXVI, núm. 3, México, julio-septiembre, 1977; I. Gómez Oliver, "Crisis agrícola y crisis de los campesinos", *Comercio Exterior*, vol. 28, núm. 6, México, junio, 1978
[57] M. Chávez, *Ley federal de reforma agraria*, México, Porrúa, 1973, pp. 11-12.
[58] Este artículo tiene sus antecedentes en los artículos 200 y 202 del código agrario de 1942, que a su vez se derivan de los artículos 137 y 151 del código de 1940. (Véase, M. Chávez, *op. cit.*, p. 108.)

do tienen que agregarse otros nuevos, es decir que no tienen precedente en códigos anteriores y se redactaron con el propósito de hacer más flexibles los procedimientos de dotación, permitir el desarrollo gradual de los colectivos y normar la organización de este tipo de unidades.[59] En el denominado Plan maestro de organización y capacitación campesina se busca, en una primera etapa, alcanzar un total de 11 000 ejidos colectivos y "concentrar los esfuerzos en aquellas regiones donde exista un potencial de desarrollo, en consideración a los recursos naturales disponibles y las inversiones en infraestructura realizadas, donde se pueda obtener una rápida respuesta".[60]

Si a lo anterior se agregan algunas referencias que se incluyen en el mismo proyecto con respecto a la propiedad privada, tendremos una versión aproximada del tipo de estructura agraria postulada por el echeverriísmo: "[...] conviene destacar, por otra parte, que las prerrogativas y preferencias que se otorgan a ejidatarios y comuneros se extiendan a los *auténticos pequeños propietarios;* su identidad de condiciones económicas, sociales y culturales justifica plenamente la adopción de tal medida".[61] Lo de "auténticos pequeños propietarios" parece referirse implícitamente a "pequeños propietarios de predios equivalentes a la unidad mínima de dotación individual en los ejidos" a los que hace referencia el artículo 129 al extender, a dicho estrato, las prerrogativas y derechos preferentes, formas de organización y garantías económicas y sociales contenidas en el libro tercero de la ley que comentamos.

En este sentido, y por primera vez, en las formulaciones oficiales se reconocen las semejanzas socioeconómicas entre una parte del sector de propiedad privada y el sector de agricultura ejidal, relativizando —aunque no de un modo inequívoco— la extensión genérica del término "pequeña propiedad" al conjunto de la agricultura privada.

Si, incluso corriendo el riesgo de simplificar demasiado, nos propusiéramos caracterizar el paradigma agrario del echeverriísmo, implícito en los documentos referidos, podría decirse que el modelo deseado consistiría en:

1) Un sector de empresas agrícolas de tamaño mediano a grande: en general de diez a cien hectáreas de riego o sus equivalentes, o hasta

<hr/>

[59] Véase, por ejemplo, los artículos 136, 139, 140 y 141 de la citada Ley.
[60] J. Castell y F. Rello,, *op. cit.,* p. 142.
[61] Exposición de motivos en M. Chávez, *op. cit.,* p. 12. En un sentido estricto, hay cierta ambigüedad en lo de "la auténtica propiedad, pues si tomamos los límites establecidos por la propia ley, éstos podrían ser de hasta 300 hectáreas en determinadas circunstancias" (artículo 249 de la ley citada); dichos límites no son otros que los propuestos por el alemanismo en la reforma al artículo 27 de la Constitución en diciembre de 1946. No puede hablarse de que haya entre los ejidatarios y este tipo de pequeños propietarios "identidades de condiciones económicas sociales y culturales".

de trescientas hectáreas en los casos específicos definidos por la ley;

2) Un sector de pequeña propiedad privada: de hasta diez hectáreas de riego o sus equivalentes, cuya integración en forma de cooperativas o colectiva debería ser estimulada;[62]

3) Un sector ejidal colectivizado en mayor o menor grado, que correspondería a los ejidos que se encontrasen (o se creasen) en las áreas de mayor potencial productivo;

4) Un sector ejidal parcelario, fundamentalmente en áreas de temporal de bajos rendimientos, y, probablemente,

5) Un sector de pequeños propietarios minifundistas en áreas similares a las del estrato anterior.

Hasta aquí llega el recorrido esquemático por la evolución del paradigma agrario oficial que, con un mayor o menor logro entre lo postulado y lo realizado, ha ido plasmando el tipo de estructura agraria que constituye el objeto central del análisis que se efectúa en el presente estudio. En las páginas que complementan este capítulo procuraremos examinar, de un modo también esquemático, la evolución de los enfoques con que se procedió a abordar la cuestión agraria.

B. EL PENSAMIENTO AGRARIO A PARTIR DE LOS SESENTA

A partir de finales de la década de los sesenta, se asiste a una proliferación de estudios y de publicaciones sobre la cuestión agraria, cuyo enfoque y/o proposiciones de estrategia se inscriben en distintas corrientes e ideologías, a cuya caracterización —necesariamente esquemática— están dedicadas las páginas que siguen.[63]

---

[62] Esto último se deduce de la asimilación que se hace entre ejidatarios y este tipo de pequeños propietarios en el libro III de la Ley federal de reforma agraria.

[63] Parece indispensable explicitar tres advertencias: en primer lugar, que la agrupación que aquí se hace de las distintas corrientes de pensamiento, así como la de las vertientes que componen cada una, están basadas fundamentalmente en el enfoque interpretativo y sólo secundariamente en las proposiciones de orden político o estratégico. Hacemos la advertencia anterior, pues en algunos casos, autores que desde el punto de vista del enfoque empleado llegan a caracterizaciones diferentes de la estructura agraria, coinciden, sin embargo, en sus planteamientos estratégicos centrales y viceversa.

En segundo lugar, y para evitar confusiones con la terminología empleada en la clasificación, se habla de corriente cuando los autores comparten, en sus análisis, categorías que pertenecen a un mismo campo teórico; de vertiente, cuando en el interior de una corriente se advierte el empleo de categorías analíticas complementarias de teorías distintas a la que define la corriente, y de tendencias o variantes, cuando dentro de una vertiente hay discrepancias en el contenido e implicaciones teórico-políticas de las categorías empleadas.

De una manera esquemática pueden identificarse dos grandes corrientes en el análisis de la cuestión agraria que, con cierta liberalidad en los términos, podemos denominar la corriente estructuralista y la corriente histórico-estructural o del materialismo histórico.[64] Para la corriente estructuralista, el análisis de la cuestión agraria gira en torno al binomio de conceptos de tamaño y de tenencia, mientras que para la segunda, es el concepto "relaciones sociales de producción" el que constituye el eje analítico de las diversas vertientes que en ella se distinguen.[65]

l. *La corriente estructuralista o el continuismo crítico*

Tanto desde el punto de vista de su enfoque del problema agrario como desde el de las estrategias implícitas o explícitas en sus diversas formulaciones (o vertientes), esta corriente puede ser considerada como el continuismo crítico de los planteamientos agrarios de la Revolución mexicana: continuista en el sentido de no cuestionar las premisas básicas del modelo general de reproducción de lo que se ha dado en llamar el "Estado de la revolución"[66] y crítica, en el sentido de que todas sus vertientes destacan, desde distintos puntos de vista, las insuficiencias, inequidades e ineficiencias que caracterizan la estructura agraria vigente, con implicaciones de política que, como veremos más adelante, no son necesariamente las mismas para cada uno de los autores incluidos en esta corriente.

Sería largo enumerar la totalidad de autores y de trabajos adscribibles a esta corriente: la gran mayoría de ellos ha estado ligada de modo más o menos directo al Centro de Investigaciones Agrarias (CDIA), al extremo de que si no buscáramos una denominación más

---

En tercer lugar, y a modo de defensa anticipada, quisiéramos señalar que estamos conscientes de los problemas de sobresimplificación en que se ha incurrido en la caracterización de las distintas corrientes, vertientes y tendencias, pero creemos que todo intento de agrupación de escritos diversos dentro de determinadas categorías obliga a desestimar diferencias que, aunque nosotros consideramos secundarias, no sean percibidas como tales por los autores involucrados. ·

[64] No llamamos marxista a esta corriente, pues por razones que quedarán claras más adelante, hemos reservado este término para una de las dos vertientes que la componen.

[65] No incorporamos, como tercera corriente, la que podríamos llamar del pensamiento neoclásico porque, por una parte, el tema de la estructura agraria no es abordado como tal por la misma y, por otra, los estudios·sobre la eficiencia en el uso de factores por tamaño y/o tenencia que son típicos de esta corriente, han sido asumidos en términos muy semejantes por la corriente estructuralista.

[66] Tomamos el término de A. Córdova para referirnos de un modo sintético y expresivo al estado que surge después del periodo insurreccional de la revolución. Véase, A. Córdova, *op. cit.*

descriptiva, podríamos haber hablado del "enfoque-CDIA". Varios de los autores de esta corriente han colaborado en el estudio sobre estructura agraria realizado por dicho centro a fines de los sesenta, al que haremos referencia en seguida: S. Reyes Osorio. S. Eckstein, J. Ballesteros, I. Restrepo, S. Maturana, I. J. Sánchez, entre otros.[67] Además de los autores del estudio aludido, se incluirían en esta corriente a M. Meza Andraca, M. A. Durán, E. Alanís Patiño, R. Fernández y Fernández y Edmundo Flores, casi todos ellos vinculados también en algún momento de su historia al Centro de Investigaciones Agrarias.

El marco conceptual y, en cierta medida, los planteamientos de estrategia de esta corriente, están estrechamente vinculados a las formulaciones de la CEPAL de los años sesenta, tanto por lo que respecta al papel que se espera desempeñe la agricultura en el proceso de desarrollo, como a la percepción de la estructura agraria como una estructura heterogénea y dicotómica.

En relación al primer aspecto (agricultura-desarrollo), esta corriente considera como estructura agraria deseable, de modo implícito o explícito, a aquella capaz de satisfacer las demandas de desarrollo urbano-industrial en términos de: generación de bienes y salarios a precios estables, generación neta de divisas, transferencia de excedentes invertibles y formación de mercado interno para bienes industriales.

Aunque el término "heterogeneidad estructural" no aparece empleado por los autores de esta corriente, de hecho, la estructura agraria es percibida por ellos, al igual que por la CEPAL, en términos de un sector tradicional y atrasado y de un sector moderno y/o dinámico a los que se incorpora o agrega, en el caso de México, la división entre el sector ejidal y el privado.

El estudio Estructura agraria y desarrollo agrícola en México realizado a fines de los años sesenta por el CDIA recoge sin duda la formulación más desarrollada, en lo que a estructura agraria se refiere, así como la de mayor contenido empírico y de mayor influencia de las producidas por esta corriente.[68]

Esta formulación constituyó una adecuación, a las condiciones mexicanas, de la metodología desarrollada por el llamado Comité In-

[67] No incluimos entre ellos a R. Stavenhagen, a pesar de ser coautor del estudio aludido, pues en un sentido estricto sus estudios pertenecen más a la segunda corriente que se analiza en este capítulo o, si se quiere, constituye un puente entre la primera y la segunda.

[68] Centro de Investigaciones Agrarias (CDIA), op. cit. (aunque la versión final de la obra fue publicada en 1974 por el Fondo de Cultura Económica, circulaba años antes una versión mimeografiada).

teramericano de Desarrollo Agropecuario[69] para sus estudios sobre la
tenencia de la tierra y desarrollo socioeconómico del sector agropecuario en varios países de América Latina.[70]
Para dicho comité (y por derivación para el CDIA), la estructura
agraria se concebía como una especie de *continuum*, en el que las diferencias entre las diversas unidades eran fundamentalmente de tipo
cuantitativo (i.e., tamaño del área controlada o valor del producto o
empleo generado), así, el CDIA, a partir del valor de la producción
alcanzada por las distintas unidades agropecuarias en el año 1960,
definió los siguientes estratos: infrasubsistencia (IF), subfamiliar (SF),
familiar (FL), multifamiliar mediano (MM) y multifamiliar grande (MG).
Aunque los niveles que permitieron al CDIA definir sus respectivas
categorías eran más o menos arbitrarios, en teoría el valor de la producción se empleó como una aproximación empírica a una distinción más sustantiva: la que se da entre unidades que no logran absorber el potencial del trabajo familiar (IF, FF), aquellas que sí logran
absorberlo (F), y aquellas que en distinto grado requieren de trabajo
asalariado para explotar las tierras disponibles (MM, MG).[71]
Aunque el estudio del CDIA no sacara todas las implicaciones
analíticas de la categorización empleada, la formulación anterior
constituyó por cierto un avance en la percepción de la heterogeneidad estructural del agro, respecto a los análisis precedentes basados
en estratificaciones censales directas, en que los cortes por tamaño
eran absolutamente arbitrarios.
En efecto, el CDIA redujo el análisis de las diferencias entre estratos
a comparaciones puramente cuantitativas sobre disponibilidad y uso
de recursos y sobre algunas magnitudes alcanzadas por las relaciones

[69] Formado por la CFPAI, la FAO, el BID, la OEA y el IICA.
[70] Nos referimos a los estudios del CDIA efectuados en Argentina, Brasil, Colombia,
Chile, Ecuador, Guatemala y Perú. Véase S. Barraclough y A. Domike, "La estructura
agraria en siete países de América Latina", *El Trimestre Económico*, México, abril-junio
de 1966. Barraclough, por otra parte, puede ser considerado uno de los precursores
del estructuralismo agrario en este continente.
[71] Los autores del estudio recurrieron al valor de la producción por no disponer de
antecedentes sobre el empleo potencial de mano de obra, que es el criterio propuesto
por el CDIA para sus estudios, y asimilaron las categorías indicadas a las sugeridas por
dicho Comité en los siguientes términos:

Categoría	Criterio del Comité (hombres-año)	Criterio del Centro (pesos de 1960)
IS	No existe	Hasta 1 000
SF	Hasta 2	De 1 001 a 5 000
F	De 2 a 4	De 5 001 a 25 000
MM	De 4 a 12	De 25 001 a 100 000
MG	Más de 12	Más de 100 000

Véase, Centro de Investigaciones Agrarias (CDIA), *op. cit.*, pp. 197-200

insumo-insumo e insumo-producto, sin entrar a considerar las diferencias en las formas de organización social de la producción o en las relaciones sociales de producción que pudieran haber derivado, de un modo relativamente directo, de sus propios criterios de estratificación, como, de hecho, lo harían algunos autores de la corriente histórico-estructural.

Lo anterior se refleja de un modo claro en el análisis que hace el CDIA sobre las relaciones entre tamaño-tenencia y eficiencia productiva, las que son abordadas en términos fundamentalmente neoclásicos, pues suponen implícitamente que los distintos tipos de unidades productivas que la estratificación distingue, estarían guiados por objetivos idénticos y que emplearían una misma "lógica de manejo" en la asignación de los recursos disponibles.[72]

Entre los autores de la corriente estructuralista, no se advierten diferencias de enfoque que permitan reconocer distintas vertientes, sin embargo, si se consideran los planteamientos de política agraria de los autores que la componen, es posible reconocer por lo menos dos vertientes principales que, a falta de una denominación mejor, nos atreveríamos a llamar la *vertiente productivista*, por el énfasis que estos autores ponen en los aspectos de carácter técnico-productivo, y la *vertiente agrarista,* por el énfasis puesto en los problemas agrarios (de reparto) y en los problemas de organización campesina. Esta especie de "debate interno" de los estructuralistas, se haría en torno a dos pares de alternativas dicotómicas: la de propiedad ejidal-propiedad privada (o si se quiere entre posibilidades de avance *vs.* agotamiento del reparto agrario) y las de explotación individual-explotación colectiva.

Contrastando, con base en posiciones extremas de cada una de las vertientes indicadas, podría señalarse que, mientras los autores más conservadores de la vertiente productivista serían partidarios de fortalecer las formas de explotación familiar y de dar garantías a las tenencias privadas, los más radicales de la vertiente agrarista sostendrían la existencia de un cierto margen de tierra susceptible de ser repartida (el llamado neolatifundio agrícola y las concesiones ganaderas), y consideraría a las formas de explotación colectiva (en rigor cooperativas más que colectivas) como formas superiores a la individual y, por lo tanto, dignas de ser extendidas a parte importante del sector ejidal. La mayoría de los autores de la corriente estructuralista estaría sin embargo entre los dos extremos indicados, por lo que más

---

[72] Por "lógica de manejo" entendemos los términos en que se adoptan las principales decisiones sobre el uso de los recursos disponibles, es decir, las decisiones del *para qué* se produce, *qué* se produce, *cómo* se produce, y *qué destino* debe darse a la producción.

allá de los contenidos retóricos de algunas formulaciones, las diferencias entre las vertientes indicadas serían más bien diferencias de grado; así por ejemplo, y con relación al reparto, Edmundo Flores (a quien adscribiríamos a la primera corriente), señalaría que: "según el código agrario, existen 3.5 millones de campesinos con derecho para ser dotados de tierra, pero ya no hay tierra que repartir [...] sin embargo, la vieja guardia agrarista, todavía con el entusiasmo de los buenos tiempos, y ciertos miembros de la izquierda pasmada, con una estoica falta de información, propone seguir repartiendo tierras a base de disminuir la extensión legal de la pequeña propiedad".[73] El estudio del CDIA, por su parte, y en particular S. Reyes Osorio, a quien ubicaríamos claramente en la corriente agrarista, señalaría que: "si se llevara la reducción de la propiedad privada hasta 25 hectáreas de riego o sus equivalentes [...] sólo se alcanzaría a un total estimado de 330 000 beneficiarios, es decir, aproximadamente el 7% de la población activa sin tierras".[74]

Respecto a las opciones de organización ejidal, las diferencias, aunque de mayor significación, siguen siendo de grado, pues ningún autor de esta corriente plantea o la colectivización del total de los ejidos o la parcelación de los ya colectivizados. Así, por citar algunas opiniones encontradas, tendríamos en un extremo a Ramón Fernández y Fernández: "en el contraste de propiedad individual con propiedad comunal, tenemos que insertar como básica de la estructura agraria ideal a la propiedad individual, y dejar un lugar para ensayos sociales a la propiedad comunal, para que en ellas se tenga la explotación colectiva".[75] Edmundo Flores, con cierto pragmatismo, señalaría por su parte: "la pobreza del campesino en la etapa actual del desarrollo mexicano no puede remediarse manipulando la organización individual o colectiva que los partidarios de las ideologías corrientes discuten con tanta pasión y con tan poca dialéctica. Que la empresa agrícola en un país de propiedad individual o colectiva depende de preferencias tradicionales, ideológicas y de limitaciones ecológicas y técnicas, y no determina la prosperidad o el fracaso del sector."[76]

Por contraste, Reyes Osorio, al describir la política de organización campesina del echeverriísmo, diría: "[...] se ha planteado dentro de este esquema general de organización el problema de la colectivización ejidal, que no es en el fondo más que la tarea de reinte-

[73] E. Flores, *Vieja revolución nuevos problemas*, México, Joaquín Mortiz, 1970, p. 78.
[74] Centro de Investigaciones Agrarias (CDIA), *op. cit.*, p. 73.
[75] R. Fernández y Fernández, *Temas agrarios*, México, Fondo de Cultura Económica, 1974, p. 14.
[76] E. Flores, *op. cit.*, p. 78.

grarle al ejido el sentido de unidad económica, social y productiva que debe tener".[77]

Si más allá de la evolución del debate anterior que constituye un debate recurrente entre los agraristas mexicanos, de contornos más ideológicos que teóricos, nos propusiéramos hacer una síntesis de los principales aportes de la corriente descrita al análisis de la cuestión agraria, podríamos mencionar como tales, cuando menos, los siguientes: *i*) haber contribuido a dar expresión cuantitativa a una visión de la estructura de tenencia de la tierra más desagregada que la disponible hasta entonces, y que serviría de base a todos los estudios posteriores, incluidos algunos de los de la corriente que comentaremos en seguida: *ii*) haber ofrecido, en sus definiciones sobre las distintas categorías, una primera aproximación a una tipología de productores rurales en la que el uso o no de la mano de obra extrafamiliar constituyera un elemento de diferenciación sustantiva, y *iii*) haber desmitificado la supuesta ineficiencia de las explotaciones de tipo campesino, mostrando que en igualdad de circunstancias no puede afirmarse nada muy concluyente sobre diferencias en la eficiencia del uso de factores entre las formas de propiedad privada y ejidal.[78]

2. La corriente histórico-estructural o del materialismo histórico

Más allá de las diferencias, a veces significativas, que pueden advertirse en la forma que tratan la cuestión agraria los distintos autores que hemos incluido en esta corriente, se comprueban entre ellos semejanzas en aspectos sustantivos del marco conceptual y del enfoque empleado, que permiten considerarlos como una sola corriente de pensamiento.

Antes de entrar a analizar autores y formulaciones específicas de la corriente materialista, creemos conveniente explicitar los rasgos comunes a todos ellos que sirven de fundamento a su inclusión en una misma corriente de pensamiento.

En primer lugar, está la presencia significativa (en algunos casos exclusiva) de categorías conceptuales que se derivan del materialismo histórico.

En segundo lugar, tanto en los escritos que dan inicio a esta corriente como en otros de más reciente data, las formulaciones de esta

[77] S. Reyes Osorio, "Hacia una política de organización económica en el sector rural", Iván Restrepo [Comp.], en *Los problemas de la organización campesina*, México, Editorial Campesina, 1975, p. 36.
[78] Véase especialmente S. Eckstein, *El ejido colectivo en México*, México, Fondo de Cultura Económica, 1966; I. Restrepo y S. Eckstein *op. cit.*, capítulo VIII, y Centro de Investigaciones Agrarias (CDIA), *op. cit.*, en particular las páginas 217-236.

corriente —criticando a las diversas interpretaciones dualistas que estuvieron en boga desde mediados de la década de los setenta—[79] levantan la tesis de que los elementos o polos (arcaico-moderno, estático-dinámico, feudal-capitalista) que las diversas interpretaciones dualistas reconocen, son "el resultado de un único proceso histórico" y de que "las relaciones que conservan entre sí las regiones y los grupos arcaicos o feudales y los modernos o capitalistas, representan el funcionamiento de una sola sociedad global de la que ambos polos son parte integrante".[80]

En tercer lugar, todos los autores de esta corriente adoptan de modo implícito o explícito, parcial o total, las tesis de la llamada teoría de la dependencia, al considerar que el proceso de generación de las estructuras agrarias nacionales es parte de un proceso histórico que caracteriza a la inserción subordinada de las economías periféricas en la división internacional del trabajo.

Finalmente, y con relación al tema central de este artículo, los autores de la corriente histórico-estructural analizan la heterogeneidad agraria a partir de las relaciones sociales de la producción o si se quiere de las formas de organización social de la producción y de la lógica del manejo de recursos que caracteriza a las diversas unidades que componen el conjunto. En este sentido, tanto el tamaño de las unidades como las formas de tenencia son sólo uno de los elementos que inciden en la caracterización de la estructura agraria y no los únicos o preponderantes como en la corriente estructuralista.

3. Las primeras formulaciones

Los escritos de R. Stavenhagen deben, con justicia, considerarse como precursores de la corriente materialista, pues constituyen, en sentido estricto, un verdadero puente entre la vertiente agrarista del estructuralismo y la corriente que analizamos.

En efecto, a mediados de los sesenta, Stavenhagen publica una de las primeras críticas latinoamericanas a las tesis dualistas, su muy ci-

---

[79] La crítica de que se trata abarca no sólo las formulaciones simplistas que se derivan del modelo de Lewis (véase "Desarrollo económico con oferta ilimitada de mano de obra", *El Trimestre Económico*, vol. xxvii, núm. 108), como las de J. C. Fei y G. Ranis, "A theory of economic development", *American Economic Review*, vol. 51, núm. 4, septiembre de 1961, y la de D. Jorgenson, "The development of a dual economy", *Economic Journal*, vol. 71, junio de 1961, sino también las tesis antifeudales que la CEPAL y el CIDA adoptaron para fundamentar la oleada de reformismo agrario de la década de los sesenta (véase O. Rodríguez, *La teoría del subdesarrollo de la CEPAL*, México, Siglo XXI, 1980, pp. 88-92 y 175-177).

[80] R. Stavenhagen, "Siete tesis equivocadas sobre América Latina", en *Sociología y subdesarrollo*, México, Nuestro Tiempo, 1971 p. 17 (publicado originalmente en el diario *El Día*, México, 25 y 26 de junio de 1965).

tado ensayo: "Siete tesis equivocadas sobre América Latina" y, posteriormente, en un esfuerzo colateral a su contribución al estudio sobre estructura agraria del CDIA, hace uno de los primeros intentos por analizar la estructura agraria mexicana como estructura de clases, introduciendo el estudio de las relaciones sociales de producción a las categorías de estratificación propuestas por el CDIA.[81]

En dicho trabajo, R. Stavenhagen distingue las siguientes componentes (clases sociales) en la estructura agraria:

i] El minifundio ejidal y el privado, que desde un punto de vista sustantivo constituyen, para el autor, una misma categoría: "La rigurosa distinción entre el sector ejidal y el sector privado que hacen algunos autores, resulta significativa solamente a nivel de la estructura formal de tenencia de la tierra. De hecho, la gran mayoría de los ejidatarios son minifundistas funcionales y apenas se diferencian de los propietarios minifundistas del sector privado."[82]

ii] Las unidades familiares, que serían algo más que minifundios, sin llegar a ser explotaciones prósperas y productivas en alto grado: "Suponemos que se trata de explotaciones familiares de tamaño suficiente para proporcionar ocupación plena a por lo menos dos personas activas."[83]

iii] Los propietarios medianos y los grandes propietarios, separados arbitrariamente en función del tamaño de sus predios: de 25 a 200 hectáreas los primeros, y de más de 200 hectáreas los segundos.[84]

Si se excluye a las clases o estratos sin tierra (burguesía comercial rural y proletariado rural), la estructura social del agro, según el autor citado, estaría constituida por una clase campesino-minifundista (ejidal y privada); por una de productores familiares y por una de terratenientes medianos y grandes, llamados por primera vez neolatifundistas, que estarían "estrechamente ligados (confundiéndose a veces) con la burguesía rural de las ciudades regionales y aun con ciertos sectores de la gran burguesía a nivel nacional".[85]

[81] R. Stavenhagen, "Aspectos sociales de la estructura agraria en México", en *Neolatifundismo y explotación*, México, Nuestro Tiempo, 1968.

[82] *Ibid.*, p. 51

[83] *Ibid.*, p. 48.

[84] *Ibid.* Las categorías propuestas por Stavenhagen coinciden en general con las de los estudios del CDIA en los que éstas están basadas, pero su análisis sociológico, es decir, la derivación de clases sociales a partir de estas categorías, permite, legítimamente, considerar este trabajo como un puente entre dichos estudios (incluido entre ellos el del CDIA aunque sea cronológicamente posterior) y las formulaciones posteriores a que hacemos referencia en el texto.

[85] *Ibid.*, p. 55. "La integración a nivel regional de los grandes terratenientes o neolatifundistas con la burguesía rural comercial y la alta burguesía nacional determina las configuraciones de una nueva estructura del poder, de un nuevo sistema de dominio político y explotación económica, en cuya base se encuentra la masa de ejida-

Además de introducir, desde una perspectiva histórico-estructural, el análisis de las clases sociales —análisis que constituiría en los años setenta la preocupación principal de una de las vertientes de la corriente materialista—, en los escritos de Stavenhagen encontramos insinuada la noción de un sector capitalista y de un sector campesino cuando se destaca el carácter subfamiliar y familiar de algunas unidades productivas frente al carácter de: "empresarios agrícolas en el verdadero sentido de la palabra" de otras. Tocaría, sin embargo, a la segunda vertiente de la corriente materialista dar mayor contenido analítico a la contraposición entre agricultura capitalista y agricultura campesina.

En la primera mitad de los años setenta, recogiendo las categorías de Stavenhagen y profundizando su análisis —o desarrollando a partir de la crítica de éstas, categorías alternativas— surgen los trabajos "fundacionales" de lo que a nuestro juicio constituyen las dos vertientes originales de la corriente histórico-estructural que, en razón del enfoque teórico, podemos denominar como: *la vertiente marxista* propiamente tal, que se inicia con los trabajos de M. Gutelman [86] y sobre todo con los de Roger Bartra,[87] y la *vertiente campesinista* cuyas primeras formulaciones preceden a las de R. Bartra y se encuentran en *Los campesinos, hijos predilectos del régimen* de Arturo Warman, desarrolladas posteriormente con mayor rigor teórico en... *Y venimos a contradecir* del mismo autor.[88]

A fines de los setenta emerge también con relativa claridad una tercera vertiente que, a falta de un nombre más descriptivo, denominaremos *ecléctica o tercerista* pues incorpora elementos de las diversas vertientes (y tendencias) de la corriente materialista y tiene además puntos de convergencia con la vertiente agrarista del estructuralismo.

4. La vertiente marxista

Como su nombre lo indica, incluimos en esta vertiente a todos aquellos autores que derivan sus categorías conceptuales de un modo directo y exclusivo de los escritos de Marx, en lo que al análisis de la estructura agraria se refiere y de los escritos de autores clásicos mar-

tarios, minifundistas y jornaleros agrícolas. Esta estructura se encuentra articulada además con el sistema de dominación neocolonial que somete y subordina a sus intereses a la economía mexicana en su conjunto."
[86] M. Gutelman, *Capitalismo y reforma agraria en México*, México, ERA, 1974.
[87] R. Bartra, *Estructura agraria y clases sociales en México*, México, FRA, 1974.
[88] A. Warman, *Los campesinos, hijos predilectos del régimen*, México, Nuestro Tiempo, 1972, y ... *Y venimos a contradecir*, México, La Casa Chata, 1976, especialmente el capítulo VI.

xistas en sus análisis sobre las formas de penetración del capitalismo en la agricultura.[89]

M. Gutelman, en su ensayo sobre la reforma agraria en México, recoge la clasificación de Stavenhagen para integrarla a un análisis sobre la acumulación, o si se quiere, sobre el desarrollo del capitalismo en el agro que, aunque criticado desde el punto de vista teórico y empírico por otros autores de esta misma vertiente,[90] ofrece uno de los primeros intentos por caracterizar la dinámica del desarrollo de la agricultura mexicana en términos de "penetración del capitalismo en el agro" con un enfoque que sería común a otros autores de esta vertiente.

Gutelman describe la heterogeneidad estructural en los siguientes términos: "La agricultura mexicana está lejos de ser enteramente capitalista, ya que en ella la producción no se basa de modo esencial en la división entre capitalistas y proletarios, sino que todavía se sustenta bastante en las formas de la pequeña economía mercantil en que el pequeño productor es el propietario de sus medios de producción. La inmensa mayoría del campesinado, privado o ejidal, se halla en este caso. Cada quien labra su tierra con sus propios instrumentos sin recurrir al trabajo asalariado."[91]

A nuestro entender, ésta es la primera vez que el sector no empresarial aparece caracterizado en estos términos. Desafortunadamente dicha conceptualización no tiene, en el autor citado, un desarrollo mayor a pesar de que no son necesariamente obvias las razones que lo llevan a calificar como "pequeña economía mercantil" al sector campesino.[92]

De mayor rigor metodológico y probablemente en atención a ello, de mayor influencia en el debate agrario que se desarrolla en la ver-

[89] Nos referimos especialmente a los escritos de Lenin sobre *El desarrollo del capitalismo en Rusia*, Moscú, Editorial Lenguas Extranjeras, 1950, y K. Kautsky, *La cuestión agraria*, México, Ediciones de Cultura Popular, 1977.

[90] Luis Gómez Oliver hace una crítica detallada de las formulaciones de M. Gutelman en la que demuestra no sólo la debilidad de algunas de sus categorías teóricas sino los errores de estimación cuantitativa que conducen a este último a conclusiones erróneas en varios de sus análisis. Véase, CIDER, *Hacia una fundamentación analítica para una nueva estrategia de desarrollo rural* (documento interno), México, 1977.

[91] M. Gutelman, *op. cit.*, p. 206. Por pequeña agricultura mercantil se entiende lo que en los textos marxistas se suele denominar economía mercantil simple en el sentido de que habiendo producción de mercancías no hay, sin embargo, acumulación de capital.

[92] Para una crítica al uso de este concepto para caracterizar al campesinado, véase J. Tepicht, *Marxisme et agriculture: le paysan polonais*, París, Ed. A. Colín, 1973, pp. 13-46; A. Scheitman, "Economía campesina: lógica interna, articulación y persistencia", *Revista de la CEPAL*, núm. 11, agosto de 1980, p. 123, donde se da una lista de autores que sostienen o critican la tesis del "modo de producción mercantil simple", y A. Bartra, *La explotación del campesino por el capital*, México Macehual, 1979, pp. 24-51.

tiente marxista, desde la segunda mitad de la década pasada, es el ensayo de Roger Bartra, *Estructura agraria y clases sociales en México.*[93] En dicho estudio, el autor hace un intento por analizar la estructura agraria como estructura de clases, empleando los antecedentes entregados por el estudio del CDIA pero, a diferencia de Stavenhagen, presenta una nueva interpretación de la información de dicho estudio en términos de categorías extraídas de la teoría del valor. Para estos efectos, el autor define, *a priori*, 21 tipos de unidades productivas que surgen de la combinación de tres atributos: tipo de tenencia (que puede ser sociedad ejidal, ejido parcelado, propiedad privada y arrendamiento); valor de la producción (en que emplea los cinco estratos del CDIA)[94] y tipos de tierra (distinguiendo entre riego y temporal).[95]

Definidos los tipos de unidades el autor establece, también en forma apriorística, una serie de funciones-objetivo (expresadas como seis diferentes conceptos de ganancia) que serían asimilables a los distintos tipos de unidades. El procedimiento descrito [96] lleva a distinguir tres sectores fundamentales en la estructura agraria: el capitalista desarrollado, el mercantil simple y el de campesinos pauperizados o semiproletarios.

El *primer sector* —que coincide con el estrato multifamiliar grande del CDIA— se caracterizaría fundamentalmente por el predominio o mejor, la existencia exclusiva, de relaciones de tipo salarial en la producción; el *segundo sector* sería, según Bartra, el "típicamente campesino",[97] y tendría las siguientes características; producción basada en el uso del trabajo familiar, carácter de dicha producción predominantemente mercantil y objetivo de las unidades; obtener un ingreso en que el salario (autoatribuido) y la ganancia se confunden en una sola

[93] R. Bartra, *op. cit.*
[94] Véase la nota 11. Nos referimos en esta parte al análisis que figura en el capítulo segundo de la obra que comentamos, y es el de mayor importancia para los propósitos de nuestro estudio. El capítulo primero contiene también un intento de visión general de la estructura agraria centrado en el análisis de la renta de la tierra pero el análisis está referido a los tres estratos del censo agropecuario (ejidos, propietarios privados de más y de menos de 5 hectáreas) que es una agregación demasiado burda para derivar de ella una visión de heterogeneidad estructural del agro que constituya un avance respecto a formulaciones anteriores.
[95] En rigor, las combinaciones posibles de los atributos indicados generarían 40 tipos diferentes de unidades de las que seguramente se descartan 19 por su improbabilidad o inexistencia empírica.
[96] No cabe hacer referencia aquí a algunos problemas de definición de las variables que intervienen en el cómputo de las ganancias tanto en cuanto a su definición teórica como en cuanto a las duplicidades cuantitativas que contienen. Una crítica de estas categorías, así como del análisis realizado con base en ellas, puede verse en Gómez Oliver, *op. cit.*, pp. 127-151.
[97] R. Bartra, *op. cit.*, p. 72.

54 CONSTRUCCIÓN DE UNA TIPOLOGÍA DE PRODUCTORES

categoría de ingreso familiar.[98] Dentro del grupo de los "campesinos típicos" Bartra distingue un estrato de campesinos medios y uno de campesinos acomodados, el primero con tendencia inexorable a la "proletarización" y el segundo al "aburguesamiento", entendido como transformación en empresarios propiamente tales.

El *tercer sector* —de campesinos pauperizados— se caracterizaría; a) porque el grueso de su producción sería de autoconsumo; b) por la presencia sistemática de pérdidas monetarias netas en el proceso productivo (que definen "una situación esencialmente antieconómica"), y c) por el carácter secundario de la agricultura como fuente de ingresos en relación a otras actividades.[99] Aquí Bartra distingue también dos estratos: el de "campesinos pauperizados propiamente tales" y el del "semiproletariado", que sería el segmento de este sector para el que el grueso de los ingresos provendría de la venta de fuerza de trabajo, mientras que para el primer estrato la mayor parte de los suyos provendría de otras fuentes distintas tanto de la producción parcelaria como de la venta de fuerza de trabajo.

En Bartra también encontramos un planteamiento contestatario de las tesis dualistas expresado en torno a la idea de "articulación de modos de producción". En efecto, los fenómenos interpretados por Stavenhagen como "neocolonialismo interno" aparecen formulados por Bartra en los términos de "articulación entre un modo de producción capitalista que es dominante y un modo mercantil simple subordinado, generados ambos en un mismo proceso de desarrollo histórico del capitalismo dependiente."[100]

A fines del decenio de los setenta y a partir de diferencias de apreciación sobre los alcances y significado del proceso de descomposición campesina, así como sobre la vocación histórica de esta clase, surgen en el interior de la vertiente marxista, dos tendencias interpretativas con perfiles bastante definidos y que usando la denominación acuñada por Feder, aunque con un contenido distinto al que dicho autor le da,[101] podemos llamar la *tendencia proletarista* (o, con menos optimismo, descampesinista) y la *tendencia campesinista* (o, perdonan-

---

[98] *Ibid.*, pp. 74-75. Esta conceptualización es, sin duda, muy cercana a la de Chayanov, al que haremos referencia al analizar la segunda vertiente del materialismo (véase la nota 52).

[99] *Ibid*, p. 91.

[100] *Ibid.*, pp. 94-96.

[101] E. Feder en su artículo "Campesinistas y descampesinistas", *Comercio Exterior*, vol. 27, núm. 12, diciembre de 1977 y vol. 28, núm. 1, enero de 1978, señala la presencia de estas dos tendencias en términos que nos llevan a compartir la denominación empleada en el título pero no la caracterización que hace de ellas ni la adscripción de los distintos autores a una u otra. Véanse las observaciones de G. Esteva y las de A. Bartra, *op. cit.*, 1980, pp. 10-12.

do la expresión, marxo-campesinista, para no confundirla con la vertiente campesinista a la que nos referiremos más adelante).

Además del propio Roger Bartra, se encontrarían dentro de la primera tendencia, Luisa Paré,[102] M. Coello,[103] H. Díaz Polanco,[104] y en la *tendencia campesinista* incluiríamos los trabajos de Armando Bartra, así como los de L. Gómez Oliver y Gustavo Gordillo, entre otros.[105]

Armando Bartra, en un ensayo reciente que es, tal vez el fundamento teórico más acabado de la tendencia campesinista dentro de la vertiente marxista,[106] describe las discrepancias entre proletaristas y campesinistas en los términos siguientes: "(los proletaristas)... consideran que el proceso de descampesinización y proletarización del campo mexicano se ha desarrollado a tal extremo que la única tendencia objetivamente viable de los trabajadores rurales es la lucha proletaria. En esta perspectiva, el movimiento actual de carácter campesino se califica de antihistórico y, en última instancia, conservador, y en algunos casos se explica por un desfase entre las condiciones objetivas y las subjetivas." "(Los campesinistas)... consideran que el desarrollo del capitalismo en el campo mexicano explota y arruina parcialmente la economía campesina, pero no puede sustituirla radicalmente por una agricultura empresarial y una proletarización integral y masiva de los trabajadores, de modo que no sólo se reproduce una parte sustancial de la economía doméstica, sino que la mayoría de los explotados rurales —con o sin tierra— se ven objetivamente forzados a desarrollar una lucha cuyo centro es la defensa o reconquista de su condición campesina."[107]

5. La vertiente campesinista

Desde el punto de vista metodológico, esta vertiente de la corriente histórico-estructural, se caracterizaría por la integración de algunas

[102] L. Paré, *op. cit.*
[103] M. Coello, "Caracterización de la pequeña producción mercantil campesina", *Historia y Sociedad*, núm. 8, 1975.
[104] H. Díaz Polanco, *Teoría marxista de la economía campesina*. Este autor estaría probablemente más cerca de la tendencia campesinista que el resto de los enumerados arriba.
[105] A. Bartra, *op. cit.*, L. G. Oliver, *op. cit.*: en relación con Gustavo Gordillo, véanse sus múltiples artículos en el diario *unomásuno*, así como "Estado y sistema ejidal", *Cuadernos Políticos*, núm. LI, México, julio-septiembre de 1979, los que, de un modo implícito sugieren que el autor compartiría las tesis de esta tendencia.
[106] A. Bartra, *op. cit.* A pesar de que el pie de imprenta fecha su publicación en diciembre de 1979, sólo pudimos conocerla cuando la primera versión de este artículo había sido terminada (junio de 1980), por lo que nos limitamos a destacar su importancia dentro de la tendencia seguida y a sintetizar el corolario político de su tesis teórica.
[107] *Ibid.*, p. 13.

categorías del marxismo (en particular el concepto del modo de producción), con otras derivadas tanto de los escritos de Chayanov como de la corriente antropológica que, con acierto, Marvin Harris ha denominado "materialismo cultural-ecologista".[108]

Arturo Warman, a principios de la década pasada, nos ofrece uno de los primeros trabajos en que encontramos una caracterización explícita del sector campesino como un sector específico, con diferencias cualitativas respecto al de agricultura capitalista en lo que a "lógica de manejo" se refiere.[109] "... para él (el campesino) no tiene sentido la obtención de una utilidad como objetivo de su actividad productora. Con ella persigue fundamentalmente su subsistencia y el camino más razonable para hacerlo es sustraerse de las normas de la empresa; no vender sino consumir directamente, y no tener inversiones, costos de producción en dinero, sino sustituirlas por trabajo, único recurso sobrado en la sociedad campesina."[110]

Por contraste, "[...] la relación de la empresa (capitalista) con la tierra, tiene un signo distinto a la que caracteriza al campesino. El empresario no pretende la subsistencia, el equilibrio, sino el crecimiento, la reproducción de sus inversiones."[111]

Tanto en los párrafos citados como en el conjunto de referencias a la economía campesina del trabajo del que provienen, se advierte una clara vinculación con los escritos de A.V. Chayanov —que ejercerían gran influencia en los estudios agrarios latinoamericanos de la década de los setenta— y que Warman recoge tanto de los propios escritos de Chayanov como de los términos en que E. Wolf los incorpora a su obra teórica sobre el campesinado.[112]

[108] Nos referimos en particular a Erik Wolf, Sidney Mintz, así como al propio J. Steward, en cuya obra se inspiran los autores anteriores, además de los escritos de antropología económica de K. Polany.
[109] Nos referimos específicamente al capítulo VII, pp. 116 a 133 de Arturo Warman, op. cit. En una línea semejante estarían los trabajos de M. Szekely, por ejemplo, "Funcionamiento y perspectivas de la economía campesina", Naxi-Nauta, México, marzo de 1977.
[110] A. Warman, op. cit., p. 121.
[111] Ibid., p. 118.
[112] La influencia de los escritos de Chayanov en la literatura occidental es sorprendentemente tardía, a pesar de que en 1931 uno de sus artículos, conteniendo lo esencial de su tesis teórica, fue publicado por la University of Minnesota Press en un conjunto de trabajos editados por P. Sorokin, C. Zimmerman y C. Galpin. Véase A.V. Chayanov, "The socioeconomic nature of peasant farm economy", en A systematic source book in rural sociology. A pesar de esta publicación tan temprana, ni la antropología ni la economía parecen haber advertido, hasta mediados de los sesenta, la importancia de este autor. Erik Wolf, citando el texto mencionado más arriba, es uno de los primeros en recoger en su libro Peasants, Nueva Jersey, Prentice Hall, 1966, lo esencial de la tesis de Chayanov. El mismo año, D. Thorner, B. Kerblay y R.E.F. Smith publicaron —además de un análisis biográfico del autor y de una evaluación de sus aportaciones teóri-

En su crítica a las tesis dualistas, A. Warman señalaría: "Los sistemas empresarial y campesino son complementarios. Entre ellos se establece una relación simbiótica, de mutua dependencia, aunque ésta sea de carácter injusto y asimétrico. Empresa y campesino son parte de otro sistema mayor, en nuestro caso, el del subdesarrollo capitalista y dependiente [...] El campesino y la empresa son sistemas de producción diferentes. Cada uno de ellos tiene sus propias bases y límites fuera de los cuales se torna inoperante. Contrariamente a lo que se opina con certeza absoluta, estos sistemas no son formas sucesivas y obligadas de evolución, una más primitiva y la otra más avanzada, sino que son, en el tercer mundo, desarrollos contemporáneos y complementarios que se ajustan y modifican mutuamente."[113]

Por otra parte, el concepto de neolatifundio, introducido por otros autores en la literatura agraria para referirse a la gran propiedad territorial que subsiste o se genera después de la etapa de consolidación de la reforma agraria, es ampliado por Warman para incluir las diversas modalidades de control del proceso productivo de vastas extensiones, incluido el que se formaría a partir del crédito de la banca estatal.[114]

Frente a las tesis de descomposición-proletarización, de los "proletaristas" (valga la redundancia), esta vertiente enfatiza la persistencia de los campesinos en el desarrollo capitalista de la agricultura de los países periféricos; disputa los planteamientos sobre la deseabilidad de una modernización que desintegra la economía campesina y la comunidad rural, y ve al campesinado como una fuerza anticapitalista, con potencial revolucionario y en contradicción antagónica con el "Estado de la revolución".

Como puede apreciarse, en lo que hace a la percepción de la persistencia campesina y del potencial revolucionario de esta clase, habrían mayores coincidencias entre la vertiente campesinista recién descrita y la tendencia de igual denominación de la vertiente marxista (las marxo-campesinistas), que entre dicha tendencia y los "proletaristas" de su misma vertiente, a pesar de compartir, por así decirlo, una misma ortodoxia metodológica.

Más allá de las diferencias indicadas, las dos vertientes descritas coinciden en considerar que la superación de la contradicción

---

cas– dos de sus más importantes escritos. Véase A.V. Chayanov, *The theory of peasant economy*, Illinois, Richard D. Irwin, Inc., 1966. A partir de esta obra las aportaciones del autor adquirieron gran difusión tanto en el mundo anglosajón como en América Latina. La traducción al español de sus principales escritos data de 1974. A.V. Chayanov, *La organización de la unidad económica campesina*, Buenos Aires, Nueva Visión, 1974.

[113] A. Warman, *Los campesinos...*, *op. cit.*, p. 120.

[114] *Ibid*, pp. 45-67.

Estado-campesinos no puede ser resuelta en el marco del actual Estado, sino por la vía de su transformación radical.

En contraste con la tesis anterior, otros autores de la corriente histórico-estructural o materialista, a partir de una percepción teórica distinta del campesinado como clase y del carácter del Estado mexicano contemporáneo que la de las vertientes anteriores, no sólo discrepan de la existencia de una contradicción antagónica Estado-campesinos, sino que, por el contrario, sostienen la viabilidad de superar o, más precisamente, de morigerar significativamente el grado de explotación a que está sometido el campesinado, a partir de una suerte de alianza entre los campesinos y el Estado. A falta de un término más preciso, hemos optado por denominar a ésta la vertiente ecléctica o tercerista.

6. *La vertiente ecléctica o tercerista*

Haciendo abstracción de la concepción del Estado que estaría detrás de las tesis de esta vertiente, pues ello escapa a los propósitos de este artículo, y remitiéndonos a las tesis agrarias que le sirven de fundamento, encontramos en los escritos de Gustavo Esteva la formulación más coherente de dichas tesis.

En "La economía campesina actual como opción de desarrollo" publicado en 1979,[115] el autor sintetiza sus tesis sobre el campesinado desarrolladas a lo largo de una serie de artículos que, en diversas publicaciones aparecieron en 1977 y 1978.[116] En dicho ensayo el autor parte destacando la presencia de ciertas tendencias en el desarrollo de la periferia que conducen a una particular caracterización del campesinado contemporáneo; entre ellas:

i] El alcance limitado y la lentitud del proceso de proletarización como consecuencia de la debilidad de "las fuerzas locales impulsoras de la expansión capitalista" y de la fortaleza del campesinado en su capacidad de resistencia y sobrevivencia, y

ii] El paso del control de la tierra al control "desde fuera" del proceso de producción primaria en la expansión capitalista del agro que se traduce en un remplazo de la "proletarización clásica" por un esfuerzo orientado a subsumir[117] a los productores a la lógica del capital.

---

[115] En *Investigación Económica*, núm. 147, enero-marzo de 1979, México, Facultad de Economía de la UNAM, pp. 223-246.

[116] *Ibid.*, pp. 233-234 (véase listado).

[117] G. Esteva utiliza los neologismos "subsumir", "subsunción" para abarcar los conceptos de subordinación e inclusión que caracterizan a las relaciones capitalistas de producción, cuando el trabajo queda "subordinado al capital sujeto a su orden, mando o dominio, e incluido en su lógica". (*Ibid.*, p. 223.) Estos conceptos son también el eje analítico del ensayo de A. Bartra, *op. cit.*, 1979.

Como consecuencia de estos procesos se estaría gestando lo que el autor llama "la economía campesina moderna": en la que el campesinado constituiría una "clase proletaria específica" en formación. No cabe, por lo tanto, ni la conceptualización de la economía campesina como un modo *sui generis* o como un modo mercantil simple, ni la de su inserción en el conjunto de la economía y de la sociedad como resultado de una articulación subordinada entre distintos modos de producción que presentan las dos vertientes de la corriente analizada. "Esta última (es decir, la hipótesis de la articulación de modos de producción) refleja, acaso, la impotencia de la teoría empleada ante las modalidades actuales de operación capitalista, y no contribuye a la comprensión de la situación prevaleciente."

A partir de la caracterización del campesinado como "clase proletaria específica", deberían "establecerse mecanismos y formas de organización que reconocieran las semejanzas y diferencias de tales esfuerzos entre los obreros industriales y los campesinos. Junto al sindicato y a la contratación colectiva obrero-patronal (que se vincula a la negociación sobre el precio y condiciones de la fuerza de trabajo), podría darse impulso a la organización campesina y a la contratación colectiva mercantil (que se asocian a negociaciones en torno a los resultados de un proceso productivo que se realiza con una combinación de tierra, medios de producción y fuerza de trabajo de los campesinos, de un lado, y capital, del otro."[118]

Aunque en el artículo mencionado no se especifica cuál es la función que se espera cumpla el Estado en el desarrollo de estas nuevas formas de organización y de relación con el capital, en otros artículos el autor explicita la necesidad de su respaldo activo.[119]

Como puede apreciarse, después de más de 15 años de desarrollo, el debate moderno sobre la cuestión agraria en México sigue tan intenso como la propia crisis que los autores citados se han propuesto interpretar.

---

[118] *Ibíd.*, p. 245.
[119] Otros autores que incluiríamos en esta vertiente serían O. González, "Economía política de la estructura agraria mexicana", *Comercio Exterior*, vol. 27, núm. 12, México, diciembre de 1977, pp. 1447-1457, y J. Boltvinik, "Estrategia de desarrollo rural, economía campesina e innovación tecnológica en México", *Comercio Exterior*, vol. 26, núm. 7, julio de 1976, pp. 814-826. Para una crítica a las tesis de esta vertiente y, en particular, a las de G. Esteva, véase A. Bartra, *op. cit.*, 1979, pp. 15-23.

II. ECONOMÍA CAMPESINA: ESPECIFICIDAD; ARTICULACIÓN Y DIFERENCIACIÓN

Como se indicara en el capítulo anterior, los estudios sobre desarrollo económico, estructura agraria y economía agrícola en América Latina, cualquiera que fuera la corriente teórica a que se encontraran adscritos, carecieron, hasta un pasado muy reciente, de una percepción de la agricultura campesina como una forma específica y distinta de organización de la producción.

Para las corrientes derivadas en mayor o menor grado del liberalismo decimonónico y de la vertiente ricardiana de la economía política, el campesinado constituía un resabio sociocultural del pasado —llámese feudal, precapitalista o tradicional— destinado a desaparecer de un modo más o menos acelerado al influjo del desarrollo de la agricultura empresarial y de la manufactura; en razón de ello, no merecía más consideración como forma de producción que la que se deriva del análisis de los mecanismos que conducen a (u obstaculizan) su "modernización".

Para la corriente neoclásica, la unidad familiar campesina no constituía un sujeto específico de análisis distinto a la empresa agrícola (o, para estos efectos, a cualquier otra unidad de producción) pues, en lo que a la conducta del productor se refiere, no se advertían en esa unidad más diferencias que las derivadas de la existencia de distintas escalas de producción y de distintas dotaciones relativas de factores. Por ello, las decisiones del qué, del cómo y del cuánto producir estarían regidas, en ambos casos, por la tendencia a igualar, para cada uno de los "factores" empleados, la razón entre sus productividades marginales y sus precios, es decir, la asignación de recursos estaría gobernada por una misma lógica de manejo.

La persistencia del campesinado o, más exactamente, el que su reducción significativa —prevista por la economía política— no tenga visos de producirse en un horizonte histórico relevante para el análisis social y para el diseño de estrategias de desarrollo, así como la insuficiencia del análisis neoclásico para dar cuenta de una serie de fenómenos relevantes de la conducta del productor-campesino,[1] han dado lugar a la emergencia, en la última década, de una infinidad de escritos en los que se han reconsiderado los términos en los que tra-

---

[1] Más adelante se hace referencia a varios de estos fenómenos.

dicionalmente se había abordado la cuestión campesina en el análisis económico.

En este proceso de reconsideración teórica —cuyo desarrollo en México se ha descrito a grandes rasgos en el capítulo anterior— pueden advertirse dos hitos importantes: el primero está constituido por la serie de críticas a que se ha venido sometiendo, desde mediados de los sesenta, a las formulaciones dualistas de distintas corrientes de pensamiento, tanto a las construidas en torno a la dicotomía tradicional-moderna como a las desarrolladas en términos de la dicotomía feudalismo-capitalismo. El segundo hito corresponde al surgimiento del análisis de la economía campesina como una forma *sui generis* de organización de la producción, a partir del "redescubrimiento" de los escritos de los llamados "populistas rusos" de la década de los veinte y en particular de los escritos de A. V. Chayanov y de su escuela de organización de la producción.[2]

Como se destacara en el capítulo anterior, el primero de los fenómenos indicados (la crítica del dualismo), influyó en la desestimación de las tesis dualistas en las que las sociedades periféricas aparecían fragmentadas en dos sectores: el sector tradicional, precapitalista, semifeudal o feudal, concebido como un resabio de un pasado colonial, y el sector moderno, dinámico o capitalista, que "absorbería" al primero transformándolo a su imagen y semejanza.

En contraposición a este postulado, se planteó la tesis de un proceso histórico de gestación único para ambos sectores y la de su articulación en un todo global del que ambos serían parte integrante, explicándose de un modo recíproco. Por esta vía, se abandonó la idea del "rezago cultural" y se admitió, implícita o explícitamente, la posibilidad de la persistencia e incluso de la creación de formas campesinas como parte de una dinámica de desarrollo capitalista.

El segundo de los hechos mencionados (el estudio de la economía campesina a la que se dedica gran parte de este capítulo) constituye el esfuerzo hecho para profundizar en el estudio del importe segmento de las economías periféricas que, al ser calificado de "tradicional", se había renunciado a analizar o había sido asimilado simplemente a una supuesta forma de racionalidad universal y única que correspondería a la del "maximizador" de tipo neoclásico.

Es dentro de este último objetivo que se encuadra la parte sustantiva de este capítulo que constituye un intento por integrar, en una formulación única, los aportes de diversos autores a la caracterización de la economía campesina, en un esfuerzo por demostrar tanto la legitimidad teórica como la relevancia empírica de esta conceptualiza-

---

[2] Véase la nota 91 del capítulo anterior.

ción para el diseño de estrategias de desarrollo en países con un segmento campesino significativo.

Además del análisis de la economía campesina como una forma específica de organizar la producción, objetivo principal del capítulo, en la segunda parte se hace un contrapunto esquemático entre los principales razgos de la agricultura campesina y los propios de la agricultura empresarial o capitalista para, finalmente, hacer algunas consideraciones sobre los términos de inserción o de articulación de la agricultura campesina en el conjunto de la economía.

A. ESPECIFICIDAD DE LA ECONOMÍA CAMPESINA

El concepto de economía campesina engloba a aquel sector de la actividad agropecuaria nacional donde el proceso productivo es desarrollado por unidades de tipo familiar con el objeto de asegurar, ciclo a ciclo, la reproducción de sus condiciones de vida y de trabajo o, si se prefiere, la reproducción de los productores y de la propia unidad de producción. Para alcanzar ese objetivo es necesario generar, en primer término, los medios de sostenimiento (biológico y cultural) de todos los miembros de la familia —activos o no— y, en segundo lugar, un fondo —por encima de dichas necesidades— destinado a satisfacer la reposición de los medios de producción empleados en el ciclo productivo y a afrontar las diversas eventualidades que afectan la existencia del grupo familiar (enfermedades, gastos ceremoniales, etcétera).

La lógica de manejo de los recursos productivos disponibles, es decir, la que gobierna las decisiones del qué, del cómo y del cuánto producir y del qué destino darle al producto obtenido, se enmarca dentro de los objetivos descritos, dando a la economía campesina una racionalidad propia y distinta de la que caracteriza a la agricultura empresarial. Esta última, por contraste, responde a las interrogantes descritas (qué, cómo, cuánto, etc.) en función de maximizar las tasas de ganancia y acumulación. En este sentido, estaríamos en presencia de dos formas de organización social de la producción específicas y distintas.[3]

---

[3] Aquí se habla de formas de organización de la producción (o, más brevemente, de formas) para soslayar el debate sobre si la economía campesina es o no un modo de producción, en el sentido que el materialismo histórico le da al término. Aunque dicho debate pudiera ser sustantivo por algunas de sus implicaciones teóricas, no lo es en lo que a los propósitos de este artículo se refiere, que se limitan a demostrar que se trata de una forma de producción distinta a la empresarial, regida por reglas que le son propias. Los interesados en el debate pueden consultar, entre otros, a: R. Bartra (*op. cit.*), quien considera a la agricultura campesina como un modo mercantil simple.

Si se postulara la existencia de una racionalidad universal, en lo que a criterios de asignación de recursos se refiere, y si se estimara que las diferencias de comportamiento entre los diversos tipos de unidades, sólo son atribuibles a diferencias de escala y de disponibilidad de recursos, tendrían que catalogarse como puramente "irracionales" una serie de fenómenos sustantivos, recurrentes y empíricamente comprobables en áreas de economía campesina.

A título de ilustración pueden mencionarse algunos de estos fenómenos que sugieren la existencia de una racionalidad campesina específica y distinta a la racionalidad empresarial.

Al evaluar los resultados económicos de uno o más ciclos en las unidades campesinas aplicando los conceptos convencionales de "costo de factores" se concluye, en la gran mayoría de los casos, que dichas unidades incurren sistemáticamente en pérdidas de mayor o menor magnitud. En otras palabras, cuando en la evaluación de los costos de este tipo de unidades se emplean: *i*) los precios de mercado para imputar la renta de la tierra; *ii*) el salario corriente para estimar el costo de la mano de obra familiar empleada, y *iii*) los precios de mercado para imputar el valor de los insumos no comprados y a este total se le agregan los costos monetarios efectivamente incurridos, y cuando en la valoración del producto se suma lo vendido a lo autoconsumido, valorado a precios de mercado, la diferencia entre valor del producto y costos así calculados suele resultar, con gran frecuencia, negativa. Este tipo de resultados que llevaría a la conclusión de que "la mitad del género humano hoy en día ejercería una actividad productiva con un déficit constante, es no obstante, una especie de *reductio ad absurdum* [...]"[4] y constituye "un ejemplo instructivo, no de

Igual posición sostiene M. Coello ("La pequeña producción campesina y la ley de Chayanov", *Historia y Sociedad*, núm. 8, México, 1975). Por su parte, J. Tepicht (*op. cit.*, pp. 13-46), lo considera un modo *sui generis*. A. Warmann (*op. cit.*, capítulo vi), sostiene una posición de este mismo tipo. Entre los críticos de la tesis del modo de producción pueden verse: H. Bernstein, "Concept for the analysis of contemporary peasantries" (mimeo., por aparecer en M.J. Mbiling y C.K. Omari, *Peasant production in Tanzania*, University of Dar es-Salaam); con una argumentación diferente, el artículo de G. Esteva, *op. cit.* En P. Vilar ("La economía campesina", *Historia y Sociedad*, núm. 15, México, 1977), encontramos una crítica digna de consideración a la validez del concepto mismo de la economía campesina. En el *Journal of Peasant Studies* (*JPS*), Londres, Frank Cass, se han incluido numerosos artículos que abordan el tema del modo (o forma) campesino, véanse por ejemplo: J. Ennero, P. Hirst y K. Tribe, "Peasantry as an economic cathegory", *JPS*, vol. 4, núm. 4, julio de 1977; M. Harrison, "The peasant mode of production", *JPS*, vol. 4. núm 4, julio de 1977; D.E. Goodman, "Rural structure, surplus mobilization and modes of production in a peripherial region: The Brazilian north-east", *JPS*, vol. 5, núm. 1, octubre de 1977; C.D. Scott, "Peasants, proletarization and articulation of modes of production: the case of sugar-cane cutters in northern Peru", *JPS*, vol. 3. núm 3, abril de 1976.
[4] W. Kula, *Théorie économique du sytème féodal*, citado por R. Bartra, *op. cit.*, 1973. p. 36.

estupidez o filantropía campesina, sino del error en que se incurre al creer que no hay sino una sola racionalidad económica en todo tiempo y espacio".[5]

La capacidad de las unidades campesinas de vender su ganado de crianza a precios que a un productor empresarial eficiente lo llevarían muchas veces a incurrir en pérdidas (hasta de sus costos corrientes), es otro ejemplo de que existen dos formas diferentes de valoración de recursos y de productos en uno y otro tipo de economía.

Otro ejemplo de fenómenos de este tipo se evidencia en la disposición del campesino-arrendatario a pagar cánones (en especie o en dinero) que son generalmente superiores a los de las formas de arrendamiento capitalista, sin que medie necesariamente compulsión extraeconómica para que esto ocurra. Expresando lo anterior en términos neoclásicos, se diría que el campesino está dispuesto a pagar rentas por la tierra superiores a lo que podría estimarse como el valor del "producto marginal de la tierra" o, en el caso de la compra de tierras, a pagar por ellas un valor más alto que el de la renta prevista, actualizada a la tasa de retorno interna del capital que induce a invertir a un empresario.[6]

Otro tipo de situación reveladora es la existencia, en determinadas áreas, de unidades campesinas que poseyendo recursos productivos en cantidades o en proporciones semejantes, cultivan sus tierras con intensidades diferentes.[7] Este hecho sería considerado como revelador de ineficiencias o irracionalidades de parte de algunos de estos productores que aparecerían como voluntariamente alejados de un "óptimo económico" de tipo neoclásico. Igual juicio merecerían situaciones en que se advierte el multicultivo (o la multiactividad), o la presencia exclusiva de productos de consumo básico frente a la posibilidad de incrementar el producto a través de la especialización o por la incorporación de productos mercantiles de tipo especulativo o de riesgo, respectivamente.

Los fenómenos arriba indicados a manera de ejemplo están lejos

[5] J. Tepicht, op. cit., 1973, p. 36.

[6] A. Schejtman, "Elementos para una teoría de la economía campesina: pequeños propietarios y campesinos de hacienda". El Trimestre Económico, vol. xlii (2), núm. 166, México abril-junio de 1975; reeditado en Economía campesina, Lima, dfsco, 1979.

[7] En áreas de gran restricción de tierras este fenómeno puede no expresarse con gran claridad; sin embargo, cuando no existen restricciones mayores a la definición de la escala deseable por parte de la unidad campesina (trópico húmedo, áreas de amplia frontera agrícola no monopolizada) se aprecian diferencias de escala que no pueden explicarse como determinadas por la disponibilidad de otros recursos complementarios (fuerza de trabajo, implementos, etc.), sino por la presencia de objetivos distintos a los implicados en la definición de los "óptimos económicos".

de constituir hechos excepcionales en áreas de agricultura campesina y de agotar la multiplicidad de comprobaciones empíricas que sugieren la existencia de un tipo de racionalidad distinta a la empresarial, determinada por factores de orden histórico-estructural, tanto internos como externos a las unidades productivas, que nos proponemos considerar con cierto detalle.

1. El carácter familiar de la unidad productiva

La unidad campesina es, simultáneamente, una unidad de producción y de consumo donde la actividad doméstica es inseparable a la actividad productiva. En ella, las decisiones que se refieren al consumo son inseparables de las que afectan a la producción, y esta última es emprendida sin empleo (o con empleo marginal) de fuerza de trabajo asalariada (neta). Esta característica, que condiciona a muchas otras, es reconocida como central por todos los autores que abordaron el tema de la economía campesina, destacando incluso que muchas veces el carácter nuclear o extendido de la familia es parte integrante de una estrategia de producción para la sobrevivencia.

Es posible encontrar textos muy tempranos (1913) que destacan el fenómeno arriba indicado y definen a la unidad campesina como "una empresa de consumo-trabajo, con las necesidades de consumo de la familia como su objetivo y la fuerza de trabajo familiar como los medios, con poco o ningún uso de trabajo asalariado".[8] T. Shanin, uno de los autores clásicos de la sociología rural, considera a la unidad campesina como "caracterizada por una integración total de la vida campesina y de su empresa agrícola. La familia provee el equipo de trabajo para la granja, cuya actividad está fundamentalmente orientada a producir las necesidades básicas de consumo familiar y las obligaciones para con los detentadores del poder económico y político".[9] J. Tepicht, por su parte, expresa otro tanto al señalar que "el carácter familiar significa en nuestro modelo la simbiosis entre la empresa agrícola (ferme) y la economía doméstica (ménage)".[10] Chayanov, uno de los fundadores de la corriente campesinista, habría de

---

[8] T. Shanin [comp.], "A Russian peasant household at the turn of the century", en Peasants and peasant societies, Penguin, 1971, p.30, citando un párrafo de la Enciclopedia rusa publicada en 1913 (vol. 18, p.151).

[9] Ibíd.

[10] El autor ilustra lo anterior con el caso de una región argelina (Zeribe) en la que, al estudiar "el tipo de propiedad indivisa" (de las antiguas familias extendidas), se comprueba una cuasi ausencia de situaciones "mixtas": actividad productiva común y cocinas separadas o viceversa. O bien las parejas se reúnen en los trabajos de campo y en la mesa, o bien se separan y se modernizan tanto en el campo como en la mesa (aun si se comparte el mismo techo), op. cit., pp. 23-24.

señalar, por su parte, que "[...] en la unidad económica familiar, que no recurre en fuerza de trabajo contratada, la composición y el tamaño de la familia es uno de los factores principales en la organización de la unidad económica campesina".[11]

La división del trabajo en el interior de la unidad familiar se hace de acuerdo con las diferencias de edad y sexo y está regida, con frecuencia, por normas consuetudinarias en lo que al trabajo de hombres y mujeres se refiere. En la sección que sigue se analizan las implicaciones derivadas de esta concepción del trabajo.[12]

2. El compromiso irrenunciable con la fuerza de trabajo familiar

El empresario puede regular la fuerza de trabajo de su unidad productiva a voluntad —si hacemos abstracción de restricciones legales impuestas—, siguiendo los dictados del mercado. Por contraste, el jefe de familia en una unidad campesina admite como dato la fuerza familiar disponible y debe encontrar ocupación productiva para todos ellos. S.H. Franklin, en un estudio importante sobre el campesinado europeo,[13] destaca este compromiso como el rasgo central de la unidad campesina, expresándolo en los siguientes términos: "El jefe de la unidad campesina *(chef d'entreprise)* carece de la libertad de acción (que tiene el empresario capitalista) para regular la fuerza de trabajo. Su fuerza de trabajo está constituida por sus parientes (' kith and kin ') [...] y contratarlos y despedirlos ajustándose a algún mecanismo de regulación externa, le resultaría tan inhumano como no práctico e irracional simultáneamente. Inhumano porque sólo en circunstancias excepcionales es posible encontrar oportunidades de empleo alternativo. Fuera de lo práctico porque los miembros de su fuerza de trabajo, en cuanto miembros de la familia, tienen derecho a una parte de la propiedad de los medios de producción [...] Irracional porque los objetivos de la empresa son, en primer lugar, de carácter familiar y sólo secundariamente económicos, puesto que el

---

[11] Chayanov, 1974, *op. cit.* Este autor llega incluso a ver en la estructura familiar (tamaño, edades, sexo), el principal elemento de la diferenciación económica, apreciación que no compartimos, como se indica al abordar, en acápites posteriores, el tema de la diferenciación.

[12] La gran ductilidad de la simbiosis empresa-familia la ilustra A. Warman con una referencia al periodo zapatista: "[...] conforme el acceso de la tierra acaparada por la hacienda se fue haciendo más difícil, la familia extensa se fortaleció como la unidad más eficiente para conseguir un abasto de maíz independiente y aumentar los ingresos por salarios para cubrir la subsistencia campesina. Era la única forma de organización que permitía seguir viviendo y mantener una tropa combatiente" (*op. cit.*, 1977, p. 307).

[13] Franklin, S.H., *The European peasantry*, Londres, Methrier, 1969.

propósito del 'chef' es maximizar el insumo de trabajo más que la ganancia u otro indicador de eficiencia."[14] En la gráfica 1 se aprecian con claridad las implicaciones del rasgo descrito, además de otras a las que haremos referencias en la sección siguiente y que parecen haber pasado desapercibidas por el autor citado.

Las áreas sombreadas de la gráfica se refieren a series de observaciones sobre intensidad de trabajo (horas/año/hectáreas) para unidades con distinta superficie y diferente número de activos equivalentes.[15] Los rangos deben leerse como sigue: el conjunto (sombreado) superior se refiere a observaciones sobre unidades de menos de 10 hectáreas; el que le sigue, a las hechas sobre unidades de entre 10 y 20 hectáreas, y así sucesivamente hasta el último que incluiría las correspondientes a las de unidades de más de 50 hectáreas.

Se advierte que lo que Franklin llama "el compromiso laboral del *chef d'entreprise*", se expresa en el hecho de que, para un rango de superficie dado, hay una tendencia a elevar el número de jornadas por hectárea a medida que se incrementa el número de activos. Lo que, en cambio, el autor no destaca suficientemente, es que para cada estrato de tamaño y número de activos hay todo un rango de intensidades de trabajo por hectárea que tiende a ser más amplio a medida que el tamaño de la unidad disminuye. Esto sugeriría la existencia, como veremos en la sección siguiente, de diferente número de consumidores por activo entre las unidades que conforman una misma categoría de superficie y número de activos.

3. Intensidad de trabajo y la Ley de Chayanov

La intensidad en el uso de factores —dado el volumen disponible de éstos y el nivel tecnológico— está determinada por el grado de satisfacción de las necesidades de reproducción de la familia y de la unidad productiva, así como las deudas o compromisos con terceros.

En términos generales y *ceteris paribus*, habrá una tendencia a intensificar el trabajo a medida que el coeficiente de dependientes por activo tienda a elevarse. Es decir, a igualdad de recursos (tierra, medios de producción), el número de jornadas por hectáreas tenderá a aumentar con el crecimiento de la relación entre consumidores que

[14] La expresión "maximizar el insumo de trabajo" es equívoca; en rigor debería decir maximizar el insumo de trabajo *productivo*, es decir, generador de incrementos de ingreso neto y no del trabajo en general.

[15] Suponemos que "standard labor units", que es la variable empleada por el autor supone que las diversas categorías de trabajadores de la unidad habrían sido reducidas a una unidad homogénea con criterios que, desafortunadamente, no se explicitan.

GRÁFICA 1

COMPROMISO LABORAL EN LA UNIDAD CAMPESINA

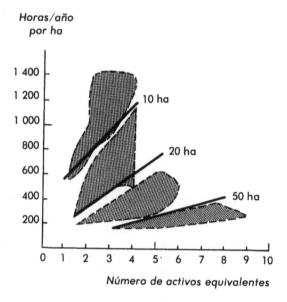

Horas/año
por ha

FUENTE: S.H. Franklin, *op. cit.*, p. 17, quien cita los resultados de un estudio de campo hecho por Van Oceren, 1964.

hay que sostener y trabajo familiar disponible; si, por otra parte, aumenta la tierra disponible, las jornadas por hectáreas tendérán, *ceteris paribus,* a disminuir. En este sentido, puede afirmarse que dentro del espectro tecnológico, propio de la economía campesina, la forma de sustitución dominante es la que se da entre tierra y trabajo (que funciona en ambos sentidos), en contraste con la agricultura empresarial, donde la sustitución dominante es la que se tiende a producir entre capital y trabajo y entre capital y tierra.[16]

Podemos expresar con mayor claridad las "reglas" de intensificación mencionadas a través de un modelo gráfico simplificado (véase la gráfica 2),[17] donde los recursos (tierra, medios de producción, fuerza de trabajo, etc.), y la tecnología, están dados y son comunes a todas las unidades familiares representadas, variando solamente el número de consumidores que cada unidad debe sostener. Estos con-

---

[16] Tepicht, J., *op. cit.*, pp. 24-26.
[17] Tomado de A. Schejtman, *op. cit.*, 1975

sumidores aparecen expresados en unidades consumidor equivalente (Uc); es decir, en unidades "consumidor tipo o medio" al que se reducirían los diferentes grupos de edad y sexo de los miembros de las familias. Esta variable (Uc) aparece representada en la gráfica como una proyección hacia abajo del eje de las abscisas. El eje de las abscisas (Ut) representa las disponibilidades de trabajo familiar homogeneizadas y expresadas en horas/hombre/año.

GRÁFICA 2 ·

INTENSIDAD DE TRABAJO Y REQUERIMIENTOS DE CONSUMO

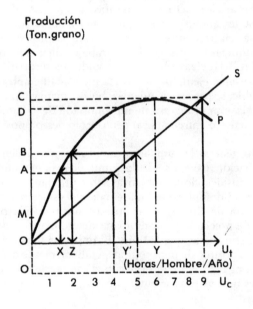

ILNTF:A. Schejtman, *op. cit.*, 1975.

Si suponemos que las jornadas disponibles son mayores que $\overline{OY}$, que es el punto de máxima intensificación (o punto en que el producto marginal del trabajo, medido en grano, sería cero), el punto mínimo de intensidad (horas/hombre/año por unidad de superficie) dependerá de Uc, creciendo en el mismo sentido que esta variable. Para Uc=4, las horas de trabajo serán $\overline{OX}$; para Uc=5, éstas suben a $\overline{OZ}$ y así sucesivamente, hasta llegar a $\overline{OY}$ para Uc=9, donde la intensidad mínima requerida y la máxima posible pasan a coincidir.

En este caso (Uc=9), el producto necesario para satisfacer el consumo de esta unidad es igual a $\overline{OC}$, que es el máximo posible dadas las tierras, los medios de producción y la tecnología. Para todos los demás casos (Uc=8) estaría determinada la intensidad mínima aceptable, en el sentido, por ejemplo, de que una familia con Uc=4 tiene que aplicar por lo menos $\overline{OX}$ jornadas, pero pasado ese punto, y hasta $\overline{OY}$, la determinación del nivel específico de intensidad —lo que Chayanov llama de "autoexplotación de la fuerza de trabajo"— se establecería por la relación entre la satisfacción de las necesidades por encima de las mínimas y el desagrado del trabajo adicional requerido para satisfacerlas.[18] Huelga señalar que cuando los recursos son insuficientes (Uc>9 en el ejemplo), no sólo la intensidad empleada será la máxima posible, se precisaría, además, buscar ocupación complementaria para alcanzar el ingreso de reproducción de la familia y de la unidad productiva o enfrentarse al deterioro o descomposición de ésta.[19]

Como por lo general las unidades campesinas se encuentran en torno a una situación parecida a la del punto de máxima intensidad, la latitud para consideraciones subjetivas sobre utilidades marginales de los productos y "desutilidades" marginales del esfuerzo, esenciales en la formulación de Chayanov, es lo bastante reducida para ser prácticamente despreciable y permitir una determinación del nivel en términos de considerar que la unidad campesina tiende a buscar todo incremento posible de ingreso, independientemente del esfuerzo que éste suponga:[20] "Por contraste con el capitalista que no compromete fondos nuevos si no cuenta, por lo menos, con una tasa de

---

[18] A.V. Chayanov, *op. cit.*, 1974, p.84.

[19] A. Warman expresa esta "ley" en los siguientes términos: "Una vez satisfechos los requerimientos de subsistencia, el campesino suspende su producción. Por una parte, los rendimientos decrecientes para la actividad más intensa determinan que todo ingreso adicional sobre el mismo de subsistencia demande un aumento desproporcionado en la actividad. Por otra, la integración en el mercado capitalista implica que todo aumento en el ingreso origine un incremento en la transferencia de excedentes" (*op. cit.*, 1976, p. 326), introduciendo, además, el problema de la subordinación a que haremos referencia más adelante.

[20] Tepicht, J., *op. cit.*, p. 41.

ganancia proporcional a éstos y por contraste también con el asalariado que exigirá por cada hora suplementaria de trabajo tanto o más que por las horas normales, el 'personal' de una explotación familiar está dispuesto a proporcionar un incremento de trabajo para aumentar su ingreso global, que (dados los rendimientos decrecientes) será pagado a un precio más bajo, disminuyendo el valor medio de su 'paga colectiva'."[21]

4. El carácter parcialmente mercantil de la producción campesina

La economía campesina no constituye una economía "natural" o de autoconsumo o autárquica desde el momento en que una proporción variable de los elementos materiales de su reproducción —trátese de insumos o de productos de consumo final— deben ser comprados, por dinero, en el mercado. Por ese motivo, la unidad familiar se ve obligada a participar en el mercado de bienes y servicios como oferente de productos y/o de fuerza de trabajo.

Sin embargo, y a diferencia de lo que ocurre con un granjero (farmer) americano o con otro tipo de empresa familiar de carácter comercial, la aproximación al mercado se hace, en general, a partir de su condición de productor de valores de uso (para utilizar la terminología clásica) y no de productos que a priori fueron definidos como mercancías, salvo que elementos de compulsión externa así se lo impongan. En otras palabras, el qué producir no está determinado por la índole mercantil del producto, sino por su papel en el sostenimiento de la familia y la unidad de producción.

Con frecuencia, hasta la forma como se realiza la venta de lo producido suele revelar la condición descrita. Así, cuando el o los productos vendidos son los mismos de la dieta básica (maíz, frijol, trigo, etc.), el campesino no define, en el momento de la cosecha, la cantidad que destinará al mercado ni la que destinará al autoconsumo, sino que va sacando a la venta pequeños lotes de lo cosechado a medida que se le van presentando las necesidades de comprar y de pagar. Sólo ex-post es posible reconstruir el monto de lo vendido y distinguirlo de lo autoconsumido. Únicamente la presencia de una compulsión externa, bien sea de orden ecológico (como la imposibilidad de la agricultura de granos básicos) [22] o de carácter socioeconómico

---

[21] Ibíd., p. 35.

[22] Un ejemplo interesante de restricción ecológica lo constituyen ciertas formas de aparcería ganadera observadas en el trópico húmedo mexicano, en las que, ante la imposibilidad para los campesinos de seguir practicando una agricultura de tumba, roza y quema —porque la relación hombre/tierra no permite que se renueve de la cubierta vegetal requerida para su práctica— ha surgido una aparcería entre ganaderos privados y ejidatarios, por lo que los primeros se dedican a la engorda y los segundos a la crian-

(como la existencia de tierras destinadas por ley a un fin determinado), o bien, la existencia de anticipos o endeudamientos que dan al financista poder de decisión sobre los cultivos, impedirán que el carácter parcialmente mercantil de la producción campesina se expresa plenamente.

Es evidente que mientras mayor sea la dependencia que la reproducción de la unidad campesina tenga de insumos y de bienes comprados, tanto mayor será —*ceteris paribus*— la fuerza con la que consideraciones de tipo mercantil intervengan en las decisiones sobre el qué y el cómo producir.

De lo dicho se deduce que no compartimos la caracterización de la economía campesina como "mercantil simple" adoptada por varios autores,[23] pues, aunque coincidimos en que el objetivo de este tipo de economía es la reproducción de las unidades que la conforman, creemos que la lógica de manejo interna no es una lógica puramente mercantil como sería, por ejemplo, la de un granjero (*farmer*) o la de un artesano. Por otra parte —y siguiendo a Tepicht— en el contexto de la teoría de la que se ha tomado el término mercantil simple, la misma "no es sino el germen de la economía capitalista", mientras que la "vocación histórica" de la economía campesina parece estar lejos de ese papel, en la medida en que, como se señalará más adelante, ésta persiste no sólo en muchas formaciones de tipo capitalista sino incluso en las de tipo socialista.[24]

5. La indivisibilidad del ingreso familiar

Al iniciar este capítulo se señaló que los análisis económicos convencionales, al evaluar los resultados de la actividad económica de las unidades campesinas llegaban, la mayoría de las veces, a "descubrir" situaciones deficitarias. Ello se debía a que a éstas se les aplicaban categorías contables idénticas a las de la agricultura empresarial, donde renta, salarios y ganancias tienen una existencia objetiva. Para hacerlo, se asignaban valores de mercado al trabajo aportado por el

za. Las vacas son del ganadero y los ejidatarios tienen derecho a la mitad de las crías (por lo general las hembras) y a la leche, a cambio del acceso a sus pastos y del cuidado del ganado objeto del acuerdo de aparcería. En estas condiciones, la leche, que se vende o se transforma en queso para su venta, pasa a representar en parte el papel del maíz, y las becerras, el papel que el ganado tiene normalmente en la agricultura campesina: fondo de seguridad e ilusoria forma de acumulación.

[23] Véase la nota 3 para la referencia de autores. El término "simple" es empleado por los autores citados para denotar una situación en la que no hay acumulación de excedentes ni incrementos de la capacidad de producción de las unidades a lo largo del tiempo

[24] J. Tepicht, *op. cit.*, p. 18.

campesino y su familia en su propia unidad, dándosele al campesino el doble carácter de empresario y de asalariado e imaginando, de este modo, un ente esquizoide que si se pagara como asalariado el salario corriente, resultaría un empresario irracional o filantrópico, puesto que además de no lograr la ganancia media, el "capital" adelantado le produciría pérdidas sistemáticas; si, por el contrario, se le atribuía la ganancia media como la remuneración de su condición empresarial, resultaría autoengañándose como asalariado, puesto que no se atribuiría siquiera un salario de reproducción.

En contraste con esta ficción, que en nada nos parece que aclare las motivaciones del campesino como productor, las categorías importantes son aquellas que tienen expresión objetiva o son susceptibles de objetivarse a partir de la conducta concreta de los productores.

En este sentido, al resultado (y el propósito) de la actividad económica de la unidad familiar es el ingreso familiar total (bruto o neto, en dinero y en especie) que se recibe por el esfuerzo conjunto de sus miembros y en el que no es posible separar la parte del producto atribuible a la renta, de la que pudiera derivarse del salario o a la de ganancia.[25]

6. El carácter intransferible de una parte del trabajo familiar

Una de las peculiaridades de la unidad campesina es la de aprovechar fuerza de trabajo que no sería susceptible de valorización (es decir, de crear valores) en otros contextos productivos. Nos referimos tanto al trabajo de niños, ancianos y mujeres, como al empleo asistemático del tiempo sobrante del jefe de familia y de sus hijos adultos en edad activa. En esto radica, entre otras cosas, la capacidad de la unidad familiar de entregar al mercado productos a precios sensiblemente inferiores a los que se necesitarían para inducir la producción empresarial.

Según Tepicht, el trabajo campesino "está compuesto por lo menos de dos partes *cualitativamente diferentes*, tanto por el carácter de las fuerzas que valoriza (transferibles y no transferibles a otros sectores económicos) como por el carácter natural de sus productos y por la remuneración al trabajo que se esconde en los precios a que

[25] Véanse, Chayanov, *op. cit.*, 1966, pp. 2-5, y J. Tepicht, *op. cit.*, p. 36. La única virtud de la ficción a que hacemos referencia es posiblemente mostrar que las unidades campesinas están dispuestas a ofrecer sus productos por debajo de los precios que un productor capitalista exigiría para pagar los salarios y las rentas corrientes para obtener, por lo menos, la ganancia media. Sin embargo, las razones por las que ocurre tal cosa quedan completamente en la oscuridad por esta forma de evaluación o de cálculo. R. Bartra aprovecha en el sentido indicado las categorías de salario, renta y ganancia en su estudio sobre la estructura agraria mexicana, *op. cit.*, pp. 58-66.

éstos pueden venderse".[26] En otras palabras, "lo que la unidad campesina está en condiciones de producir con fuerzas marginales a cambio de un pago marginal, requiere de una estimación completamente diferente por la sociedad (el mercado) si se considera la fuerza de trabajo necesaria para este tipo de producción".[27]

Tan cierto es lo anterior, que incluso en los países de economías centralmente planificadas se advierte que, en las unidades colectivas, la relación entre los pagos por jornada dedicada a la actividad pecuaria frente a los dedicados a la agricultura es inversa a la que está implícita (por la vía de los precios de los productos respectivos) en las unidades campesinas. Mientras en las primeras dicha relación es mayor que la unidad, en las segundas está bastante por debajo de la misma.[28]

Esta capacidad de convertir en valor (es decir, de transformar en productos) la fuerza de trabajo marginal, puede extenderse también a la tierra en el sentido que zonas que son marginales para la agricultura empresarial por su bajísimo potencial productivo —es decir, que ni siquiera son estimadas como recurso por la agricultura empresarial— constituyen, sin embargo, fuentes de sustento de la familia campesina. Así es porque, para ella, todo elemento capaz de contribuir al incremento neto de su ingreso familiar, es percibido como recurso mientras sus requerimientos de reproducción no hayan quedado cubiertos y exista algún margen de intensificación productiva de su fuerza de trabajo.

A. Warman hace referencia a este fenómeno en términos muy elocuentes: "[...] la familia campesina integrada en una sociedad capitalista es sobre todo una unidad que produce con trabajo no remunerado. El trabajo de los niños y de las mujeres, que circula débilmente como mercancía en el México capitalista, es uno de los componentes más importantes del producto campesino. Miles de jornadas incorporadas a la producción autónoma de los campesinos las desempeñan las mujeres y los niños, además de desarrollar trabajos que estrictamente no son productivos pero que ahorran gasto y permiten seguir viviendo con ingresos que estadísticamente serían ya no insuficientes sino ridículos."[29] Y agrega, en otra parte, "[...] la atención del ganado requiere más energía que la que aporta, pero ésta se distribuye en un lapso mayor y en unidades de poca intensidad que pueden depositarse en la gente que no puede participar plenamente en el trabajo durante el periodo crítico por tener poca energía física, como los niños o ancianos, o se dedica a otras ocupaciones simultá-

[26] Tepicht, *op. cit.*, pp. 39-40.
[27] *Ibid.*, p. 38.
[28] *Ibid.*. pp. 36-37
[29] A. Warman, *op. cit.*, p. 310.

neas, como las mujeres. Tener ganado resulta racional: es como pedir un crédito de energía que se paga con interés pero en abonos que
pueden cubrir los que no tienen ocupación total en el cultivo."[30]

7. *La forma peculiar de internalizar el riesgo*

Para un empresario, por lo menos teóricamente, el riesgo o la incertidumbre a que están sujetas las ganancias que pueden derivarse de
distintas opciones de aplicación de su capital son incorporadas, en el
proceso de la toma de decisiones, como funciones de probabilidad
que le impulsan a buscar, por lo menos, una cierta proporcionalidad
entre la ganancia y el riesgo. En el caso del campesino, su vulnerabilidad a los efectos de un resultado adverso es tan extrema que, siguiendo a Lipton,[31] parece adecuado considerar que su conducta como
productor está guiada por una especie de "algoritmo de supervíven-
cia" que le lleva a evitar los riesgos cualquiera que sea la ganancia
potencial que se derivaría de correr esos riesgos, "mientras un agricultor americano acomodado puede preferir una probabilidad del
50% de obtener 5 000 ó 10 000 dólares frente a la seguridad de obtener 7 000, un agricultor hindú al que se le ofrezca una probabilidad
del 50% de X rupias, o de 1 000, contra la certeza de 700 rupias al año
con lo cual apenas alimenta a su familia, no puede situar la X muy
por debajo de 700".[32]

Esta manera de internalizar el riesgo y la incertidumbre por parte
de las unidades campesinas es otra de las razones que explican la persistencia de métodos de cultivo que, aunque generen un ingreso más
bajo, reducen la varianza de los valores de producción esperados. Así
también, estas consideraciones explican el motivo de que ciertos cultivos de mayor rendimiento por unidad de superficie, pero sujetos a
marcadas oscilaciones en sus precios o a un mecanismo de mercadeo
complejo, no sean emprendidos por los campesinos.[33]

[30] *Ibíd.*, p. 298
[31] M. Lipton, "The theory of the optimizing peasant", *Journal of Development Struc-
tures*, vol. IV, abril de 1968, pp. 327-351
[32] *Ibíd.*, p. 345.
[33] Una aproximación intuitiva, corroborada por alguna evidencia empírica, indica
que existe cierta correlación entre el valor (y grado de liquidez) de los activos que posee
el campesino y su capacidad de afrontar riesgos, ya sea incorporando cultivos y/o técnicas que siendo más rentables son más arriesgadas que las de patrones tradicionales,
o especializándose en algunos de los cultivos tradicionales en lugar de mantener el pa-
trón de "multicultivo en áreas pequeñas" que es característico del campesino pobre.
El ganado de crianza, principal forma de ahorro, cumple, en este sentido, un papel de
seguro contra las malas cosechas o contra el resultado adverso de un riesgo asumido,
conduciendo a que quienes más ganado tienen se muestran más dispuestos a incorporar innovaciones en los patrones de cultivo o en los métodos. (A. Schejtman, *Hacienda and peasant economy*, tesis de grado, Universidad de Oxford, 1970, cap. IV.)

8. *Tecnología intensiva en mano de obra*

La necesidad de valorizar el recurso más abundante de que dispone la economía campesina, el compromiso laboral a que hicimos referencia en el acápite anterior, unida a la presencia general o local de términos de intercambio desfavorables para los productos de la agricultura campesina en los intercambios mercantiles, son la causa de una tendencia a la reducción al mínimo indispensable de la compra de insumos y medios de producción. Esto da lugar a que la densidad de medios de producción por trabajador, o de insumos adquiridos por unidad de producto o por jornada, sean generalmente muy inferiores a los de la agricultura empresarial o capitalista. En este sentido, la respuesta a *cómo* producir parece guiada por el criterio a elevar al máximo el componente fuerza de trabajo por unidad de producto generado y/o de reducir al mínimo el de insumos y medios de producción adquiridos o rentados.

9. *La pertenencia a un grupo territorial*

La unidad campesina, a diferencia de la empresa agrícola, no se puede concebir como una unidad aislada de otras semejantes, aparece siempre formando parte de un conjunto más amplio de unidades con las que comparte una base territorial común: la colectividad local,[34] o lo que A. Pearse define como el grupo territorial (*landgroup*) y que consiste en "un grupo de familias que forma parte de una sociedad mayor y que vive en estrecha relación, es interdependiente y tiene relaciones de vecindad permanentes en virtud de un sistema de acuerdos (*arrangements*) relativos a la ocupación y al uso productivo de un determinado territorio y de los recursos físicos que contiene, de los cuales se extraen sus medios de vida (*livelihood*)".[35] J. Tepicht, por su parte, llama a este ambiente social la "concha protectora de la economía familiar".[36]

La reproducción misma de la unidad familiar campesina depende,

---

[34] Se ha evitado el término "comunidad rural o local", de uso tan frecuente en los estudios sobre el tema porque lleva implícita la idea de que el grupo de referencia compartiría intereses comunes, lo que no siempre es el caso y constituye "un problema empírico que no debe ser planteado en la definición" de estos conglomerados. (D. Lehman, *On the theory of peasant economy*, fotocopia facilitada por el autor, p. 15, y H. Mendras, citado por J. Tepicht, *op. cit.*, p. 22.)

[35] A. Pearse, *The Latin American peasant*, Londres, Frank Cass, 1975, p. 51. A falta de una palabra equivalente en castellano, emplearemos el concepto de grupo territorial que es idéntico al empleado por Warman en *Los campesinos hijos predilectos del régimen*, México, Nuestro Tiempo, 1972, p. 145, cuando habla de "grupo que comparte una base territorial común".

[36] Tepicht, *op. cit.*, p. 20.

en muchas ocasiones, del complejo sistema de intercambios extra-
mercantiles y más o menos recíprocos que se dan en el seno del grupo
territorial. Con frecuencia, la persistencia o la declinación de las unidades familiares suele depender del grado de cohesión que el grupo
territorial mantiene frente al avance de la agricultura empresarial.
De hecho, como se destaca más adelante, la penetración y el desarrollo de las relaciones mercantiles va debilitando ⁻l papel que desempeña el grupo territorial en el "ciclo de reproducción social" de
las unidades familiares, haciendo que dicha reproducción se efectúe
sobre bases crecientemente individuales que resultan, sin lugar a dudas, más precarias.

A pesar de la importancia decisiva que el grupo territorial ha tenido y sigue teniendo como factor explicativo de la persistencia campesina y de la que convendría que se le diera al diseñar cualquier estrategia de desarrollo rural basada en el campesinado, se ha tendido,
muchas veces, a circunscribir el análisis de la economía campesina al
análisis de la unidad familiar. A. Warman, en cambio, destaca que:
"Resulta evidente que la familia no puede mantener su posición de
producir sin capital y sin posibilidades de acumular y de subsistir, sin
reservas ni ahorros, en un medio dominado por las relaciones capitalistas, sin estar apoyada por un conjunto mayor que otorgue las
condiciones de estabilidad a esta situación contradictoria. En el caso
de México, el conjunto mayor está expresado en la comunidad
agraria, en la que pueden observarse de una manera más amplia y
compleja, aunque siempre parcial, las relaciones de producción de la
economía campesina."[37]

10. Agricultura empresarial: principales diferencias

A manera de conclusión de esta primera parte, parece pertinente referirse brevemente a las características principales de la agricultura
empresarial para destacar sus diferencias aunque sea esquemática-
mente, con las que se han atribuido a la economía campesina.

La caracterización del sector aludido no necesita muchas explicaciones por ser sus rasgos principales de sobra conocidos —al nivel de
abstracción en que se plantea este capítulo— y haberse hecho referencia a algunos al compararlos con los de la economía campesina. Bastará, por lo tanto, señalar que se trata de unidades en las que el capital y la fuerza de trabajo están claramente separados y en las que, por
lo tanto, ganancia, salario e incluso renta de la tierra, son categorías
que se expresan objetivamente como una relación entre propietarios

---

[37] A. Warman, op. cit., 1976, p. 314, véase también la página 325.

de medios de producción, propietarios de la tierra y vendedores de fuerza de trabajo.

Las relaciones de parentesco no tienen ni el menor vínculo con las de producción. Es decir, no existe lo que denominamos "el compromiso laboral" con la fuerza de trabajo.

Las relaciones entre unidades están reguladas por reglas mercantiles y universales que no incluyen intercambios basados en la reciprocidad o, si se quiere, en consideraciones de vecindad y parentesco.

La producción es exclusivamente mercantil (aunque se les deje un margen a algunos cultivos para consumo-insumo interno de la unidad), en el sentido de que las decisiones del *qué* y el *cómo* producir nada tiene que ver con el consumo de los productores y de sus familias.

Las consideraciones sobre riesgo e incertidumbre tienen un carácter estrictamente probabilístico, en el sentido de que se integran al proceso de la toma de decisiones con el carácter de relaciones entre magnitudes de ganancia esperada y probabilidades asociadas a cada magnitud.

El objetivo central de la producción —y, por lo tanto, el criterio con el que se ha determinado el *qué*, el *cuánto*, el *cómo* y el *para qué* producir—, es la obtención de, por lo menos, la ganancia media cuyo destino es la acumulación (y, por supuesto, el consumo empresarial).

En términos esquemáticos, el contraste entre las dos formas de organización social de la producción a que nos hemos referido aparece sintetizado en el esquema A.

B. ARTICULACIÓN Y DESCOMPOSICIÓN DE LA AGRICULTURA CAMPESINA

Hasta aquí se ha efectuado el análisis de las reglas que presiden el funcionamiento interno de la economía campesina y se han examinado las diferencias que la distinguen de la agricultura empresarial. A continuación se analizará la forma en que las características de la economía campesina explican los términos de inserción de ésta en la sociedad nacional de la que forman parte.

1. *El concepto de articulación*

El concepto de articulación de formas de organización social de la producción —la campesina y la capitalista— debe ser explicado con claridad para poder establecer un ordenamiento de los fenómenos que nos proponemos abordar.

Por *articulación* entenderemos la relación (o sistema de relaciones) que entrelaza los sectores mencionados entre sí y con el resto de la

ESQUEMA A

CARACTERÍSTICAS DIFERENCIALES DE LAS AGRICULTURAS CAMPESINA
Y EMPRESARIAL

	Agricultura campesina	*Agricultura empresarial*
Objetivo de la producción	Reproducción de· los productores y de la unidad de producción	Maximizar la·tasa de ganancia y la acumulación de capital
Origen de la fuerza de trabajo	Fundamentalmente familiar y, en ocasiones, intercambio recíproco con otras unidades; excepcionalmente, asalariada en cantidades marginales	Asalariada
Compromiso laboral del jefe con la mano de obra	Absoluto	Inexistente, salvo por obligación legal
Tecnología	Alta intensidad de mano de obra, baja densidad de "capital" y de insumos comprados por jornada de trabajo	Mayor densidad de capital por activo y mayor proporción de insumos comprados en el valor del producto final
Destino del producto y origen de los insumos	Parcialmente mercantil	Mercantil
Criterio de intensificación de trabajo	Máximo producto total, aun a costa del descenso del producto medio. Límite: producto marginal cero	Productividad marginal $\geq$ que el salario
Riesgo e incertidumbre	Evasión no probabilística: "algoritmo de sobrevivencia"	Internalización probabilística buscando tasas de ganancia proporcionales al riesgo
Carácter de la fuerza de trabajo	Fuerza valorizada de trabajo intransferible o marginal	Sólo emplea fuerza de trabajo transferible en función de calificación
Componentes del ingreso o producto neto	Producto o ingreso familiar indivisible y realizado parcialmente en especie	Salario, renta y ganancias, exclusivamente pecuniarias .

economía para constituir un todo integrado (el sistema económico), cuya estructura y dinámica está condicionada por (y condiciona a) la estructura y la dinámica de las partes.[38]

La *articulación* asume la forma de intercambios de bienes y servicios (o, si se prefiere, de valores) entre los sectores, intercambios que se caracterizan por ser asimétricos [39] (o no equivalentes) y conducen a transferencias de excedentes del sector campesino al resto de la economía a causa de estar subordinada la integración del sector de economía campesina al resto de los elementos de la estructura (agricultura capitalista y complejo urbano-industrial).[40]

Aunque la *articulación* referida se expresa o se hace perceptible al nivel de las relaciones mercantiles entre los sectores (en los mercados de productos, de insumos, de fuerza de trabajo e incluso de tierra); los términos de dicho intercambio o, si se prefiere, su carácter asimétrico, no pueden explicarse sin embargo a dicho nivel porque tienen su causa en diferencias que ocurren al nivel del proceso productivo, es decir, de las formas de producción o, más específicamente, en las diferencias de la lógica de manejo que caracteriza a cada uno de los sectores.

Se considerarán primero las principales formas de *articulación* para ver, después, cómo los términos de cada una de ellas se "explican", en última instancia, por diferencias en el proceso productivo.

---

[38] Este concepto es utilizado, con un significado muy parecido al que se le da en esta sección, por un gran número de autores; por ejemplo: J. Bengoa, "Economía campesina y acumulación capitalista", en *Economía campesina, op. cit.*, pp. 251-286; R. Bartra, *op. cit.*, 79-87; A. Warman, *op. cit.*, 1976, pp. 324-337; G. Oliver, *Hacia una fundamentación analítica para una nueva estrategia de desarrollo rural* (fotocopia), México, CIDFR, 1977, pp. 176-199.

[39] El término *asimétrico*, con un significado semejante al que se le da aquí, es desarrollado por A. Warman (*op. cit.*, 1976, p. 325) para diferenciar las relaciones en el interior de la comunidad campesina (simétrica) con las que se producen entre ésta y el resto de la sociedad: "En el modo de producción campesino, las relaciones internas están orientadas hacia la simetría, hacia la reciprocidad, para poder lograr la subsistencia de las familias, las unidades eficientes menores del conjunto. La comunidad es el marco por el que fluyen las relaciones de reciprocidad que cumplen la función de redistribuir los recursos, de transmitir con flexibilidad el uso de los medios que hacen posible la producción agrícola, la actividad básica del modo. Entre las distintas comunidades campesinas, la relación simétrica se realiza por el intercambio directo de bienes complementarios por los mismos productores. Para que los recursos se intercambien en forma simétrica deben estar bajo el dominio y control autónomo de los campesinos, independientemente de que sean reconocidos de manera formal como su posesión." Al analizar el fenómeno de la diferenciación campesina, veremos que la pérdida del control autónomo de sus condiciones de reproducción implican el surgimiento de relaciones asimétricas de lo que hemos llamado el grupo territorial.

[40] Para definir esta forma de articulación, algunos autores han adoptado el término *subsunción*, que incluye los conceptos de integración y de subordinación y que, a pesar de ser de origen latino, existe en el idioma inglés pero no en castellano (G. Esteva, *op. cit.*, p. 4).

2. La articulación en el mercado de productos

Una primera forma de articulación o, si se prefiere, de exacción de la agricultura campesina es la que se produce en el mercado de bienes al que concurre el campesino como vendedor de parte de su producción y como comprador de los insumos y bienes finales que requiere su reproducción. En él, los términos de intercambio, o los precios relativos entre lo que vende y compra, le han sido y siempre le son sistemáticamente desfavorables. Independientemente de que, en un periodo determinado y con relación a un año base, esos precios puedan mostrar mejorías, existe una especie de subvaloración "originaria" de los productos campesinos que se encuentra en la estructura misma de los precios relativos (producción campesina/producción capitalista) formados a través de generaciones, y de la que la reproducción del conjunto de la economía depende decisivamente a través de la conocida relación entre precios de alimentos-nivel de salarios y tasa de ganancia.[41]

Aunque la magnitud de la desigualdad en el intercambio, es decir, la magnitud del excedente transferido del sector campesino al resto de la sociedad por el mecanismo señalado, puede aumentar o disminuir en función de la mayor o menor capacidad de regateo (fuerza social en el mercado) que cada parte pueda ejercer en la relación mercantil, el origen de ella está en la lógica interna de la producción de cada sector y no en las relaciones de mercado, que es donde se expresa.

El "secreto" de la posibilidad de un intercambio desigual radica en la disposición del campesino de producir a precios inferiores a los que un productor capitalista exigiría para hacerlo en igualdad de condiciones, pues mientras al primero le basta con atender los requerimientos de reproducción de la fuerza de trabajo empleada y el fondo de reposición de los medios de producción utilizados, el segundo requiere además la obtención de una ganancia por lo menos igual a la ganancia media en la economía.

Si, simplificando, suponemos que la fuerza de trabajo empleada en ambos casos es la misma, que el costo de su "reproducción" es cubierto por los salarios, que los insumos adquiridos son iguales en los dos casos y que el fondo de reposición campesino es igual a la depreciación del empresario, la diferencia de precios a que cada uno estaría dispuesto a producir estaría dada por la ganancia media, si ambos pagan igual canon de arriendo, o por la ganancia más la renta de la tierra si ambos son propietarios.[42]

---

[41] Tepicht, op cit., 1967, p. 76.
[42] A la ganancia habría que agregar también la renta de la tierra (imputada o pagada efectivamente) si comparamos un campesino-propietario con un empresario-

"En efecto, el pequeño campesino-propietario no tiene ni el comportamiento del rentista ni del empresario capitalista. Por principio, está obligado a producir cualquiera que sea la coyuntura del mercado, so pena de no sobrevivir. En seguida *se contenta con el equivalente de un salario*, sin plantear ni problemas de renta ni siquiera problemas de ganancia. El pequeño campesino se comporta exactamente como un asalariado a destajo."[43]

No es otra la razón que explica la presencia de la agricultura campesina en áreas (tierras marginales) y en productos para los que la empresa capitalista carecería de viabilidad.

El fenómeno indicado es el que está en la base misma de la formación de los sistemas de precios, en particular del proceso histórico de formación de los precios relativos agricultura/industria, que han permitido una transferencia sistemática de excedentes del campesinado a otros sectores, a través del intercambio.

Esta situación no sólo se presenta en los países periféricos, también se produce en toda economía (capitalista o socialista) en la que exista un sector significativo de productores familiares, incluso del tipo *farmer*, cuyo producto —en las palabras de G.J. Johnson referidas a los Estados Unidos— es entregado a la sociedad a "precios de liquidación" (*bargain prices*): "Un cínico podría incluso afirmar que la granja familiar es una institución que funciona para inducir a las familias de granjeros a proporcionar cantidades de trabajo y de capital, a una tasa de retorno sustancialmente inferior a la norma, de modo de entregar, al conjunto de la economía, productos agrícolas a precios de liquidación o de barata."[44] No es otra la razón a la que debe atribuirse que la evolución de la productividad agrícola en muchos países desarrollados no se haya visto acompañada por incrementos proporcionales en los ingresos de los agricultores durante largos periodos, al contrario de lo que ocurre en el resto de la economía.[45]

---

propietario, pues mientras el primero estaría dispuesto a ceder gratuitamente dicha renta, o mejor dicho, a verla como parte integrante de su ingreso global "de reproducción", el segundo exigirá un retorno equivalente al de sus otros capitales.

[43] K. Vergópoulos, "Capitalismo disforme", en S. Amin y K. Vergópoulos, *La cuestión campesina y el capitalismo*, México, Nuestro Tiempo, 1975, p. 165. Chayanov haría idéntica observación: "/.../ no tomamos la motivación del campesino en su actividad económica como la de un empresario que como consecuencia de invertir un capital recibe la diferencia entre el ingreso bruto y los costos de producción, sino más bien como la de un trabajador en un peculiar sistema de destajo en el que él mismo determina el tiempo y la intensidad de su trabajo" *(op. cit.*, 1966, p. 42).

[44] Citado por J. Tepicht en "Economía contadina y teoría marxista", *Crítica Marxista*, núm 1, Roma, 1967, p. 74.

[45] "A título de ejemplo se puede citar el caso de la agricultura francesa a partir de la última guerra mundial. Denis Cepede mostró muy bien las transferencias de valores agrícolas en beneficio del sector industrial. Entre 1946 y 1962, la evolución de la productividad agrícola fue de 100 a 272, mientras la no agrícola evolucionó de 100 a

La asimetría descrita constituye una presión para intensificar la agricultura familiar, que en el tipo *farmer* suele traducirse en sobreinversiones y en la del campesinado periférico en una autoexplotación más intensa de la mano de obra familiar.[46] Las subvenciones estatales, bien sea las efectuadas directamente a través de precios de insumos y productos y a través del crédito a bajas tasas de interés, o bien las implícitas en el financiamiento de las obras de infraestructura no cobradas a los beneficiarios, no son sino una manera de reconocer, compensando parcialmente, el fenómeno descrito.[47]

3. La articulación en el mercado de trabajo

Un segundo ámbito en el que se expresa la articulación es el mercado de trabajo, en particular —aunque no exclusivamente— el de los jornaleros agrícolas, que pueden ser contratados por el sector empresarial por salarios inferiores a su costo de sobrevivencia o de reproducción.

De no existir un sector de economía campesina, la masa de salarios debería ser la suficiente, por lo menos, para garantizar el sostenimiento y la reproducción de la mano de obra empleada, es decir, el de sostenimiento en el tiempo de la fuerza de trabajo requerida por el proceso de acumulación y crecimiento. Lo anterior redundaría —de regir una tasa media de ganancia en los distintos sectores (agricultura-industria)— en mayores precios agrícolas, con el consiguiente encadenamiento de salarios, ganancias y acumulación.

El hecho de que una porción importante de la fuerza de trabajo empleada en la agricultura empresarial (e incluso en actividades

189.2. Sin embargo, el ingreso por habitante de la población activa en el mismo periodo evolucionó de 100 a 167.8 en la agricultura, mientras para los sectores no agrícolas la evolución de ese ingreso fue de 100 a 205.4. Señalemos de paso que a partir de 1937 se ha presentado una situación análoga en los Estados Unidos, donde el crecimiento anual medio de la productividad del trabajo agrícola rebasa ampliamente al del trabajo industrial: 3.8% contra 1.4% en los años 1937-1948, y 6.2% contra 3.0% en 1948-1953." (Vergópoulos, *op. cit.*, p. 169.)

[46] Véase G.J. Johnson, "The modern family farm and its problems", en *Economic problems of agriculture in industrial societies*, Londres, Mac Millan, 1969.

[47] Para tener una idea gráfica de lo que implicaría una revisión a fondo de esta asimetría, basta observar lo ocurrido en el mundo urbano-industrial con la decisión de los países productores de petróleo de dejar de subvencionar la energía que vendían a precios absolutamente inferiores a sus costos de producción en los países industrializados. El petróleo, como la tierra, es un recurso no renovable (aunque la segunda lo sea en un sentido más relativo), y puede reclamar una renta absoluta. El hecho de que en la agricultura dicha renta se haya reducido, hasta desaparecer en muchos casos, no es sino el resultado del sometimiento de la actividad agrícola a los requerimientos del desarrollo urbano industrial.

urbano-industriales) provenga o esté vinculada más o menos directamente a la economía campesina y de que una parte de sus condiciones de reproducción sea generada en ella, permite lograr una reducción en la masa de salarios a través del doble mecanismo de pagar un salario por jornada trabajada inferior al de otros sectores, por una parte, y de pagar, por otra, sólo los días efectivamente trabajados, por reducido que sea su número, sin importar que esté lejos de cubrir no ya la subsistencia familiar sino ni siquiera la subsistencia anual del propio trabajador. Con frecuencia, la viabilidad misma de la agricultura capitalista se funda en la posibilidad de pagar salarios inferiores al costo de reproducción de la mano de obra, sobre todo las zonas donde la renta diferencial de la tierra (en el sentido ricardiano) es muy baja o no existe.[48]

Las migraciones rurales temporales desde las zonas de agricultura campesina a las zonas de agricultura empresarial confirman esta interdependencia.

También por lo que respecta a la venta de fuerza de trabajo, la posibilidad de un intercambio no equivalente —es decir, la posibilidad de pagar menos que el costo de reproducción de la mano de obra empleada— es un fenómeno que, aunque se exprese en el mercado de trabajo y pueda sugerir que depende exclusivamente del poder de regateo entre las partes, tiene su origen en las condiciones de producción y de reproducción de la economía campesina.

Lo anterior se refiere no sólo al hecho de que una parte de la subsistencia esté asegurada por la economía campesina misma sino también al de que la magnitud de la fuerza de trabajo ofrecida por los campesinos, así como los niveles de salario que están dispuestos a aceptar, son determinados por las condiciones de producción que caracterizan a la unidad a la que pertenecen. En este sentido, mientras más lejos esté de obtener el nivel de ingreso (monetario y en especie) requerido para la reproducción en su propia unidad, mayor será el número de jornadas que se muestre dispuesto a trabajar a cambio de un salario, y mientras mayor sea el nivel de intensidad con que esté trabajando su parcela, la presencia de rendimientos decrecientes hará que se reduzca el salario que exija por su contratación fuera de ella.

El gráfico siguiente, que es por cierto una sobresimplificación de las condiciones reales, permite aclarar el sentido de lo señalado:

---

[48] Hacemos esta calificación porque en áreas de altas rentas diferenciales de las que el empresario-propietario puede apropiarse, éste está en condiciones de obtener ganancias extraordinarias que le permiten compensar tanto las relaciones de precios desfavorables como el pago de salarios equivalentes al costo de reproducción de la mano de obra.

Producción

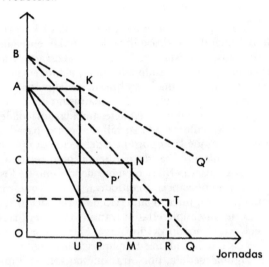

Comparamos dos unidades de producción (A y B), cuyas curvas de producto medio (AP' y BQ') y marginal (AP y BQ) expresan, por ejemplo, una mayor disponibilidad de tierra en la unidad B. Supongamos que la magnitud OCxOM es igual a ingreso neto de reproducción. La unidad A, con el máximo de intensidad posible (es decir, empleando OP jornadas y con la productividad marginal cero), no logrará el ingreso de reproducción, puesto que (OCxOP'< OC x OM) bastará ofrecer un salario igual a OS (=RT) para que trabaje fuera de la parcela por lo menos UR jornadas (partiendo del supuesto de que el trabajo familiar disponible es mayor que OR) para lograr que (OC.OU) + (UR.RT) sea igual a (OC.OM). En cambio, la unidad B, que alcanza el ingreso de reproducción en su propia parcela (OC.OM = UK.OU) trabajando OU jornadas, no se mostrará dispuesta a vender fuerza de trabajo si el salario ofrecido no es superior a UK.

Los dos mecanismos de *articulación* descritos (mercado de productos y mercado de trabajo), aunque significativamente diferentes en lo formal, tienen un fondo común: la capacidad y la disposición (por razones estructurales y no filantrópicas) de la unidad campesina de subvalorar su tiempo de trabajo con respecto a los patrones establecidos por las reglas de funcionamiento del sector capitalista, bien como fuerza de trabajo propiamente dicha, o bien como fuerza de trabajo que tiene su expresión en los productos que entrega al mercado.

En esta "virtud" campesina radican simultáneamente su fuerza, entendida como persistencia, y su debilidad, entendida como descomposición.

4. Descomposición, recomposición y persistencia

Como se destacara al inicio de este capítulo, todas las corrientes que emergieron del liberalismo (léase liberales propiamente tales, racionalistas, positivistas, marxistas, etc.) señalaron el carácter transicional del campesinado, que fue considerado un segmento social condenado a desaparecer —transformado en burguesía (algunos) o en proletariado (los más)— como resultado del dinamismo del desarrollo capitalista. La presencia campesina en determinadas sociedades se consideraba un resabio (cultural y/o social) de épocas pasadas.

Aunque sea cierto que la importancia del sector campesino, como segmento de la población, ha ido perdiendo peso relativo, no lo es menos que en los países periféricos sigue siendo uno de los componentes de mayor importancia cuantitativa, puesto que raras veces constituye una fracción inferior al tercio de la población activa. Si se trata en efecto de un simple estadio transitorio deberá reconocerse que su transición está siendo ya muy larga. Más aún, en ciertas sociedades, las fuerzas que impulsan su desaparición se han visto contrarrestadas, en alguna medida, por otras que no sólo la impiden sino que incluso crean, en determinadas áreas y circunstancias, formas campesinas de organización de la producción donde antes no existían.

Desde el punto de vista de la política, y de la política económica, y atendiendo a las consideraciones anteriores, parece más razonable abandonar la suposición de transitoriedad y considerar que en un horizonte previsible (y de importancia para la política) los campesinos están para quedarse, y proceder, más bien, a analizar las fuerzas que contribuyen a su persistencia y las que fomentan su descomposición, para tener presentes unas y otras en el diseño de estrategias y políticas de desarrollo donde se espera que ese sector represente el papel que su potencialidad le permite.

En adelante se entenderá por "descomposición de la forma campesina" el proceso que conduce a la pérdida progresiva de las condiciones de sostenimiento de la unidad familiar a base de sus propios recursos; es decir, la pérdida de la capacidad de generar un volumen de producción equivalente al fondo de consumo familiar y al fondo de reposición de insumos y de medios de producción.

Por "recomposición" se entenderán los procesos que reviertan la tendencia mencionada y los que conduzcan a la creación de unidades campesinas en las zonas donde no existían.

En términos generales, las fuerzas que contribuyen a la persistencia, recomposición o descomposición del sector campesino, actúan sobre —y a partir de — la trama básica de las relaciones inter e intrasectoriales (campesino/resto de la sociedad) que hemos definido como articulación subordinada de la forma campesina a la economía y a la sociedad nacional, y cuyos rasgos principales hemos descrito. Es decir, dichas fuerzas coadyuvan a intensificar, redefinir o morigerar los elementos de simbiosis asimétrica de carácter estructural que hemos englobado dentro del concepto de articulación subordinada. En este sentido, podemos considerar estas fuerzas como elementos superestructurales que afectan y son afectados por la estructura definida como "articulación".

Para fines descriptivos se pueden agrupar las fuerzas señaladas con base en el origen del impulso que las genera, y distinguir, entre otras, las que parten del Estado y de sus políticas, las generadas por la acción de los hombres-nexo (o de las instituciones-nexo) entre el campesinado y el resto de la economía, las generadas por la acción consciente del sector empresarial y, finalmente, las que se derivan de la dinámica demográfico-ecológica.

a] *La acción del Estado*

Al ser el Estado una expresión de la correlación de fuerzas sociales en cada momento histórico, su acción tiene que estar compuesta por fuerzas contradictorias, incluso cuando la resultante de dichas fuerzas es el sostenimiento de las condiciones de reproducción del conjunto social y, por lo tanto, el del tipo de articulación a que nos hemos venido refiriendo.

En general, las políticas que implican "subvenciones" al sector campesino [49] como el crédito a tasas preferenciales, los precios de sostenimiento, la fijación de salarios mínimos (sobre todo si se controla), etc., son acciones que tienden, en general, a limitar o contrarrestar la descomposición de la unidad campesina al permitir términos de intercambio, en diversos ámbitos, superiores a los que se alcanzarían en condiciones de mercado libre.

La reforma agraria y la colonización constituyen también, por lo menos en teoría, políticas que frenan esa descomposición e incluso fomentan la creación de unidades campesinas partiendo de la subdivisión de unidades territoriales mayores y del desarrollo de una legislación y acción complementaria que "protege" las unidades creadas.

En contraste con las acciones anteriores, la inversión pública en regadío, la apertura de vías de comunicación y la de opciones exportadoras, han conducido con frecuencia a acentuar la exacción de recursos del sector campesino tanto directa —apropiación de las áreas be-

---

[49] Hablamos de "subvención" en el sentido de que los precios o valores implicados son más favorables al campesinado que los que tendrían en el mercado de no mediar la acción estatal. En ningún caso se trata de subvenciones en el sentido de que reviertan las exacciones derivadas de las relaciones estructurales que se expresan en el sistema de precios.

neficiadas por la agricultura empresarial— como indirectamente —acentuación de las relaciones mercantiles (asimétricas) en el proceso de reproducción de la economía campesina— y han incrementado, por esta vía, su vulnerabilidad.

b] *La acción de los elementos-nexo*

Nos referimos aquí a los distintos mecanismos de intermediación que relacionan al campesinado con el resto de la economía y que permiten la extracción de excedentes al nivel de las relaciones de distribución e intercambio. En general, estos elementos-nexo (personas y/o instituciones) aprovechan tanto las posibilidades abiertas por la peculiar lógica de manejo de la economía campesina como las que se derivan del menor poder de regateo de las unidades de este sector y del monopolio (minúsculo a veces) de los canales por los que éste se relaciona con la sociedad mayor.

Las funciones de los elementos-nexo han sido clasificadas por A. Warman en los siguientes términos:

1) Adaptación física de los productos, que consiste en una especie de transformación de la escala de lo que llega como producto al sector campesino (reducción) y de lo que sale desde éste al resto de la economía (agregación);

2) "Conversión simbólica", que consistiría en "traducir" al lenguaje campesino las normas del comercio y la contabilidad externas, es decir, en transformar a patrones universales las unidades de peso, las normas de calidad, etcétera;

3) Movilización física de los productos que llegan o salen de la economía campesina desde el mundo exterior y hacia el mismo, respectivamente, y

4) Financiamiento que permite ampliar la integración del campesino al mercado de bienes de consumo o de insumos más allá de lo que le permitiría la venta de sus productos o de su fuerza de trabajo.

Estas funciones son las que permiten extender en general las relaciones mercantiles en el proceso de reproducción de la economía campesina e integrarla al resto de la economía nacional (e internacional). Para llenar esta función el elemento nexo "está montado entre dos modos de producción, maneja dos lenguajes, dos tipos de relación social y de racionalidad económica, y hace fluir capital hacia el modo dominante. El mismo obtiene una ganancia de todos sus actos, lo mismo cuando pesa para convertir cargas en kilogramos que cuando presta dinero para sembrar cebolla [...] Su éxito depende de su flexibilidad y diversificación, de poder vender siete cosas distintas y recibir una gallina como pago."[50] Cada una de las funciones descri-

[50] Warman, *op. cit.*, 1976, p. 332

tas supone una exacción de excedentes y, en este sentido, contribuye a la descomposición del campesinado aunque, por otra, en la medida en que la permanencia y reproducción campesina requieren del intercambio mercantil, los elementos-nexo contribuyan a su sobrevivencia aunque reclamen. por ello un alto precio.

c] *La acción de las empresas de transformación e intermediación*
Aunque este fenómeno debería incluirse en sentido estricto como parte de los componentes estructurales de la "articulación", hemos preferido destacarlo en forma separada por tratarse de una tendencia reciente de la organización de la producción agropecuaria. Nos referimos al fenómeno de los contratos que suelen establecerse entre la gran empresa agroindustrial o agrocomercial y los campesinos de determinadas regiones.

Reflejan estos contratos la tendencia de una parte del capital a abandonar el control directo de la tierra y de los procesos de producción primaria y a remplazarlos por el control —financiero y comercial— de una vasta red de pequeños y medianos productores "independientes", bien sea creando una especie de campesinado adscrito o bien adscribiéndose una masa campesina preexistente de la que se pueden obtener condiciones que —por las razones indicadas con anterioridad— la agricultura empresarial no otorgaría. Lo anterior es particularmente cierto en aquellas situaciones en que el proceso de descomposición campesina sólo puede ser detenido ofreciendo opciones de intensificación del trabajo que supongan el abandono, o la reducción, de los patrones tradicionales de cultivo, y su sustitución por patrones mercantiles de alto valor unitario.

d] *La dinámica demográfico-ecológica*
El crecimiento vegetativo de la población campesina, que rebasa con creces la menguada capacidad de su absorción productiva por el resto de los sectores, se traduce en una presión creciente sobre la tierra o, si se refiere, en un deterioro de la relación tierra/hombre no sólo en el sentido de su disminución aritmética sino en el no menos sustantivo del deterioro del potencial productivo de la tierra existente.

En general, se trata de una fuerza que contribuye a la descomposición campesina, puesto que la fragmentación —en la que desemboca la subdivisión parcelaria debida al crecimiento demográfico— es el signo indiscutible de un incremento de la fragilidad o de la vulnerabilidad de la economía campesina y el preámbulo de su desaparición.

La existencia de opciones de trabajo fuera de la parcela pueden contribuir a posponer la tendencia mencionada a base de "subvencionar" la persistencia de la unidad con los ingresos que se obtienen fuera de ella. En el interior del segmento campesino, el resultado de las fuerzas descritas se expresa como un proceso de diferenciación o, si se quiere, de polarización en el que una minoría de las unidades del conjunto logra no sólo impedir la descomposición sino incluso inclinar en su favor la intensificación de las relaciones mercantiles y lograr cierta acumulación.

Otra fracción consigue una especie de equilibrio entre las fuerzas de distinto signo y logra sostener con más o menos seguridad sus condiciones de "reproducción" en el tiempo.

Para una mayoría de las unidades, sin embargo, la dinámica de la descomposición —expresada como la pérdida progresiva de su capacidad de autosustentación— resulta inexorable y sólo se ve enmascarada por la posibilidad, no siempre presente, de que obtengan ingresos fuera de la parcela el productor o los miembros de su familia.

En el análisis socioeconómico del segmento campesino, así como en los diagnósticos que anteceden al diseño de una estrategia que contemple su desarrollo, resulta de importancia decisiva el reconocimiento del tipo de heterogeneidad a que conducen los procesos de diferenciación aquí indicados.

En otras palabras, aunque para fines descriptivos se pueda recurrir a estratificar al segmento campesino en función de la magnitud de determinada variable dentro de un *continuum* (tierra, producción, etc.), la distinción sustantiva depende de que existan o no condiciones internas de sostenimiento de la unidad productiva y/o del grupo territorial.

El criterio apropiado es el que permite distinguir, por lo menos, tres categorías sobresalientes dentro del sector de la agricultura campesina:

1) El segmento de infrasubsistencia o, si se quiere, de "campesinos pobres", constituido por las unidades que necesitan ingresos extra-parcelarios para llegar al ingreso de sustentación (que parece ser el segmento campesino que crece con mayor velocidad relativa en Latinoamérica);[51]

2) El segmento estacionario, de reproducción simple o de campesinos medios, formado por la parte del campesinado cuyo producto le alcanza para cubrir, de un ciclo a otro, el fondo de consumo familiar y el de reposición de insumos y medios de producción, y

3) El segmento de campesinos excedentarios o "ricos", que incluye las unidades que con sus recursos logran generar un excedente más o menos sistemático que rebasa las necesidades de "reproducción" de

---

[51] Huelga señalar que no se consideran campesinos, en el sentido en que se ha empleado aquí este término, los trabajadores rurales sin tierra o, mejor dicho, no adscritos a una unidad familiar que la posea.

la familia y de la unidad productiva, aunque no siempre puedan traducirlo en acumulación.. Que este estrato salga o no de la condición campesina, es decir, se integre a un proceso de acumulación basado en la contratación significativa y sistemática de fuerza de trabajo extrafamiliar, depende de circunstancias cuyo análisis escapa a los objetivos de este trabajo.

SEGUNDA PARTE

TIPOLOGÍA DE PRODUCTORES DEL AGRO MEXICANO

III. ENFOQUE Y METODOLOGÍA DEL ANÁLISIS TIPOLÓGICO

En el primer capítulo de este trabajo se presentó un análisis esquemático de la evolución del concepto de estructura agraria en la literatura mexicana; en el segundo, se desarrollaron los elementos teóricos que dan fundamento a la necesidad de distinguir entre la agricultura campesina y la empresarial o capitalista cuando se analiza la estructura agraria.

En esta parte se intentará presentar un análisis cuantitativo de la estructura agraria basado en la dicotomía aludida que, por esta razón, constituya una alternativa a la formulación del CDIA que, desde su aparición hasta el presente, ha sido el punto de referencia obligado de todos los análisis relativos a la cuestión agraria; nos referimos al estudio sobre *Estructura agraria y desarrollo agrícola en México* (publicado a principios de los setenta, en particular a los capítulos sobre tenencia de la tierra),[1] que, como destacamos en el capítulo I, constituyó un salto significativo en el conocimiento empírico que existía hasta entonces en materia agraria por su amplia cobertura, relativa uniformidad metodológica y mayor elaboración empírica.

Antes de entrar en materia, sin embargo, quizá es indispensable hacer algunas observaciones, aunque sean breves, de lo que nos parecen las principales limitaciones del enfoque del CDIA de modo de justificar la necesidad de una investigación del tipo de la emprendida en esta parte, en vez de haberla limitado a una simple actualización, con los datos del último censo, de la tipología presentada a principios de los setenta por el Centro de Investigaciones Agrarias.

1. La tipología del CDIA: principales limitaciones

Entre las limitaciones de carácter teórico del estudio del CDIA, la que pareciera más significativa a la luz de lo señalado en los capítulos anteriores sería la afirmación implícita de un solo tipo de racionalidad económica, común a todas las unidades de producción. Esto se expresa, en primer lugar, en el propio criterio que emplea el CDIA para

---

[1] CDIA, *op. cit.*, pp. 186-371.

establecer los distintos estratos de su tipología ² pues, los cinco tipos
de unidades productivas que plantea surgen de cortes más o menos
arbitrarios ³ de una variable continua: el "valor de la producción
agrícola"; esto implicaría que las diferencias entre los distintos tipos
de unas y otras unidades productivas serían de carácter puramente cuantitativo, es decir, de escala de operación y no de lógica de
manejo.

En segundo lugar, la afirmación de la existencia de una racionalidad única, la corroboraron, además, las comparaciones sobre eficiencia relativa en el uso de recursos que se hacen en dicho estudio y
que, aunque justificables desde el punto de vista del conjunto de la
sociedad, debieran calificarse en función de los objetivos que persi-
guen los distintos tipos de productores. En otras palabras, el que desde un punto de vista social sea importante saber si una unidad del
tipo SF o FL produce más o menos por hectárea (por unidad de capital
o por hombre ocupado o por unidad de "capital"), que una del tipo
MM o MG, no excluye la importancia de saber si maximizar dichos
valores constituye o no un objetivo de la unidad de producción res-
pectiva.

El hecho de no hacer la distinción entre un sector campesino y uno
capitalista, que es otra manera de expresar lo anterior, no es sino el
reflejo del estado de avance del análisis agrario en Latinoamérica a fines de los sesenta, cuando se estaba entre la culminación de una corriente que identificaba la estructura agraria por el tamaño y la tenencia y el inicio de otra que enfatizaba el estudio de las formas de
organización social de la producción para el análisis de la estructura
agraria.

A la limitación descrita se agregan otras, derivadas, en alguna medida de ella, y se refieren a las definiciones de algunas categorías, en
particular las de las unidades menores: IS, SF y FL.

Se consideraron como unidades de infrasubsistencia (IS) aquellas
cuya producción agrícola había tenido un valor inferior a 1 000 pesos
en el año del censo;⁴ cifra esta que resultó impuesta por las estratificaciones censales de la información referente al valor de la producción agrícola. Según el estudio que comentamos, el equivalente en
maíz de los 1 000 pesos se habría aproximado a tan sólo 2.8 tonela-

² Nos referimos a los cinco estratos descritos en el capítulo I: infrasubsistencia (IS);
subfamiliar (SF) familiar (FL); multifamiliar mediano (MM); multifamiliar grande (MG).
³ Decimos más o menos arbitrarios porque aun cuando las marcas de clase en la estratificación vienen impuestas por las que el censo empleó (arbitrariamente) para la
presentación de la variable, hay un intento de parte del CDIA por justificar la asimilación
de cada estrato de valor de producción a la capacidad de absorción de mano de obra
de parte de las unidades.
⁴ CDIA, op. cit., pp. 197-198.

das al año, cuando cálculos más o menos detallados sobre los requerimientos alimentarios de una familia tipo, realizados para la tipología que presentaremos más adelante,[5] indican que estos requerimientos debieron aproximarse a las cuatro toneladas (tanto para consumo directo como para su intercambio por otros productos esenciales). En otras palabras, y en un sentido más riguroso, el nivel de infrasubsistencia debió haber sido, por lo menos, un 40% más alto que el indicado, incluso teniendo presentes solamente los requerimientos alimentarios.

Lo contrario sucedería con el rango superior de los predios denominados subfamiliares (SF), es decir, de los que obtuvieron entre 1 000 y 5 000 pesos de producción en el año del censo, pues, según las estimaciones efectuadas para este estudio, las 14 toneladas a que equivaldría dicho límite superior representarían un excedente de más de dos toneladas/año con respecto a lo requerido por una familia tipo (5.5 personas) para asegurar tanto los requerimientos de consumo familiar como los del fondo de reposición para el sostenimiento de la unidad productiva. En otras palabras, ese estrato abarcaría tanto unidades familiares de infrasubsistencia como excedentarias.

Una última consideración de tipo conceptual que conviene destacar, por la influencia que tiene en la estimación cuantitativa posterior, es el hecho de haber usado la producción de un año —una variable dependiente, sujeta a múltiples contingencias aleatorias— como criterio de clasificación, hecho que debe haber conducido seguramente a una sobrestimación de los estratos inferiores al incorporar a ellos todas las unidades —cualquiera que hubiese sido su potencial productivo— que el año del censo no produjeron nada o sufrieron pérdidas cuantiosas por causas diversas.[6] Como veremos más adelante, las unidades en esta situación llegaron a cerca del 20% del total de las unidades censadas en 1970.[7]

Entre los problemas relativos a las técnicas de estimación cuantitativa se hace referencia solamente al que plantearon las parcelas ejidales y comunales de los distintos estratos del CDIA; a diferencia de 1970, cuando el censo publicó dos tomos de un resumen especial referido a parcelas ejidales,[8] en 1960 —año base del estudio CDIA— sólo se contaba con el dato agregado de los ejidos, tomados como totali-

[5] Véase el capítulo siguiente.
[6] Los autores estaban perfectamente conscientes de esta limitación y así lo expresaron en un pie de página al señalar que tuvieron que optar por esta alternativa al no haber dispuesto de los datos estadísticos necesarios para utilizar el insumo de mano de obra como criterio de clasificación (CDIA, op. cit., p. 199).
[7] Véase el cuadro 16 en el capítulo v del presente estudio.
[8] Secretaría de Industria y Comercio, Dirección General de Estadística, V Censo ejidal. Resumen especial, México, septiembre, 1976.

dad. Los autores, al considerar con toda razón, que dicha agregación era, en la mayoría de los casos, una ficción censal (puesto que la mayor parte de los ejidos no son unidades productivas sino conjuntos de unidades parcelarias) intentaron deducir los datos de las parcelas de los datos ejidales recurriendo a un simple artificio gráfico de interpolación basado en el supuesto decisivo. de que: "el tamaño de los ejidos (según el número de ejidatarios) no está relacionado significativamente con el valor de lo que producen".[9] De esta manera se pudo deducir, por ejemplo, que a los ejidos cuya producción se encontraba entre 80 000 y 400 000 pesos, les debían corresponder unidades parcelarias que producían entre 1 000 y 5 000 pesos, en vista de que el número promedio de ejidatarios por ejido era 80.

La disponibilidad, para 1970, de los datos de las parcelas, permite comparar la información censal directa con la que se hubiera obtenido deduciendo esos datos de los ejidales agregados que el censo de ese año presentó en el Resumen General. La comparación se anota en el cuadro 1.

La magnitud de las subestimaciones (estratos I y IV) y de las sobrestimaciones (estratos II y III) son tan elocuentes que no necesitan comentario. Hay que destacar, sin embargo, que lo anterior es evidente sólo porque se dispuso de información de cotejo, porque a falta de ella y aceptando los supuestos de los autores del CDIA —que sólo podían aceptarse o rechazarse empíricamente— nada tendría que objetarse a la técnica aplicada como aproximación burda, que era todo lo que los autores pretendían.[10]

Los resultados conducen a dos conclusiones posibles: a) los 5 000 ejidos que se agregaron a los existentes en 1960, más los cambios ocurridos en estos últimos, tuvieron que suponer cambios radicales en la relación entre el valor del producto de un ejido y el número de ejidatarios y, por lo tanto, la estimación del CDIA sería válida para 1960 pero no para 1970, o b) el supuesto en que se basó dicha estimación no estaría empíricamente fundamentado, caso en el que sus resultados serían poco satisfactorios como aproximación cuantitativa de las categorías que el propio CDIA ha definido. La primera conclusión nos parece improbable por la magnitud de las diferencias registradas en el cuadro 1.

---

[9] CDIA, *op. cit.*, p. 1089.

[10] Cabe agregar, sin embargo, que el método gráfico utilizado, incluso admitiendo que los supuestos estuvieran fundamentados, se prestaba a error pues diferencias marginales en el trazo de la curva de interpolación conducen a resultados significativamente distintos a los obtenidos por los autores, como lo puede comprobar quien quiera repetir el ejercicio para los datos de 1960. El ajuste de un polinomio de 4o. grado a los puntos de la curva de interpolación arroja diferencias de (−) 6% para el estrato I, 5% para el II, 13% para el III y (−) 59% para el IV. Véanse más detalles en el Apéndice estadístico, cuadro AE-1.

CUADRO 1

MÉXICO : COMPARACIÓN ENTRE LA ESTIMACIÓN DE LAS PARCELAS EJIDALES CON
EL MÉTODO CDIA Y LOS DATOS CENSALES DE 1970

(miles de parcelas ejidales)

Estrato	Método CDIA	Datos censales	Diferencia Número	Porcentaje
I. Infrasubsistencia	531	799	−268	−33.5
II. Subfamiliar	690	588	102	17.4
III. Familiar	599	387	212	54.8
IV. Multifamiliar mediano	28	74		
Total	1 848	1 848	−46	62.2

FUENTE: CEPAL, con base en la descripción del estudio del CDIA que aparece en el Apéndice III-2, *op. cit.*, pp. 1089-1093. Véase el procedimiento en el Apéndice estadístico, cuadro AI-I. Datos censales del *Resumen especial, op. cit.*, cuadro 13, vol. II p. 271.

Cabe agregar, finalmente, que la variable censal "valor de la producción agrícola" fue imputada a un número considerable de unidades empleando precios (y, a veces también rendimientos) derivados de una encuesta *ad hoc* realizada junto con el censo. Dicha imputación, en los casos que fue posible analizar, mostró una tendencia marcada al empleo de los valores medios mínimos de la encuesta a las unidades pequeñas y los medios máximos a las mayores, agregando con ello una limitación más a la tipología construida en base a una estratificación en esta variable.[11]

En síntesis, la necesidad de elaborar una nueva tipología en lugar de actualizar la del CDIA se fundamenta, en primer lugar, en que en esta última no encontramos una distinción satisfactoria entre el sector de agricultura campesina y el sector de agricultura capitalista,[12] en segundo lugar, porque la definición (conceptual) de las categorías

---

[11] Los precios y rendimientos empleados para estos efectos aparecen publicados por el censo en la Dirección General de Estadística, *Encuesta especial sobre rendimientos y precios medios*, México, 1972.

[12] Aunque podrían asimilarse algunas de sus categorías al sector campesino (posiblemente las categorías IS, SF y F) y otras al sector capitalista, las relaciones sociales de producción se tomaron en cuenta, de hecho, en la estratificación adoptada.

resulta insatisfactoria incluso desde el punto de vista de lo que se proponen abarcar los autores de dicho estudio, y en tercero, porque la estimación cuantitativa revela un grado significativo de sobrestimación y subestimación de los diversos tipos de unidades.

El hecho de que el debate teórico de la cuestión agraria, a que se hace referencia en el capítulo I, no haya ido acompañado de un esfuerzo de estimación cuantitativa de las categorías propuestas y el de que el esfuerzo más importante [13] para expresar cuantitativamente la heterogeneidad sectorial tenga las limitaciones que hemos mencionado, son los antecedentes que aconsejan proceder a una reformulación del análisis agrario donde se tenga en cuenta lo primero y se supere lo segundo.

2. Enfoque y aproximación operativa[14]

Antes de entrar a la definición de las distintas categorías de productores que constituyen la tipología y al análisis de sus principales características cuantitativas, parece indispensable hacer una breve referencia a los criterios que han presidido la asimilación del material empírico disponible a las características que —desde un punto de vista teórico— se consideraron esenciales para distinguir los diversos tipos, en vista de que los alcances y las limitaciones de la tipología propuesta se encuentran claramente determinados por las del material censal utilizado para su elaboración.

El propósito de la tipología aquí propuesta ha sido establecer la estimación más precisa posible de la magnitud del sector campesino y del sector empresarial a nivel nacional, regional y estatal, así como las principales particularidades de las unidades de cada uno de dichos sectores. La única fuente existente con la cobertura requerida es, por cierto, el censo agropecuario, por lo que, por encima de sus múltiples defectos e imprecisiones,[15] ha sido el punto de partida para la construcción de la tipología propuesta. Sin embargo, como los criterios con que se hicieron las agrupaciones en las publicaciones que inclu-

[13] "Más importante" en el estricto sentido de ser el que ha servido de base cuantitativa a todos los intentos hechos después para tratar el tema agrario.

[14] En una publicación conjunta de la CEPAL con la Secretaría de Agricultura y Recursos Hidráulicos (SARH), se han descrito con gran detalle cada uno de los pasos dados en la selección y transformación de las distintas variables empleadas por lo que, en las páginas que siguen, nos limitamos a sintetizar solamente los aspectos más sustantivos de la metodología. / Véase CEPAL/SARH, Tipos de productos agropecuarios: reprocesamiento analítico del V censo agropecuario, publicado por la Comisión del Plan Nacional Hidráulico (CPNH) México. 1981.

[15] P.L. Yates, El agro mexicano, Apéndice estadístico, México, El Caballito, pp. 1083-1220, y capítulo 12, pp. 499-522.

yeron los resultados censales son claramente insatisfactorios, se consideró conveniente recurrir directamente a la información de las boletas (o encuestas) censales, tanto de unidades de propiedad privada como de parcelas ejidales que, en conjunto, representan casi 3.2 millones de unidades de producción.

Los principales problemas que, para los efectos de la elaboración de la tipología presentaba el material referido, se debieron a la falta de variables claves en la encuesta censal y a la imprecisión y el sesgo de algunas variables cuyos valores fueron imputados en un porcentaje significativo de casos. En relación con el primer tipo de problemas, tal vez el más importante, sobre todo para una caracterización apropiada del sector campesino, fue la carencia absoluta de información sobre la familia del productor y sobre las actividades e ingresos extraparcelarios de sus miembros activos, y en cuanto al segundo tipo de problemas, los más serios —por las variables implicadas— serían los relacionados con la información referente a las ventas y al valor de la producción. La información sobre ventas de productos agropecuarios, a pesar de figurar entre las preguntas de las boletas, no se respondió aceptablemente, al parecer, en muchos casos, y ello condujo, durante el proceso de la "crítica electrónica", a establecer como rangos de tolerancia los niveles equivalentes al 0.75 y al 1.25 del valor de la producción[16] lo que, de hecho, condujo a asignar ventas de por lo menos el 75% del producto a la gran mayoría de las unidades, como se pudo comprobar al desagregar los porcentajes de ventas correspondientes a los diversos tipos de unidades.[17] En atención a esto, una variable de tanta importancia como la señalada (y como su complemento, el autoconsumo) no pudo figurar entre los criterios de tipificación utilizados.

En el cálculo del valor de la producción realizado por la oficina del censo se comprobó cierto sesgo derivado de los criterios con los que los precios rurales, obtenidos en un muestreo paralelo al censo, se habían empleado. En este sentido, se advirtió una tendencia más o menos sistemática a la utilización de valores mayores en las unidades más grandes que en las más pequeñas, que deben haber conducido a una subestimación relativa de la producción de las primeras con respecto a las últimas.

A los problemas anteriores debe agregarse la engañosa precisión con la que aparecen registrados los datos sobre costos de producción

---

[16] Dirección General de Estadística, *V censo agropecuario y ejidal. Resumen general*, p. 354.

[17] Así, por ejemplo, en Sinaloa y en Oaxaca, por referirse a dos casos muy distintos, el porcentaje de unidades con ventas inferiores al 75% del producto era del 24% y del 25% del total, respectivamente, y las unidades con ventas equivalentes al 75% "exacto" correspondían al 60% de los casos en Oaxaca y al 45% en Sinaloa.

(sección XIII del cuestionario censal) cuyas dificultades de obtención no escapan a ninguna persona que haya tenido la menor experiencia con este tipo de encuestas.

Todo lo anterior aconsejó recurrir a métodos muy simples en la construcción de la tipología para\no crear, a partir de técnicas más complicadas en el tratamiento de la información (como,el análisis multivariado o las regresiones), una imagen de precisión que los datos básicos estaban lejos de permitir.

Hechas las aclaraciones anteriores, pasaremos a referirnos a los criterios de aproximación operacional a los conceptos teóricos desarrollados en el capítulo anterior.

La primera y más importante de las distinciones es la que permite separar al sector campesino del empresarial, puesto que es la distinción en que se basa la tipología propuesta.

La circunstancia de que se contrate o no mano de obra extrafamiliar constituye la variable censal que mejor diferencia, a nuestro juicio, a un sector de otro y fue la que se aplicó para definir el sector campesino como el constituido por las unidades que no contratan mano de obra asalariada o, más precisamente, contratan una cantidad marginal de mano de obra extrafamiliar durante el año agrícola.

La admisión de un pequeño margen de contratación se deriva de la comprobación empírica de que muchas unidades, sin perder su carácter esencialmente familiar (y por lo tanto campesino) recurren eventualmente a la contratación de jornadas complementarias.[18] La definición de dicho margen se hizo considerando las jornadas complementarias —de que dispone una familia tipo— requeridas para el cultivo del maíz en un área suficiente para garantizar las condiciones de reproducción de dicha familia y de la unidad productiva.[19] Llegaron a unas 25 jornadas por unidad al año. Se definió, por lo tanto, como unidad campesina aquella cuyos gastos en remuneraciones no pasaron de 25 salarios mínimos de la región en la que estaba localizada.[20] Se logró de esta manera una aproximación aceptable al rasgo esencial de la unidad de producción, que no es otro que su carácter familiar.

---

[18] No nos referimos al empleo de mano de obra extrafamiliar derivada de formas de intercambio recíproco, frecuentes en los grupos campesinos y que el censo, por lo demás, no registra, sino a mano de obra remunerada en dinero.

[19] Más adelante se explica la forma en que se determinó el área aludida, que resultó ser del orden de las 12 hectáreas de temporal, en promedio.

[20] Para el número de jornadas se empleó la suma de lo gastado por la unidad en remuneraciones a personal permanente y temporal y dicho valor se dividió por el salario mínimo rural de la entidad correspondiente. (Véase CEPAL, SARH, op. cit., cuadro M-4.

3. Criterios de estratificación dentro del sector campesino

El sector campesino, así definido, incluía todavía una gama bastante heterogénea de unidades que se consideraba necesario separar, tanto desde el punto de vista del análisis socioeconómico, como desde el de diseño de la política económica. En este sentido, la capacidad potencial de lograr el objetivo principal de las unidades campesinas, esto es, la reproducción de sus condiciones de vida y de trabajo, nos pareció el criterio más significativo para establecer la diferenciación dentro de este sector.

Como el primer imperativo de estas unidades es satisfacer los requerimientos de alimentación de la familia, un primer grupo estaría constituido por las unidades campesinas cuyos recursos fueran inferiores a los imprescindibles para generar un producto de valor equivalente a las necesidades de consumo básico.

La superficie en poder de la unidad familiar pareció el mejor indicador simple de su capacidad potencial de generar la producción referida, por lo que fue éste el indicador empleado. Sin embargo, las grandes diferencias de la calidad de la tierra en poder de las distintas unidades llevó, en primer lugar, a excluir de la tipología a aquellas que no tuvieran tierras de labor y, en segundo, a homogeneizar las diferencias entre los distintos tipos de tierra (especialmente entre riego y temporal), expresando la tierra de labor de cada unidad en hectáreas de equivalente temporal nacional (ETN), por un procedimiento que se detalla en el apéndice metodológico.[21]

a] *El nivel de infrasubsistencia*

Para el cálculo de requerimientos alimentarios se recogió información sobre consumo familiar en tres regiones del país sobre la base de encuestas detalladas de gasto en alimentos que permitieron establecer los componentes habituales de una dieta campesina, es decir, el tipo de productos consumidos y sus cantidades *relativas* o, si se quiere, su aportación porcentual al total de calorías consumidas.

Con los datos sobre la composición poblacional del sector rural del censo de población, y con los requerimientos para distintos grupos de edad y sexo establecidos por el Instituto Nacional de Nutrición,[22] se pudo definir el número de calorías y de proteínas diarias requerido por consumidor medio rural (2 076 calorías y 63 gramos de proteínas).

Teniendo presentes los dos elementos señalados (composición de

---

[21] Véase ci pai/sarh, *op. cit.*, especialmente el cuadro m-3.
[22] Instituto Nacional de Nutrición, *Valor nutritivo de los alimentos mexicanos*, México, 1974.

la dieta campesina y calorías y proteínas requeridas) se estableció una dieta rural básica, es decir, aquella que con los componentes habituales de consumo campesino satisficiera los requerimientos calórico-proteicos de una familia promedio (5.5 personas).

Se calculó a continuación el costo de dicha dieta sobre la base de precios medios rurales (1966-1970) y se expresó dicho costo en su equivalente en toneladas de maíz, con arreglo al precio medio del maíz para el mismo periodo.[23] El empleo de los precios medios obedeció a la necesidad de expresar del mejor modo posible la relación maíz/otros productos, y se prefirió el maíz por ser el grano que proporciona las dos terceras partes de los requerimientos calóricos de la dieta campesina y porque ocupa alrededor del 50% del área sembrada en el país. Ese costo resultó ser de 3.98 toneladas/maíz/año por familia.

Dados los rendimientos nacionales medios de maíz por hectárea (1036 kg) y expresada la superficie en equivalente temporal, se pudo establecer el área requerida para satisfacer las necesidades alimentarias básicas de una familia promedio, que resultó ser de 3.84 hectáreas. A partir de esta estimación procedimos a definir como *unidades campesinas de infrasubsistencia* a las que sin contratar más de 25 jornadas al año se encontraran por debajo de las cuatro hectáreas (ETN),[24] y éste pasó a ser el primer nivel de nuestra estratificación dentro del sector campesino.

bl *El nivel de subsistencia*

Por haberse carecido de información directa del sector campesino sobre gastos en otros rubros de consumo esencial, se emplearon los resultados de las encuestas existentes sobre ingreso y gasto de 1968 [25] para definir al segundo estrato campesino como el que incluye unidades con recursos (tierra arable) suficientes para sobrepasar la alimentación básica y generar ingresos que permitan alcanzar el consumo esencial de una familia.

Se estableció como gasto mínimo en vestuario, salud, vivienda y recreación el correspondiente a los estratos de gasto en los que el componente alimentario equivalía al requerido para satisfacer las necesidades alimentarias establecidas directamente por el procedimiento indicado más arriba. El valor resultante fue también transformado a equivalente en maíz, y este último convertido a hectáreas de ETN. Se

[23] Véase CEPAL/SARH, *op.cit.*, cuadro M-6 M-7 y M-8
[24] Se emplea el límite de 4 hectáreas de ETN en lugar de 3.84 para obtener un pequeño margen de seguridad que cubra los elementos de aleatoriedad tanto en rendimientos como en necesidades alimentarias.
[25] Secretaría de Industria y Comercio, Dirección General de Estadística, *Encuesta de ingresos-gasto de 1968*, México.

llegó así a un valor de 3.4 hectáreas como el requerido para satisfacer esta parte del consumo esencial. Con esto como fundamento, se definió como estrato de subsistencia el que estuviera entre las cuatro y las ocho hectáreas de ETN.[26] En el estrato anterior, el potencial productivo de la unidad no resultaba, por definición, suficiente para generar un fondo de reposición de los medios de producción y de los insumos físicos que eran necesarios para sostener de un ciclo a otro dicho potencial productivo; por lo tanto, las unidades con menos de 8 hectáreas de ETN, tendían al deterioro de sus condiciones de producción o debían subvencionar dicho fondo con algún ingreso extraparcelario.

c] *Unidades estacionarias y excedentarias*

Entre las unidades autosustentables (es decir, las que sobrepasaron el nivel de las ocho hectáreas de ETN) se creyó conveniente distinguir un estrato de estricta reproducción simple del que dispone de recursos para generar excedentes potenciales.

Para la definición del primero se estimó el costo de reposición de los insumos y de amortización de los medios de producción requeridos para unidades con alrededor de 10 hectáreas de tierra laborable (es decir, de unidades algo mayores que las del estrato anterior). Dicho costo fue transformado a maíz y éste a hectáreas de ETN por el procedimiento ya descrito; de ese modo se estimó en 3.2 hectáreas el área requerida para generar el fondo de reposición.[27] A partir de esa estimación, se definieron como unidades de reproducción simple las que, aparte de ser "campesinas", tuvieran entre ocho y 12 hectáreas de ETN.

El resto de las unidades pasó a constituir el estrato de unidades excedentarias (más de 12 hectáreas de ETN) o, más precisamente, de potencialmente excedentarias.[28]

4. *La estratificación en el sector no campesino*

Entre las unidades que contrataban más de 25 jornadas de trabajo asalariado al año, y antes de proceder a la tipificación, se hizo necesario separar las dedicadas predominantemente a la producción pecuaria (11% aproximadamente), de las dedicadas a la actividad agrícola, en vista de que, con respecto a muchos atributos de carácter téc-

[26] CEPAL/SARH, *op. cit.*, cuadro M-9.
[27] *Ibid*, cuadro M-10.
[28] Se utilizó el límite de 12 hectáreas en lugar de 11.2, porque por lo burdo de las aproximaciones se estimó preferible mantener el rango de cuatro hectáreas entre los estratos para la presentación estadística a proponer estratos de tamaño diverso en aras de una falsa precisión.

nico y social, presentaban estas diferencias suficientes para volver
muy confuso un análisis que las incluyera.[29]

Hecha, pues, la separación entre las unidades especializadas en la
agricultura y las dedicadas a la producción pecuaria, se procedió a
estratificar con distinto criterio cada uno de estos grupos.[30]
Después de hacer algunos ensayos con diversas variables, e incluso
con combinaciones de variables,[31] se adoptó el "gasto total en remuneraciones", expresado en salarios mínimos anuales de la entidad federativa correspondiente, como criterio de diferenciación entre las
distintas unidades de este sector. La delimitación de estratos fue relativamente arbitraria pues se hizo más por aproximaciones sucesivas
de tipo empírico que aplicando un criterio externo como en el caso
del campesinado. Se procuró conciliar las diferencias de alguna significación en cuanto a otros atributos (proporciones de unidades que
usan o no determinados insumos, que tienen determinado índice de
mecanización, etc.), con algunos de los estratos definidos por el CDIA
para las unidades suprafamiliares.

El procedimiento de aproximaciones sucesivas permitió delimitar,
como sector de agricultura propiamente empresarial, el que mostra-
ba un nivel aproximado de contratación de asalariados equivalente a
más de 500 jornadas anuales (es decir, un gasto en remuneraciones

[29] Por ejemplo, las empresas ganaderas de tipo extensivo se caracterizan por una escasa utilización de mano de obra y aparecen con una relación capital/trabajo mucho
más alta que ciertas unidades agrícolas de capitalización relativamente alta. Asimismo,
unidades dedicadas, por ejemplo, a la crianza de aves, aparecen con relaciones muy
altas de producción por hectárea y de capital por activo en relación a la superficie arable que requieren, lo cual distorsionaría, hasta un punto difícil de predecir, el análisis
del 89% restante de las unidades no campesinas.

[30] A las personas que les parezca una herejía estadística aplicar a los distintos sectores variables diferentes de estratificación, nos limitaremos a señalarles que el eje de
la tipología es que existan o no relaciones salariales y, en este sentido, habría "continuidad" entre los estratos de productores agrícolas si tomamos al campesinado como
un todo, campesinos y no campesinos, que estaría dada por la cantidad de mano de
obra contratada, aunque dentro del primer grupo sea la cantidad de tierra —como expresión de la posibilidad de alcanzar o no la reproducción— la variable de diferenciación empleada.

[31] Se intentó aplicar el valor del capital y una combinación entre éste, el gasto en remuneraciones y el tipo de producto o de mercado al que servía la unidad (exportación,
mercado interno de insumos industriales, mercado interno de granos básicos, etc.),
sin obtener resultados satisfactorios, posiblemente a causa de cierta arbitrariedad con
la que se evaluaron los componentes del capital, incluso excluyendo *la tierra* que aparte de ser el que mayor falta de sistematicidad acusaba, no aparecía, por razones obvias, en el caso de las unidades ejidales. El *tipo de producto* tampoco agregaba mayor
precisión a ninguna de las variables anteriores mas, aunque *a priori* se tendería a pensar que mayores densidades de capital por hombre y por hectárea estarían relacionadas con la producción de exportables, la presencia de productos diversos (que van a
diferentes mercados) en una misma unidad, impedía efectuar una clara discriminación
con este criterio.

superior a los 500 salarios mínimos diarios). Este sector fue dividido, con el criterio antes indicado, en tres estratos a los que denominamos "de pequeños empresarios agrícolas" (500 a 1 250 jornadas contratadas), de "empresarios agrícolas medianos" (1 250 a 2 500), y de "grandes empresas" (más de 2 500 jornadas).

Entre el campesino y el capitalista quedó un sector intermedio que en varios atributos (en particular los de tipo tecnológico) presentaba claras diferencias tanto con respecto a uno como a otro y correspondía aproximadamente a las unidades que contrataban entre 25 y 500 jornadas asalariadas al año. A falta de una denominación más precisa se le nombró "de agricultores de transición", con la presunción implícita —aunque sin los elementos necesarios para una percepción dinámica de dicho grupo— de que se trataba de un estrato fluido con una capacidad de acumulación probablemente reducida y errática.

Como se apreciará más adelante, quedaron en este estrato tanto unidades que un examen más exhaustivo (o el uso de un procedimiento de clasificación más detallado) habría conducido a definir como campesinos, y otras que cabría incluir entre los pequeños empresarios. Se ha preferido, sin embargo, mantener la simplicidad del método que parece el más apropiado para la calidad de la información empleada y para el propósito de proporcionar una estimación burda de los tipos de productores rurales.

El hecho de distinguir un sector de transición entre el sector campesino y el capitalista sólo es una forma de poner de manifiesto la presunción —apoyada en estudios microrregionales— de que la dinámica de las relaciones mercantiles va desdibujando la discontinuidad entre lo claramente campesino y lo definitivamente capitalista, aunque sin hacerla desaparecer con la rapidez que parecerían señalar algunas de las corrientes a que hicimos referencia en secciones anteriores.

5. Estratificación de los productores pecuarios

Señalamos más arriba que las diferencias en las formas de organización de las unidades pecuarias (es decir, una serie de peculiaridades técnicas además de sociales que son propias de las empresas pecuarias) aconsejaban la separación de este tipo de unidades de las de especialización agrícola.[32] Aparecen, por este motivo, en este sector todas las unidades que contratan más de 25 jornadas y en las que más del 50% del valor del producto es de origen pecuario.

La estratificación dentro del sector se hizo a base del valor del capi-

---

[32] En el sector *campesino* la distinción agrícola/no agrícola resultó sin importancia por estar en clara minoría las unidades con producción pecuaria predominante, como puede apreciarse en los cuadros 15 y AE-17

tal pecuario, transformado en un equivalente-novillos, derivado de los precios de éstos en cada entidad federativa.[33] El tope del primer estrato, el de los pequeños productores pecuarios, se fijó en 50 novillos equivalentes (EN) a base de consultas hechas a zootecnistas y tiende a coincidir con los criterios por los que se rige la banca para otorgar créditos preferenciales. El límite inferior del estrato de los grandes productores —300 EN— corresponde también a un criterio consultado con zootecnistas y considerado por éstos como equivalente desde el punto de vista del potencial productivo al empleado para definir la gran empresa agrícola.

Cada uno de los criterios se aplicó por separado al sector ejidal y al privado, y de esa manera se determinaron 11 tipos de productores para cada forma de tenencia.

Los ejidos no parcelados, denominados en el censo ejidos colectivos y mixtos, no se pudieron equiparar a los términos de las parcelas ejidales y privadas, por haber estado incompleta la información (en cinta magnética) de las boletas correspondientes.[34]

La información faltante correspondería al 26% de los ejidos, a cerca del 20% de los ejidatarios y al 24% de la superficie arable. Cabe destacar, sin embargo, que algunos estudios de campo realizados a nivel de microrregiones revelan que muchos de los denominados ejidos colectivos y mixtos en nada de importancia se diferencian de los ejidos parcelados pues, con frecuencia, la denominación obedece a la existencia de alguna actividad —no siempre la más importante— de tipo cooperativo, que desempeñan algunos de los ejidatarios (cuenca lechera, crianza de ganado, por ejemplo) o a simples (y más bien supuestas) conveniencias de carácter burocrático y crediticio que raras veces tienen alguna contrapartida en la integración real de la producción de las parcelas. Por ello, los antecedentes referentes a los ejidatarios de los ejidos parcelados podrían extenderse a una parte significativa de los ejidatarios no considerados, como se desprende de las pocas cifras que pudieron reconstruirse para este sector.

Las categorías tipológicas, así como los criterios y las variables empleadas en su definición operativa, se resumen en el esquema B.

---

[33] CEPAL/SARH, cuadro M-5.
[34] La información que figura sobre ellos en el diagrama 1 se obtuvo por diferencia entre los datos publicados por el censo en el Resumen General del V Censo, que corresponden a todos los ejidos tomados como agregados y los del Resumen Especial, que se refieren a parcelas ejidales.

ESQUEMA B

Categoría	Criterio de definición	Variable de clasificación
Campesinos	Fuerza de trabajo fundamentalmente familiar. Las relaciones salariales, cuando existen, son de relativa poca significación cuantitativa	Jornadas contratadas por salario $\leq$ 25
De infrasubsistencia	El potencial productivo de la unidad es insuficiente para la alimentación familiar	Superficie arable $\leq$ 4.0 ha de ⱯTN
De subsistencia	El potencial productivo rebasa el requerido para la alimentación, pero es insuficiente para generar un fondo de reposición	Superficie arable $>$ 4.0 ha pero $\leq$ 8.0 ha
Estacionarios	La unidad es capaz de generar un excedente por encima de los requerimientos de consumo y equivalente al fondo de reposición y a ciertas reservas para eventualidades	Superficie arable $>$ 8 ha pero $\leq$ 12.0 ha
Excedentarios	La unidad tiene el potencial necesario para generar un excedente por encima de sus necesidades de reproducción simple	Superficie arable $>$ 12.0 ha
Agricultores transicionales	Fuerza de trabajo asalariada de alguna significación. En el límite llega a ser ligeramente superior a la familiar	Jornadas salariales $>$ 25 pero $\leq$ 500
Empresarios agrícolas	Fuerza de trabajo predominante, si no asalariada exclusivamente	Jornadas salariales $>$ 500

Categoría	Criterio de definición	Variable de clasificación
Pequeños	Fuerza de trabajo familiar de alguna significación, aunque inferior a la asalariada	Jornadas salariales 500 pero 1 500
Medianos	Fuerza de trabajo familiar de poca significación. Con la categoría anterior, corresponde aproximadamente al MFM del CDIA (4 a 12 hombres/año)	Jornadas salariales $>1\ 250$ pero$\leq 2\ 500$
Grandes	Fuerza de trabajo familiar sin importancia. Corresponde al MFG del CDIA (más de 12 hombres/año)	Jornadas salariales $>2\ 500$
Empresas pecuarias	Productores predominantemente pecuarios con mano de obra asalariada superior a las 25 jornadas anuales	Valor de la producción pecuaria >0.5 del valor de la producción total
Pequeñas	Escala considerada pequeña por los zootecnistas y que puede ser atendida por el productor y su familia con compler ·nto menor o igual al aporte familiar	Capital pecuario ≤ 50 novillos o su equivalente
Medianas	Escala residual o resultante de las definiciones anterior y posterior	Capital pecuario >50 pero ≤ 300 novillos o su equivalente
Grandes	Criterio considerado por los zootecnistas como generador de unidades equivalentes a la gran empresa agrícola en términos de potencial productivo	Capital pecuario >300 novillos o su equivalente

IV. TIPOS DE PRODUCTORES AGRÍCOLAS: NÚMERO, LOCALIZACIONES Y RECURSOS DISPONIBLES [1]

Definidas las categorías que constituyen la tipología y aclarados los criterios y variables empleados para su selección, se dedicarán los capítulos que siguen a la estimación cuantitativa de los diversos tipos, así como a la presentación de algunas características de ellos que complementan las ya incorporadas a los criterios de la estratificación.

1. Cobertura de la tipología

La tipología que presentaremos no abarca ni toda la población rural ni todas las unidades de producción agropecuaria; sólo se refiere a las que disponían de tierras de labor el año del censo, cualquiera que haya sido su extensión. Convendrá, por lo tanto, tener una idea tan aproximada como lo permitan los censos agrícolas y de población,[2] de que parte de la población rural y de las unidades de producción agropecuaria están incluidas en la tipología.

La población rural de 1970 era, en cifras redondas, 19.9 millones de habitantes que correspondían a unos 3.6 millones de familias. Si asimilamos, a título de aproximación burda, el término de unidad productiva (o unidad censal del censo agropecuario) al de jefe de familia, resultarían algo más de 405 000 jefes de familia que no serían, a su vez, jefes de unidades de producción agropecuaria, puesto que el

---

[1] Es preciso advertir que los capítulos de esta parte del estudio, con la sola excepción del vi, son fundamentalmente descriptivos, por lo que el texto que acompaña a los cuadros sólo tiene el propósito de aclarar lo que éstos por sí solos no logran expresar, de complementarlos con antecedentes adicionales o de destacar los aspectos más significativos de los antecedentes que los cuadros entregan.

[2] Las enormes discrepancias de definición y de estimación de categorías aparentemente iguales, semejantes entre ambos censos, han sido analizadas con mayor o menor detalle por muchos autores; por ello, sólo empleamos aquí el censo de población para los efectos de extraer el total de familias rurales que nos parece razonablemente consistente con la información sobre unidades productivas del censo agropecuario, que constituye nuestra fuente para el resto de la información presentada. (Véase CIPAL/73/15; CDIA, op. cit., capítulo iv, en particular las pp. 333-335, y PL. Yates, op. cit., tomo ii, Apéndice estadístico.

censo correspondiente registra poco más de 3.2 millones de unidades censadas.[3]

De éstas, 87 000 carecían de tierra en general, y otras 185 000, de tierras laborables, quedando en total ligeramente más de 2.9 millones de jefes de familia que dispondrían de tierras de labor, es decir, algo más del 80% de las familias rurales figurarían en algún grado dentro de la tipología. En algún grado, porque para cerca de un 12% de las mismas (alrededor de 340 000 unidades), a juzgar por los datos del censo, correspondería a ejidatarios de ejidos colectivos y mixtos sobre los que no se obtuvo información directa al nivel de boletas censales.[4] (Véase el diagrama 1.)

Por lo señalado, la información detallada de la tipología se refiere a 2.6 millones de unidades productivas que incluirían alrededor del 72% de la población rural, al 81% de las unidades censadas y al 90% de las unidades agropecuarias con tierras de labor.[5]

2. Número de productores por categoría tipológica

Al aplicar los criterios de clasificación descritos con anterioridad a los 2.6 millones de unidades referidas, se obtuvo, para el conjunto del país, una estructura como la contenida en el cuadro 2.

Como era de esperar, la gran mayoría de las unidades (98%) fueron predominantemente agrícolas en el sentido de que más de la mitad del valor de su producción anual era de ese origen.[6]

---

[3] Esta cifra se compone de 997 300 unidades privadas y algo más de 2.2 millones de ejidatarios, cifras que, como las que se indican a continuación provienen del *V censo agropecuario. Resumen general, op. cit.,* cuadro 3, p. 19 y *Resumen especial, op. cit.,* cuadro IV, p. 59.

[4] Esta deducción se hizo por diferencia entre la información del *Resumen general* y del *Resumen especial,* pues el primero registra datos correspondientes al total de ejidos y el segundo sólo de ejidos parcelados.

[5] Cabe reiterar que las cifras anteriores sólo señalan un orden de magnitud de la cobertura de la tipología, pues la asimilación de jefe de familia a jefe de unidad productiva hace abstracción del hecho de que hay jefes de familia que son propietarios o usufructuarios (en el caso de parcelas ejidales) de más de lo que el censo define como unidad censal y que hay unidades productivas que tienen adscritos, con derechos semejantes, a más de un jefe de familia. (Véase. P.L Yates, *op. cit.,* pp. 515-522.)

[6] En sentido estricto, debería decirse que el 89% de las unidades no campesinas son agrícolas puesto que los productores pecuarios no incluyen, como se indicara en el capítulo anterior, unidades campesinas definidas en los términos operativos de este estudio. Cabe destacar por otra parte que, respecto al conjunto constituido por los productores pecuarios, nos limitaremos a destacar su número sin entrar a un análisis más detallado de otros atributos de estas unidades pues en la medida en que sólo se incluyeron unidades *con* tierras de labor, la gran mayoría de los productores registrados como pecuarios en el censo agrícola (87%) no fueron incorporados al procesamiento tipológico. Los interesados en los atributos del 13% restante pueden ver *Economía campesina y agricultura empresarial; tipología de productores del agro mexicano* (CEPAL/MEX/1037) 1981 y CEPAL/SARH, *op. cit.*

DIAGRAMA 1

POBLACIÓN Y TIPOS DE PRODUCTORES AGRÍCOLAS

(miles de unïdades)

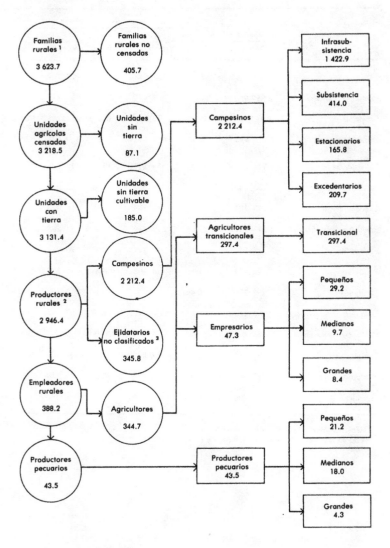

[1] Censo de población de 1970.

[2] Unidades con tierras de labor.

[3] Ejidatarios de los llamados ejidos "colectivos" o "mixtos", para los cuales no se encontró información específica y que no se incluyeron en el análisis tipológico.

CUADRO 2

MÉXICO : TIPO DE PRODUCTORES AGROPECUARIOS, POR SECTOR DE TENENCIA

| | Total | | Tipo de tenencia | | | |
| | | | Privado | | Ejidal | |
	Número	%	Número	%	Número	%
Total	2 600 531		1 777 938		822 593	
Productores agrícolas	2 557 070	100.0	1 763 933	100.0	793 137	100.0
Campesinos	2 212 406	86.6	1 531 221	86.9	681 185	85.9
Infrasubsistencia	1 422 896	55.7	922 294	52.3	500 602	63.2
Subsistencia	414 001	16.2	334 307	19.0	79 694	10.0
Estacionarios	165 805	6.5	131 831	7.5	33 974	4.3
Excedentarios	209 704	8.2	142 789	8.1	66 915	8.4
Productores transicionales	297 367	11.6	215 469	12.2	81 898	10.3
Empresarios	47 297	1.8	17 243	0.9	30 054	3.8
Pequeños	29 173	1.1	14 203	0.8	14 970	1.9
Medianos	9 706	0.4	2 304	0.1	7 402	0.9
Grandes	8 418	0.3	736	-	7 682	1.0
Productores pecuarios	43 461	100.0	14 005	100.0	29 456	100.0
Pequeños	21 181	48.7	11 072	79.0	10 109	34.3
Medianos	17 981	41.4	2 827	20.2	15 154	51.5
Grandes	4 299	9.9	106	0.8	4 193	14.2

FUENTE: CEPAL, sobre la base de un reprocesamiento de *V censo agrícola ganadero y ejidal, 1970,* Dirección General de Estadística, Secretaría de Industria y Comercio, 1975.

Si adoptamos como criterio de estabilidad productiva, en el caso de las unidades campesinas, su capacidad potencial de generar un producto por lo menos igual a los requerimientos de reproducción de la familia y de la unidad productiva (producto potencial ≥ consumo básico + fondo de reposición de insumos y medios de producción), advertiremos que casi el 72% (o, si se quiere, el 83% de las clasificadas como unidades campesinas) se considerarían como unidades en proceso real o potencial de descomposición y requerirían, por lo tanto, ingresos extraprediales para poder atender tanto a su consumo como a la reproducción de la unidad productiva.[7] La magnitud relativa de este tipo de unidades no es significativamente diferente en los dos sectores de tenencia considerados (71% en el ejidal y 73% en el privado).

Parece lógico suponer que este importante sector corresponde a lo que algunos autores califican de "sector campesino en descomposición", como lo son el semiproletariado agrícola o el sector de campesinos pobres, cuya importancia cuantitativa había sido estimada, hasta ahora, a partir de datos agregados del censo o de la clasificación propuesta por el CDIA que, como hemos podido señalar, constituye una base más precaria que la que aquí se presenta para el análisis de la estructura social del agro.[8]

Desde el punto de vista de la política agrícola, o de una estrategia de desarrollo rural, evidentemente se trata de un sector que no puede ser considerado como de "empresarios con pocos recursos" a los que bastaría aplicar medidas de política tradicionales (crédito, asistencia, etc.), en términos concesionales para que pudieran subsistir (que es lo que comúnmente se hace).

Las unidades campesinas con recursos iguales o superiores a los de autosustentación constituyen sólo un 15% del total de las unidades productivas (o el 17% de las definidas como campesinas), y de ellas una proporción importante (un 44%) se encuentra en un equilibrio precario, pues su potencial productivo gira alrededor del nivel indispensable para que se sostenga la familia y la unidad productiva; el resto de las unidades tiene un potencial que, si las condiciones del entorno lo permiten, podrían incluso lograr cierta acumulación y crecimiento.

Como habrá podido apreciarse, al sector empresarial propiamente dicho corresponden menos de 50 000 unidades productivas, de las que casi dos tercios son pequeñas empresas donde, con toda pro-

[7] Véase en el capítulo IX una aplicación de este criterio al diseño de una estrategia de desarrollo rural.
[8] Véase, por ejemplo, M. Gutelman, op. cit., pp. 167-179; R. Bartra, op. cit., 1974, capítulos II y IV, R. Stavenhagen, op. cit., A. Bartra, "Sobre las clases sociales en el campo mexicano", Cuadernos Agrarios, Año 1, Núm. 1, México, enero-marzo de 1976.

babilidad, la fuerza de trabajo familiar representa alrededor del 30% del total de la fuerza de trabajo empleada.[9] Al sector de las empresas medianas y grandes, que podemos considerar francamente capitalista, correspondería el 0.7% de las unidades agrícolas, o, en términos absolutos, sólo unas 18 000 empresas. Si agregamos a éstas las empresas pecuarias de tamaño similar, la proporción de las empresas agropecuarias en las que podría establecerse una distinción nítida entre el capital y la fuerza de trabajo no pasaría del 1.6% de la totalidad de las explotaciones con tierras de labor.

No deja de sorprender que existieran cerca de 3 000 unidades ejidales en el nivel de medianos y grandes empresarios. Sin embargo, aunque no deban descartarse errores en la encuesta y en el procesamiento censal que correspondan a algunas de ellas (sobre todo a las casi 740 que aparecen como grandes empresas), podría admitirse aquí que estos resultados estarían reflejando tanto algunos fenómenos de concentración intraejidal como de arrendamiento de parcelas a terceros, fuera del ejido, que analizaremos con más detalle en el capítulo VII.

Como es obvio, al sector privado corresponde la gran mayoría de las empresas medianas y grandes, tanto agrícolas como pecuarias, puesto que el 85% de las clasificadas en estas categorías corresponde a la propiedad privada, siendo su proporción inferior a un tercio en el total de unidades agrícolas del país.

Las unidades de tipo transicional constituyen un grupo bastante significativo, incluso admitiendo que con un criterio más estricto o mayores elementos de juicio redujeran su número para aumentar, fundamentalmente, el sector campesino.

Sin perjuicio de presentar, más adelante, los antecedentes que a nuestro juicio justifican la inclusión de un estrato de las características señaladas, parece necesario haber hecho su delimitación, aunque sea burda, por considerar muy probable la existencia de un sector de este tipo en áreas en que se abren o se imponen opciones mercantiles a unidades productivas de rango familiar.

No se puede saber, ciertamente, hasta qué punto este estrato se aproxima más a una especie de campesinado próspero que a un productor tipo "farmer"; pareciera, sin embargo, más probable que las fuerzas que tienden a situarlo en el estrato inferior sean mayores que las que le impulsarían hacia la condición de empresario medio, por la simple comparación del tamaño relativo de los estratos que lo li-

---

[9] Esta estimación, muy burda, se basa en el hecho de que las unidades mencionadas contratan entre 500 y 1 250 jornadas extrafamiliares y en que 1.5 activos (el promedio familiar aproximado) representarían 375 jornadas partiendo de los supuestos admitidos para definir la ocupación plena de este estudio.

mitan y por el carácter polarizador de las fuerzas del mercado en estructuras tan heterogéneas como la que revela la propia tipología.

Los resultados de la clasificación tipológica a nivel de entidad federativa y de las cinco regiones en que se suelen agrupar dichas entidades[10] figuran en el cuadro 3; puede sorprender probablemente que la zona norte acuse una estructura muy cercana al promedio nacional, a pesar de corresponder a ella algunos estados (como los de Tamaulipas y Coahuila, y en menor grado Chihuahua, en lo que a agricultura se refiere) donde la agricultura empresarial alcanza un desarrollo comparativamente alto. Esa circuntancia sólo se debe a haberse promediado estructuras más bien heterogéneas, puesto que al analizarse las mismas a nivel de entidad federativa se advierte que la correspondiente a los dos primeros estados se parece más a la de la zona Pacífico Norte que a la de su zona geográfica, donde la importancia relativa de Zacatecas, San Luis Potosí y Durango imponen las características que el cuadro refleja. (Véase el cuadro 3.)

En la estructura tipológica destacan al nivel de entidades algunos casos extremos. Por lo que respecta al estrato campesino de infrasubsistencia, los valores más altos los registran el Distrito Federal (94%) y el estado de México (88%), donde es probable que muchas unidades de tipo puramente residencial aparezcan censadas como unidades agrícolas. Si hacemos abstracción de estos dos casos, y del de Quintana Roo (90%), donde la actividad agrícola es marginal (sólo se censaron en total 9 300 productores agrícolas), los estados de Oaxaca, Yucatán, Puebla, Hidalgo, Tlaxcala y San Luis Potosí, en orden descendente, serían los que revelan el grado más alto de fragmentación, con un estrato de infrasubsistencia en torno al 80% del total de las unidades productivas.

En el otro extremo estarían Baja California Norte, Colima, Nayarit y Jalisco, donde en el estrato inferior se encuentra menos del 10% de las unidades agrícolas, y Sonora (14%), Sinaloa y Guanajuato, estados en los que dicho estrato no llega al 20% del total de unidades.

En general, al sector campesino corresponde más del 90% de las unidades productivas en 15 de las 32 entidades y en otras seis representa más del 80%. Sólo en dos estados, Baja California Norte y Nayarit, la cantidad de unidades campesinas es menor que las de otros tipos, pero en ambos el estrato "transicional" alcanza una proporción muy superior (47%) a la que tiene en el conjunto del país (12%).

Además de los estados mencionados, el estrato "transicional" sobresalía significativamente en Colima (36%), Coahuila (34%), Morelos

---

[10] No se recurrió a una regionalización más significativa desde el punto de vista agroeconómico porque el volumen de procesamiento que el hecho hubiera implicado resultaba incosteable, pues se habría sumado al que fue necesario hacer, por razones obvias, al nivel de entidades federativas.

CUADRO 3

MÉXICO: TIPO DE PRODUCTORES AGRÍCOLAS POR REGIÓN Y POR ENTIDAD FEDERATIVA

(porcentajes)

Entidad federativa	Total de productores	Tipo de productor							
		Campesinos			Exce- dentarios	Productores transicionales	Empresarios		
		Infrasub- sistencia	Sub- sistencia	Esta- cionarios			Pequeños	Medianos	Grandes
Total	*2 557 070*	*55.6*	*16.2*	*6.5*	*8.2*	*11.6*	*1.2*	*0.4*	*0.3*
Región Norte	*479 897*	*55.7*	*19.9*	*6.2*	*5.7*	*10.6*	*1.2*	*0.4*	*0.3*
Coahuila	45 348	25.8	22.8	8.6	5.4	34.2	1.9	0.6	0.7
Chihuahua	68 793	44.4	25.5	11.0	7.9	8.7	1.5	0.6	0.4
Durango	72 930	60.3	19.0	4.0	2.0	18.6	0.7	0.2	0.2
Nuevo León	34 953	66.5	12.8	8.1	7.3	3.7	1.0	0.4	0.2
San Luis Potosí	101 672	76.5	12.5	2.4	1.3	6.5	0.5	0.2	0.1
Tamaulipas	58 940	27.8	23.4	11.1	18.9	13.7	3.5	1.1	0.5
Zacatecas	97 261	65.8	23.3	3.4	3.2	3.7	0.4	0.1	0.1
Región Pacífico Norte	*144 777*	*14.3*	*16.3*	*6.7*	*23.3*	*31.3*	*5.2*	*1.4*	*1.5*
Baja California Norte	10 068	1.6	2.4	1.5	34.0	46.8	11.1	2.0	0.6
Baja California Sur	1 748	26.2	16.4	5.6	9.1	14.9	3.5	6.3	18.0
Nayarit	38 225	9.4	15.7	6.8	12.4	46.7	7.5	1.1	0.4
Sinaloa	65 512	19.0	20.0	7.9	23.3	24.7	3.4	0.8	0.9
Sonora	29 224	13.7	13.6	6.1	34.4	21.8	4.5	2.5	3.4

Región Centro	*1 140 391*	*61.0*	*15.3*	*6.6*	*6.9*	*9.2*	*0.6*	*0.2*	*0.2*
Aguascalientes	15 151	63.3	20.4	5.4	1.7	6.7	1.2	0.5	0.8
Distrito Federal	17 874	93.7	1.3	0.4	0.4	3.8	0.2	0.1	0.1
Guanajuato	114 544	19.6	25.4	21.6	23.0	8.6	0.8	0.4	0.6
Hidalgo	137 744	78.9	11.3	2.3	1.2	5.6	0.4	0.2	0.1
Jalisco	111 474	10.7	19.7	16.8	28.6	22.4	1.2	0.3	0.3
México	233 876	88.1	5.5	0.8	0.6	4.6	0.2	0.1	0.1
Michoacán	136 854	31.2	30.3	10.5	7.8	18.0	1.6	0.4	0.2
Morelos	34 224	31.2	19.5	9.5	6.7	31.7	1.1	0.2	0.1
Puebla	231 262	79.7	11.9	1.8	1.2	5.0	0.2	0.1	0.1
Querétaro	33 758	70.8	19.9	3.1	2.7	2.9	0.2	0.1	0.3
Tlaxcala	74 130	78.4	12.5	4.7	0.7	3.2	0.2	0.2	0.1
Región Golfo	*331 184*	*44.7*	*15.9*	*8.9*	*13.2*	*15.3*	*1.2*	*0.5*	*0.3*
Campeche	19 728	59.0	22.9	4.6	6.0	6.2	0.7	0.3	0.3
Quintana Roo	9 306	90.4	2.4	0.4	0.3	6.1	0.3	0.1	...
Tabasco	50 992	25.3	21.6	14.8	27.9	8.4	1.2	0.5	0.3
Veracruz	212 354	39.2	16.1	9.5	13.0	19.9	1.5	0.5	0.3
Yucatán	38 804	82.4	7.2	1.8	1.5	5.8	0.5	0.3	0.5
Región Pacífico Sur	*460 821*	*63.3*	*14.8*	*4.6*	*5.7*	*9.8*	*1.1*	*0.4*	*0.3*
Chiapas	130 604	33.5	27.3	10.9	18.1	12.3	1.7	0.6	0.6
Colima	9 592	7.9	8.5	7.1	31.3	36.3	4.7	2.2	2.0
Guerrero	107 328	66.7	15.0	3.3	3.1	11.4	0.3	0.1	0.1
Oaxaca	213 297	82.5	7.2	1.3	1.3	6.2	0.9	0.4	0.2

FUENTE: CEPAL, sobre la base de un reprocesamiento de *V censo agrícola-ganadero y ejidal.*
1970.

(32%), y, en menor grado, en Sinaloa (25%), Jalisco (22%), Sonora (22%) y Veracruz (20%).

Como podemos apreciar, se trata en general de estados en los que se han abierto opciones de cultivos comerciales más intensivas al sector campesino, hecho que confirmaría nuestra opinión de que este estrato se aproximaría al del campesinado excedentario, el cual, una vez abiertas las oportunidades de intensificar la producción mercantil, se encontraría en condiciones de utilizar sus excedentes con una intensidad que rebasaría la capacidad familiar de trabajo.

Panorama similar al de los estados señalados habría sido de esperar en Guanajuato, Michoacán y Tamaulipas, donde existen condiciones comparables de desarrollo para la agricultura mercantil. Sin embargo, el peso de las áreas de mal temporal y la gran cantidad de campesinos instalados en ellas disminuyen la importancia relativa del sector transicional. Incluso en esta circunstancia, Michoacán (18%) y Tamaulipas (14%) figurarían por encima de la proporción media nacional y, en Guanajuato, el 45% de las unidades campesinas quedaría entre las unidades "estables", lo que sólo ocurre en la minoría de las entidades.

Lo que hemos definido como "unidades estables" constituye, en efecto, en la mayoría de las entidades (15 de 32), menos del 10% de las campesinas, en otras ocho no llegan al 30% y sólo en ocho más pasan del 40% de la totalidad de dichas unidades.[11]

Cabe destacar, como un elemento que apoyaría la calificación que se ha hecho del estrato transicional, que existe una gran correspondencia entre estados con alta proporción de unidades campesinas estables (más del 40%) y aquellos en que el sector transicional tiene una mayor importancia relativa. Con la excepción de Tabasco y Guanajuato, en el resto de los estados se comprueban esas dos circunstancias.

El sector de las empresas agrícolas (o de las unidades de tipo capitalista) no pasa a nivel nacional del 1.8% del total de unidades productivas. En 20 de las entidades la proporción es menor o, a lo sumo, igual al promedio nacional y sólo en siete de ellas pasa del 5% de la totalidad de las unidades productivas.[12]

En general, dentro de este sector, la empresa pequeña es más numerosa que la suma de los otros dos estratos, salvo en seis estados,[13] y, entre ellos, las diferencias más significativas corresponden a Baja California Sur y Sonora. En Baja California Sur la intensidad del uso de mano de obra en los viñedos, los olivares y el algodón, así como

---

[11] Véase el capítulo v, en especial los cuadros 24, 25, 28 y 29.

[12] Baja California Norte, Baja California Sur, Colima, Nayarit, Sinaloa, Sonora y Tamaulipas.

[13] Baja California Sur, Guanajuato, Querétaro, Sonora, Tlaxcala y Yucatán.

las mayores extensiones dedicadas a la propiedad privada en los dos primeros cultivos, explican que el 18% de las 1 750 unidades productivas hayan pasado a la categoría de grandes empresas. En Sonora —uno de los estados de mayor desarrollo capitalista— la situación se deriva de haberse producido allí una tercera parte de la totalidad del algodón nacional, entre otros cultivos de alta densidad de mano de obra.

Cabe destacar, finalmente, que el grado de concentración de la estructura productiva reflejado por los cuadros anteriores subestima la situación real en una magnitud imposible de precisar, porque la tipología se ha determinado con base en los datos de boletas censales en las que con frecuencia, el arrendamiento (ilegal) de parcelas ejidales y los latifundios territoriales —disimulados recurriendo a prestanombres o por procedimientos que se explicarán más adelante— no aparecen debidamente registrados.[14]

3. Disponibilidad de recursos por tipo de productor

En las páginas que siguen de este capítulo se presentan antecedentes cuantitativos y cualitativos sobre los recursos productivos a que tienen acceso los distintos tipos de productores para examinar, en la sección siguiente, el destino de dichos recursos en cuanto a los patrones de uso del suelo.

Se empezará analizando la magnitud (y la proporción) de la superficie cultivable de que cada tipo de productor puede disponer y se pasará revista después a los principales insumos y medios de tracción que utilizan y a efectuar una estimación del valor del conjunto de los medios de producción en términos monetarios y de algunos de sus componentes principales en términos físicos.

a] *Superficie arable por tipo de productor*
Como se señaló anteriormente, la superficie arable de cada unidad se convirtió a hectáreas de equivalente temporal nacional antes de proceder a su clasificación tipológica y, salvo indicación en contrario, las estimaciones de la superficie disponible por productor se hicieron en este tipo de unidad.[15]

En el cuadro 4 se registra la magnitud y la proporción de tierras de labor de que dispone cada tipo de productor, tanto en el sector ejidal como en el privado. Los 24.7 millones de hectáreas ETN corresponden

---

[14] Véase más adelante el capítulo vii
[15] El procedimiento de la transformación se explica en detalle en el capítulo metodológico de la publicación CEPAL/SARH, *op. cit.*, cuadro M-3 donde se indica también que una hectárea de temporal nacional promedio produce 1 036 kg de maíz.

aproximadamente a los 20 millones de hectáreas físicas que el censo registra en ejidos parcelados y en el área de la propiedad privada.[16] De éstas, algo más del 90% corresponde a unidades predominantemente agrícolas que revelan una distribución desigual de la superficie arable no sólo entre empresarios y campesinos, sino dentro de dichos sectores, particularmente por lo que respecta a la propiedad privada.

En efecto, para el conjunto de los sectores de tenencia, los campesinos, que constituyen casi el 87% de los productores agrícolas, no disponen ni del 57% de la superficie arable, mientras el sector empresarial, que constituye menos del 2% de esos productores, dispone de más del 20% de dicha superficie. La situación es más grave en el sector privado porque, aunque la proporción de los campesinos es semejante a la ejidal (y por lo tanto a la total), sólo disponen de un 40% de la superficie arable frente a más del 72% que tienen los campesinos-ejidatarios. En contraste, el sector de los empresarios privados, que no llega al 4% de las unidades privadas, dispone prácticamente de la misma superficie que todo el sector de campesinos-propietarios en conjunto. Lo anterior es cierto sin considerar las formas de concentración que el censo, por razones obvias, no registra y que son, sin duda, de mayor importancia en el sector empresarial que en el campesino.[17]

Aclarando la situación, se advierte que las unidades que hemos denominado "inestables" (estratos I y II) y que en ambos sectores se aproximan al 72% de la totalidad de los productores agrícolas, apenas pasan en el área privada del 11% de la superficie de labor disponible mientras en el sector ejidal llegan a disponer casi de una tercera parte de la misma.

La desproporción señalada entre los diversos sectores de tenencia se reduce apreciablemente en el caso de las unidades campesinas "estables" para desaparecer prácticamente en el estrato "transicional", donde tanto en el área ejidal como en la privada la proporción de superficie es, aproximadamente, dos veces la del número de unidades productivas.

No debe sorprender que el estrato de campesinos excedentarios, siendo de menor tamaño que el transicional, disponga de un área

[16] Existen unos 3.1 millones de hectáreas en ejidos colectivos que, por las razones ya indicadas, se excluyen de la presentación tipológica y se examinarán en una sección aparte.

[17] Por otro lado, el grado de concentración de tierras (como potencial productivo) también estaría subestimado si consideramos que las unidades empresariales tienen una mayor proporción de riego en el arable y que este tipo de superficie, en la conversión a equivalente temporal, fue considerada sólo en la relación aproximada de 2:1 (2 hectáreas de riego = 1 de temporal), con la circunstancia de que, empleada en cultivos distintos al maíz (que es el producto que se tuvo en cuenta para la conversión) su producción potencial sobrepasa con creces dicho valor.

CUADRO 4

MÉXICO: SUPERFICIE ARABLE POR TIPO DE TENENCIA

Tipo de productor	Total		Tipo de tenencia			
			Ejidal		Privado	
	Miles de hectáreas de equivalente temporal	%	Miles de hectáreas de equivalente temporal	%	Miles de hectáreas de equivalente temporal	%
Total	22 291.9	100.0	11 610.5	100.0	10 681.4	100.0
Campesinos	12 659.8	56.8	8 393.8	72.3	4 266.0	40.0
Infrasubsistencia	2 396.8	10.8	1 681.1	14.5	715.7	6.7
Subsistencia	2 484.0	11.1	2 005.8	17.3	478.2	4.5
Estacionarios	1 658.0	7.4	1 318.3	11.3	339.7	3.2
Excedentarios	6 121.0	27.5	3 388.6	29.2	2 732.4	25.6
Productores transicionales	4 992.8	22.4	2 821.3	24.3	2 171.5	20.3
Empresarios	4 639.3	20.8	395.4	3.4	4 243.9	39.7
Pequeños	1 594.6	7.2	330.8	2.9	1 263.8	11.8
Medianos	1 120.2	5.0	51.8	0.4	1 068.4	10.0
Grandes	1 924.5	8.6	12.8	0.1	1,911.7	17.9

FUENTE: CEPAL, sobre la base de un reprocesamiento de *V censos agrícola-ganadero y ejidal, 1970.*

mayor que éste, puesto que, por definición, el estrato campesino dispone de un mínimo de 12 hectáreas ETN mientras la superficie es una variable independiente en la definición del estrato transicional y puede, por lo tanto, corresponder a extensiones menores al límite indicado.

Una idea aproximada de la superficie de labor medida directamente, es decir sin transformarla a ETN, aparece expresada en el cuadro 5, donde se observan los rangos de superficie de mayor frecuencia relativa que corresponden a los distintos estratos.

Dos hechos merecen destacarse: en primer lugar, el de que dos de cada cinco unidades de infrasubsistencia dispongan de menos de una hectárea de labor (más de un 17% de ellas, estarían inclusive por debajo de la media hectárea), y, en segundo, que el tamaño modal del

CUADRO 5

MÉXICO: SUPERFICIE DE LABOR, POR ESTRATOS DE TAMAÑO
(porcentajes)

Tipo de productor	Estratos de tamaño (hectáreas)											
	0.1 – 0.5	0.6 – 1.0	1.1 – 2.0	2.1 – 3.0	3.1 – 4.0	4.1 – 5.0	5.1 – 10.0	10.1 – 25.0	25.1 – 50.0	50.1 – 100.0	100.1 – 200.0	Más de 200.0
Total	9.7	12.4	15.9	11.0	10.9	6.2	22.4	8.7	1.5	0.8	0.3	0.2
Campesinos												
Infrasubsistencia	17.2	21.9	26.4	15.9	8.6	3.9	6.1	—	—	—	—	—
Subsistencia	...	0.1	1.7	6.6	25.0	15.6	46.9	4.1	—	—	—	—
Estacionarios	...	—	0.2	1.8	4.2	5.8	70.6	17.4	...	—	—	—
Excedentarios	—	—	—	0.1	2.5	1.8	30.2	50.8	9.9	3.4	0.9	0.4
Productores transicionales	0.5	1.9	7.6	8.4	12.9	7.8	34.5	19.8	4.0	1.8	0.6	0.2
Empresarios												
Pequeños	0.2	0.4	1.0	1.6	4.3	3.3	28.2	28.9	13.8	11.0	5.4	1.8
Medianos	0.3	0.6	0.7	1.4	1.9	1.3	12.7	21.4	18.5	23.3	12.2	5.7
Grandes	0.5	0.7	1.5	1.2	1.0	0.8	5.0	8.5	13.8	28.1	21.5	17.4

FUENTE: CEPAL, sobre la base de un reprocesamiento de V censos agrícola-ganadero y ejidal, 1970.

NOTA: Errores en la encuesta censal y de la tabulación posterior, no percibidos por la crítica electrónica a los datos, se revelan en este y en otros cuadros de contingencia (de cruce de variables). En este caso, aparece un pequeño porcentaje de unidades empresariales con superficies que no admitirían, ni con el más intensivo de los cultivos posibles, la cantidad de jornadas de trabajo implícitas en su clasificación. El análisis del conjunto de las tabulaciones sugiere como regla para la lectura de los cuadros de este tipo, desechar las frecuencias inferiores al 3% o al 4% de las unidades y, en general, trabajar con |valores medios y modales.

estrato transicional sea apreciablemente inferior al del estrato anterior. Aunque, como se señaló más arriba, en ello no exista contradicción con la metodología que se aplicó para la diferenciación de los estratos, se necesita alguna explicación al resultar aparentemente contradictorio con lo que se habría esperado intuitivamente. Anticipando el análisis que se remite a capítulos posteriores, se podría señalar desde ahora que este estrato está formado por una proporción significativa de unidades que cultivan productos que requieren un uso más intensivo de mano de obra y de otros insumos que las unidades campesinas de igual o mayor superficie.[18]

En las primeras columnas del cuadro 6 aparecen calculadas las superficies promedio por tipo de productor, tanto para los ejidatarios como para el área de la propiedad privada y se advierte que, salvo para el caso del estrato de infrasubsistencia, las unidades privadas son en los demás de tamaño mayor que las ejidales de igual categoría [19] y presentan entre ellas mayores diferencias que las de las unidades ejidales. El hecho debe atribuirse, de algún modo, a las mayores restricciones relativas (o, si se quiere, a la mayor rigidez) a que debe ajustarse legalmente el tamaño de la parcela.

Aunque, en general y con la excepción del estrato transicional, la superficie promedio tiende a aumentar significativamente cuando se pasa de una categoría a otra, sobre todo en el sector privado, entre las unidades del área ejidal se advierten algunas "anomalías" que parecen contradecir la tendencia descrita que, por lo demás, es la que *a priori* se esperaría.

En efecto, en el sector ejidal se advierte, por una parte, que el promedio de superficie del sector transicional, además de ser mucho menor que el del estrato anterior (IV), sólo rebasa por un pequeño margen las 12 hectáreas de ETN, estimadas como límite entre la unidad estacionaria y la condición de unidad excedentaria. Por otra parte, las unidades empresariales del sector ejidal muestran promedios decrecientes y además inferiores a los del estrato campesino mayor (IV). No podemos explicarnos bien los fenómenos indicados pero los antecedentes sobre la aplicación de insumos y el valor del producto por categoría tipológica a que se hará referencia en secciones posteriores parecen sugerir que la explicación principal tendría cierta relación con la subestimación relativa del potencial de los estratos mayores derivada de los criterios de homogeneización empleados.[20] Es decir, que en la transformación en ET aunque signifique un avance

---

[18] Véanse los capítulos v y vi.

[19] Deben exceptuarse los estratos II y III pues el promedio corresponde a la media de las marcas de clase con que dichas categorías han sido definidas.

[20] Véase la nota 16 de este capítulo.

CUADRO 6

MÉXICO: SUPERFICIE ARABLE MEDIA Y PARTICIPACIÓN DEL RIEGO POR TIPO DE TENENCIA

Tipo de productor	Superficie arable media (hectáreas de equivalente temporal)			Superficie de riego como % de la arable (promedios)			Unidades sin riego (%)			Unidades con más del 80% de riego (%)		
		Tenencia			Tenencia			Tenencia			Tenencia	
	Total	Ejidal	Privado	Total	Ejidal	Privado	Total	Ejidal	Privado	Total	Ejidal	Privado
Campesinos												
Infrasubsistencia	1.7	1.8	1.4	8.5	8.1	9.3	87.9	88.0	87.7	7.4	6.7	7.8
Subsistencia	6.0	6.0	6.0	15.0	15.9	11.1	75.8	74.1	87.3	11.5	12.1	9.1
Estacionarios	10.0	10.0	10.0	16.5	17.6	12.1	73.7	71.8	81.3	12.9	13.6	10.1
Excedentarios	29.2	23.7	40.8	24.8	29.4	15.1	65.1	59.1	78.0	22.5	26.8	13.3
Productores transicionales	16.8	13.1	26.5	29.6	33.6	19.1	60.2	55.3	73.2	27.5	31.4	17.1
Empresarios												
Pequeños	54.7	23.3	84.4	40.8	48.4	33.6	46.6	38.0	54.8	37.8	45.2	30.8
Medianos	115.4	22.5	144.3	40.9	37.3	42.0	46.8	51.3	45.3	38.2	34.3	39.5
Grandes	228.6	17.4	248.9	47.2	24.7	49.4	39.8	65.9	37.3	44.8	22.8	46.9

FUENTE: CEPAL, sobre la base de un reprocesamiento de *V Censos agrícola-ganadero y ejidal, 1970.*

importante con respecto a la homogeneización, se tiende a subestimar el potencial de las categorías que disponen de una proporción mayor de tierra de regadío entre la cultivable. Esto significaría que, por ejemplo, una hectárea de ETN del estrato v ejidal debe permitir un cultivo más intenso y tiene por consiguiente un potencial real mayor que una hectárea de ETN del estrato vi, y así sucesivamente.

Lo anterior parece desprenderse, en primer lugar, del hecho de que la proporción de riego de la superficie cultivable crezca a medida que se pasa de las categorías inferiores a las superiores (con excepción de las vii y viii ejidales) y, en segundo, al de que las unidades que carecen totalmente de riego disminuyan en ese mismo sentido. Por lo que respecta a los estratos que constituyen una excepción a lo señalado (vii y viii ejidales), debe recordarse que están compuestos por un número muy reducido de unidades (0.1% y 0.04% de las parcelas ejidales) y que en ellas la probabilidad de error censal, aleatoria, tiene significativa influencia.[21] Más adelante se verá que los valores de producción por unidad y el uso de insumos industriales crecen sistemáticamente al pasar del estrato i al vii del área ejidal, confirmando complementariamente lo señalado.

Las diferencias regionales en los tamaños promedio no son demasiado significativas con la sola excepción de la zona Pacífico Norte, donde se observan tamaños apreciablemente mayores que el promedio nacional en todos los estratos, tanto para el área ejidal como para la privada. Le seguiría la zona del Golfo, donde casi todos los estratos son de extensión mayor que los de las demás zonas, pero por un margen inferior al que se observa en la primera.[22]

Por lo que se refiere al riego, se advierte que su disponibilidad tanto en términos de número relativo de unidades casi exclusivamente irrigadas como de proporción de área regada, tiende a crecer a medida que se pasa a estratos superiores llegando a representar la mitad del área cultivable de las grandes empresas entre las que, por otra parte, cuatro de cada nueve unidades serían casi exclusivamente de riego mientras sólo una de cada diez unidades tendría algo de tierra irrigada en el estrato i.

Por lo que se refiere a las formas de acceso a la tierra de labor, es

---

[21] Ello nos conduce a poner en duda, en general, la existencia misma de un estrato viii en el sector ejidal, y a considerar casi como una conjetura lo que muestran las tabulaciones en que éstos aparecen. Por otra parte, no se puede dudar de la existencia de un estrato de ejidatarios pequeños-empresarios (estrato vi) cuyo orden de magnitud podría ser el que aparece en los diversos cuadros.

[22] En efecto, la zona del Pacífico Norte muestra la siguiente relación con los promedios nacionales para los estratos que se indican: sector campesino, 1.9 veces dicho promedio; sector empresarial, 1.6 veces; sector transicional, 1.8 veces; sector de campesinos inestables, 1.6 veces, y sector de campesinos estables, 1.4 veces.

128 TIPOLOGÍA DE PRODUCTORES DEL AGRO

un hecho conocido que lo son la propiedad (en el sector privado) y el usufructo (en el ejidal) por abrumadora mayoría puesto que abarcan el 96% de las unidades. El arrendamiento (y otras formas menos importantes) sólo está presente en un 4% de las unidades o, si se tiene presente que esta práctica es ilegal en los ejidos (y por lo tanto no "declarable" en el censo), en el 12% de las unidades del sector privado, como se expresan en el cuadro 7.[23]

Con excepción, tal vez, de los estratos extremos (I y VIII), la proporción de unidades con tierra arrendada en el sector privado se encuentra entre un 15% y un 20% de los totales de cada estrato, siendo mucho más frecuente el caso de las unidades en que casi toda la tierra es arrendada que el de aquellas en las que el área arrendada es un simple complemento de la que poseen en propiedad.

De disponerse de datos fidedignos sobre arrendamiento ejidal, la complementariedad entre éste y la propiedad privada, en algunas regiones, pondría seriamente en duda el predominio aparente del "arrendatario puro".

b] *Medios de producción*

Una vez conocidas las disponibilidades de tierra arable y de riego por estratos, deben analizarse las disponibilidades de medios de producción por tipos de productor para completar la descripción que se ha hecho de los recursos con los que cada una de las categorías cuenta para emprender las tareas de la producción.

Para analizar esta variable agregada se han tomado los valores del censo para lo que define como "capitales de la unidad de producción",[24] excluyendo de ellos los valores correspondientes a la tierra tanto por razones conceptuales como por las razones empíricas que se indican a continuación.

Entre las razones conceptuales figuraría el hecho de que el "valor" de la tierra no es comparable entre los dos sectores, como lo prueba la disposición del campesino a pagar precios o rentas mayores por

[23] El pequeñísimo margen de arrendamiento de parcelas ejidales (0.6%) es evidentemente una subestimación. Su orden de magnitud corresponde, más bien, a declaraciones que podrían atribuirse al desconocimiento de la infracción legal o, menos probablemente, a la aceptación del secreto censal. Tampoco los arrendadores de tierras ejidales, que abundan significativamente en algunas entidades, declararon esa situación en el censo.

[24] Quedarían incluidos el valor de la maquinaria y herramienta y el de las obras de infraestructura predial y de los equipos relacionados con estas obras. Algunos análisis que se han hecho para comprobar esta información —como los "cruces" entre número de tractores y el valor de maquinaria— indican, como era de esperar, que su precisión deja mucho que desear y que, por lo tanto, sólo deben considerarse burdas aproximaciones de más utilidad para efectuar comparaciones (valores relativos de los estratos) que como valores absolutos.

CUADRO 7

MÉXICO: SECTOR PRIVADO. PROPORCIÓN DE TIERRAS ARABLES ARRENDADAS

Tipo de productor	Superficie arrendada (porcentajes)				
	No arriendan	0.1-20.0	20.1-40.0	40.1-60.0	60.1-80.0	80.1-100.0
Total	88.3	1.1	1.2	1.2	0.7	7.5
Campesinos						
Infrasubsistencia	91.4	0.7	0.7	0.9	0.4	5.9
Subsistencia	82.9	1.5	1.5	1.5	1.1	11.5
Estacionarios	81.9	1.7	1.7	1.9	1.0	11.8
Excedentarios	81.0	2.0	2.1	1.9	1.1	11.9
Productores transicionales	84.7	1.9	1.9	1.8	1.1	8.6
Empresarios						
Pequeños	82.5	2.3	2.7	2.4	1.9	8.2
Medianos	80.1	3.5	2.7	2.8	2.3	8.6
Grandes	77.9	3.4	3.3	3.4	3.2	8.8

FUENTE: CEPAL, sobre la base de un reprocesamiento de *V censos agrícola-ganadero y ejidal*, 1970.

una determinada superficie que el empresario o el arrendador capitalista, si con ello complementa lo requerido para su reproducción.[25] A lo anterior se agrega el carácter puramente especulativo que suele tener la inversión en la tierra y hace que su valor no se pueda sumar al de los otros componentes.

Entre las razones empíricas estaría el hecho de que las tierras ejidales, por entregarse en usufructo, no han sido valoradas mientras las tierras del sector privado lo han sido, y con criterios muy subjetivos.

En el cuadro 8 aparecen expresados tanto la proporción del valor total de los medios de producción de las unidades agrícolas que corresponde a cada estrato, como los valores promedio de los mismos.

Si, por lo que a cantidades relativas de recursos se refiere, comparamos este cuadro con el de la disponibilidad de tierra arable, se advierte que el sector campesino, con casi el 87% de la tierra, apenas

[25] Véanse los fundamentos de esta afirmación en el capítulo II.

CUADRO 8

MÉXICO   VALOR DE LOS MEDIOS DE PRODUCCIÓN, POR TIPO DE TENENCIA
(pesos de 1970)

Tipo de producto	Total			Tipo de tenencia					
				Ejidal			Privado		
	Millones	%	Promedio (miles)	Total (millones)	%	Promedio (miles)	Total (millones)	%	Promedio (miles)
Total	15 865.3	100.0	6.2	4 698.5	100.0	2.7	11 166.8	100.0	14.1
Campesinos									
Infrasubsistencia	2 171.8	13.7	1.5	1 250.2	26.6	1.4	921.6	8.3	1.8
Subsistencia	1 031.4	6.5	2.5	708.0	15.1	2.1	323.4	2.9	4.1
Estacionarios	611.6	3.9	3.7	391.5	8.3	3.0	220.1	2.0	6.5
Excedentarios	1 775.2	11.2	8.5	601.8	12.8	4.2	1 173.4	10.5	17.5
Productores transicionales	3 159.2	19.9	10.6	1 331.6	28.4	6.2	1 827.6	16.4	22.3
Empresarios									
Pequeños	1 792.6	11.3	61.4	305.3	6.5	21.5	1 487.3	13.3	99.4
Medianos	1 476.8	9.3	152.2	84.4	1.8	36.6	1 392.4	12.4	188.1
Grandes	3 846.7	24.2	457.0	25.7	0.5	34.9	3 821.0	34.2	497.4

FUENTE: CEPAL, sobre la base de un reprocesamiento de *V censos agrícola-ganadero y ejidal, 1970.*

dispone del 35% de los medios de producción complementarios, mientras el empresarial, con menos del 7% de la superficie arable, tiene a su disposición casi el 45% de dichos medios.

Por otra parte, si se compara el sector privado con el ejidal, se advierte que, aunque los campesinos en ambos sectores tienen una importancia relativa semejante (en torno al 86%), la proporción de medios de los del primer sector (24%) es significativamente menor que la de los del segundo (63%).

Destaca también el hecho de que los grandes empresarios privados, que son apenas el 0.3% del total de los productores agrícolas, tengan a su disposición casi la cuarta parte de los medios de producción de que dispone la totalidad de los productores.

Consideremos ahora, con las prevenciones ya señaladas en cuanto a su confiabilidad, los valores promedio de cada estrato. Para comprender mejor su significado, deberá tenerse en cuenta que —según las estimaciones hechas para la categorización tipológica— el valor de los medios de producción que requeriría una unidad del tipo de las clasificadas como estacionarias fluctuaría en torno a los 5 000 pesos (de 1979).[26] Es decir, este valor se puede considerar una aproximación al orden de magnitud del de los medios de producción requeridos por una unidad familiar campesina del tamaño necesario para alcanzar el nivel de reproducción (ocho o doce hectáreas ETN).

Aunque se trata de una variable que no se tomó en cuenta para distinguir los distintos tipos de productores, no deja de ser revelador que la mayoría de los valores tiendan, *grosso modo*, a confirmar la categorización aplicada. Las únicas excepciones serían las unidades del tipo III y IV dentro del área ejidal (y en cierta medida también la V), cuyos niveles están por debajo de lo esperado, en el sentido de que en ellas no se alcanzaría, decididamente, el nivel de medios de producción correspondiente a la "reproducción simple". Podrían explicarlo tal vez los antecedentes que se anotan en el cuadro 9 donde puede verse que las unidades ejidales de estos estratos alquilan medios de tracción (ganado de labor y tractores) en mayor proporción que sus equivalentes del sector privado, por lo que la disponibilidad de medios propios menor es compensada con una proporción de medios alquilados mayor. A esto, habría que agregar que la mayor preocupación del Estado por el campesinado ejidal conduce a una menor necesidad de medios de producción propios que la de sus homólogos privados.

El estrato transicional que —como vimos— disponía de una superficie menor de labor, en promedio, que el campesino-excedentario,

[26] Véase con más detalle el capítulo metodológico en CIPAI/SARH, cuadro M-10, animales de crianza.

CUADRO 9

MÉXICO: DISPONIBILIDAD DE MEDIOS DE TRACCION Y DE TRANSPORTE, POR TIPO DE TENENCIA
(porcentajes)

Tipo de productor	Total						Ganado de trabajo	
	Ganado de trabajo		Tractor					
	Propio	Alqui-lado	Propio	Alqui-lado	Motores propios	Vehículos propios	Propio	Alqui-lado
Total	32.7	25.4	2.4	15.5	1.1	2.4	32.3	25.3
Campesinos								
Infrasubsistencia	28.4	29.5	0.3	7.8	0.2	0.6	29.3	27.8
Subsistencia	42.2	20.0	1.2	14.0	0.6	1.6	39.3	20.9
Estacionarios	41.9	16.8	2.4	19.3	1.0	2.3	40.4	18.0
Excedentarios	36.9	12.9	5.8	24.5	2.3	4.6	31.8	15.0
Productores transicionales	31.6	28.5	6.5	42.0	2.7	6.2	29.5	32.9
Empresarios								
Pequeños	31.3	17.9	26.5	46.6	12.4	24.1	28.8	27.8
Medianos	31.3	9.7	45.7	38.0	26.2	41.3	31.4	19.6
Grandes	29.9	6.5	60.9	29.7	47.1	56.5	36.6	15.3

FUENTE: CEPAL, sobre la base de un reprocesamiento de *V censos agrícola-ganadero y ejidal, 1970.*

				Tipo de tenencia					
Ejidal						Privado			
Tractor				Ganado de trabajo		Tractor			
Propio	Alquilado	Motores propios	Vehículos propios	Propio	Alquilado	Propio	Alquilado	Motores propios	Vehículos propios
1.3	18.1	0.6	1.5	33.6	25.6	5.0	9.9	2.6	4.5
0.3	8.8	0.2	0.5	26.8	32.8	0.4	5.9	0.4	0.6
1.0	15.3	0.5	1.4	54.3	16.2	2.0	8.7	1.4	2.5
1.8	21.2	0.8	2.0	47.9	12.0	4.5	11.9	2.1	3.7
3.0	29.1	1.3	2.8	47.6	8.5	12.0	14.7	4.6	8.4
3.7	49.2	1.5	3.9	37.3	17.0	13.6	23.0	5.6	12.1
11.3	62.2	4.0	11.9	33.7	8.5	40.9	31.9	20.3	35.5
14.9	54.0	7.7	16.0	31.3	6.7	55.3	33.1	32.0	49.1
9.5	31.1	4.6	13.7	29.3	5.6	65.8	29.6	51.2	60.7

resulta sin embargo que tiene medios de producción de mayor valor, lo cual unido a lo que antes se anotó sobre un mayor uso de insumos industriales, es una justificación adicional a la conveniencia de distinguir esta categoría a pesar de las dudas que los datos sobre superficie puedan haber suscitado.

Por lo que respecta al sector empresarial privado, se advierte que la disponibilidad de capital crece más que proporcionalmente a la disponibilidad de superficie laborable, porque mientras la relación de esta última entre pequeños, medianos y grandes, es de 1:1 x 7:3, la relación de capitales es de 1:1 x 9:5, respectivamente, de lo cual se desprendería una tendencia a la intensificación del capital que se analizará en el capítulo VII.[27]

La inconsistencia de los resultados obtenidos para el estrato VIII ejidal sólo viene a confirmar una vez más que, con toda probabilidad, dicho estrato se generó como consecuencia de un error de clasificación derivado de otros en los datos originales; sin embargo, su influencia en el total de las unidades ejidales tiene tan poca importancia (0.04%) que no altera el conjunto de análisis y aconseja evitar más referencias a este estrato en el futuro.

Ya se ha señalado que los datos de valor de los medios de producción registrados en el censo son más bien inseguros. Parece conveniente por esa razón presentar los antecedentes de algunos de los principales componentes de dicha variable —así como de otros medios de acumulación no incluidos en los valores anteriores— en términos físicos, para completar la descripción de los recursos de que dispone cada tipo de productor.

En el cuadro 9 se anotan los medios de tracción y de transporte, tanto de propiedad de las respectivas categorías de productores como —en el caso de tractores y de ganado de labor— alquilados en el año agrícola al que corresponde el censo. En el cuadro puede verse el porcentaje de casos de cada estrato que poseían uno o más de los rubros indicados y/o que pagaron (cualquiera que haya sido la cifra) por el alquiler de lo que se indica.[28]

Entre los aspectos que merecen destacarse estarían:

1) Que un 67% de las unidades carezca de animales de labor y más

---

[27] El resultado anterior constituye, por otra parte, una confirmación del criterio aplicado para diferenciar las empresas agrícolas (el número de trabajadores contratados), pues parece haber, entre el mismo y la disponibilidad de capital, una correspondencia que la aplicación de otros criterios (como el de superficie, por ejemplo) no habrían puesto de manifiesto con claridad.

[28] Aunque una misma unidad pueda poseer y arrendar un tractor o ganado de labor, las respuestas recogidas en el cuadro 31 (capítulo VI) a una pregunta distinta a la que se utilizó en el cuadro 9, sugieren que esta situación no es frecuente porque la suma de las columnas "propio" y "alquilado" se aproxima pero es inferior a la de las unidades que utilizaron tractor o ganado de labor.

de la cuarta parte de ellas, no haya tenido acceso a medio alguno de tracción en el periodo considerado.

2) Que la posibilidad de utilizar tractores no sólo se haga más frecuente al pasar de los estratos inferiores a los superiores, como era totalmente de esperar, sino que se produzca una especie de "salto" al pasar de excedentarios a transicionales y sobre todo de estos últimos a los pequeños empresarios.

3) Que, para todas las categorías tipológicas y para todos los medios considerados, la proporción de unidades privadas que disponen de dichos medios sea mayor que la de las ejidales equivalentes, mientras esas diferencias van creciendo en general a medida que se pasa a categorías superiores en cuanto a tractores, motores y vehículos propios. ¿Implicará esa circunstancia una tendencia mayor a la "capitalización" en el sector privado que en el ejidal, o será más bien un reflejo del mayor acceso sistemático de éste último sector a recursos y servicios proporcionados por el Estado?, y

4) Que la relación entre el ganado propio y el alquilado aumenta a medida que pasamos del estrato I al VIII (con excepción de los estratos V y VI), sucediendo lo mismo, pero de manera más marcada, con la relación entre tractores propios y alquilados, hasta el punto de que sólo en las categorías de empresas medianas y grandes los tractores propios son más que los alquilados.

No deja de sorprender el número significativo, absoluto y relativo, (en el caso de las categorías V y VIII), de unidades que dependen del arrendamiento de tractores para la producción corriente cuyo número se aproximaría a las 400 000 unidades (320 000 parcelas ejidales y casi 80 000 unidades privadas).

Entre las unidades agrícolas que disponen de tractor (menos de 62 000), la gran mayoría sólo tiene uno (83%): casi un 12% posee dos, y son pocas las que poseen tres o más, correspondientes en casi dos terceras partes a empresarios medianos y grandes.[29]

La disponibilidad de arados propios (de madera o de otros tipos) sigue *grosso modo* las tendencias que se desprenden del cuadro sobre medios de tracción propios. Los arados de madera no muestran, en el sector campesino y transicional, diferencias importantes entre los estratos puesto que las unidades que poseen este tipo de implemento son entre 1/5 y 1/4 del total de cada estrato. (Vease el cuadro 10.)

Por lo que se refiere a los arados de fierro o de otras clases, el censo no permite distinguir entre los de tracción animal y los de tractor.[30] Si aceptamos que la mayoría en el sector campesino y transicional corresponde a tracción animal y que en el sector empresarial la

---

[29] Véase el Apéndice estadístico, cuadro AE-11.

[30] Véase en CEPAL/SARH, *op. cit.*, cuadros M-1 y M-2 variables ARMADIS y ARDOTDIS

CUADRO 10

MÉXICO: ARADOS PROPIOS, POR TIPO DE TENENCIA
(porcentajes)

Tipo de productor	Total			Tipo de tenencia					
				Ejidal			Privado		
	De madera	De fierro	Otros	De madera	De fierro	Otros	De madera	De fierro	Otros
Total	21.9	26.2	4.9	21.2	26.3	4.9	23.6	26.1	5.2
Campesinos									
Infrasubsistencia	21.0	21.3	4.1	19.8	22.3	4.2	23.3	19.5	8.7
Subsistencia	24.5	32.6	6.1	23.8	32.2	5.7	27.7	34.2	7.9
Estacionarios	25.2	34.9	6.4	24.9	34.6	5.7	26.6	26.1	9.1
Excedentarios	22.3	31.2	5.7	21.1	28.6	4.7	25.0	36.7	7.8
Productores transicionales	21.4	29.7	5.8	21.0	27.4	5.6	22.3	35.6	6.4
Empresarios									
Pequeños	16.9	36.4	6.9	18.9	26.5	6.7	15.0	45.8	7.0
Medianos	13.8	49.7	8.1	19.2	35.3	10.2	12.1	54.2	7.4
Grandes	11.7	58.6	9.1	21.3	35.2	6.7	10.8	60.8	9.3

FUENTE: CEPAL, sobre la base de un reprocesamiento de V censos agrícola-ganadero y ejidal, 1970.

mayoría corresponde a aperos de tractor, advertiremos que es muy estrecha la relación entre la disponibilidad de yuntas en el primer caso y la de tractores en el segundo, con la disponibilidad de arados distintos a los de madera. No se registró, desgraciadamente, el número de unidades que carecían de todo tipo de arado pero se puede deducir de los cuadros 9 y 10 que las unidades campesinas que no tienen arados suman entre los dos tercios y la mitad de la totalidad de las unidades de este tipo si suponemos que el límite máximo lo dan las unidades que carecen de ganado de labor, y el mínimo, la suma de los distintos tipos de arados que registra el cuadro 10 (52% de los campesinos), puesto que una unidad pueda tener arados de las dos clases.

Hasta aquí nos hemos referido a los medios de producción empleados (o que pudieran emplearse) fundamentalmente en la actividad agrícola (medios de tracción y de transporte, aperos y herramientas de labranza, etc.). Para completar el panorama de los recursos disponibles se necesita alguna referencia a los animales de crianza de que disponen los distintos tipos de productores.

c] *Animales de crianza*

La interpretación apropiada de la información que se relaciona con los animales de crianza requiere algunas aclaraciones. En los estratos no campesinos (v, vi, vii y viii), se han excluido los productores pecuarios por las razones dadas anteriormente,[31] de manera que los animales de cría que registran dichos estratos sólo deben considerarse un elemento complementario de su actividad principal (agrícola).[32] Implica lo anterior que la situación de los sectores campesino y la del no campesino no sea estrictamente comparable; por otra parte, los animales de crianza representan un papel distinto en la economía empresarial que en la campesina donde, salvo excepciones constituyen la forma que asume el ahorro o, si se quiere, el fondo para hacer frente a gastos imprevistos o extraordinarios.

Para efectos de percibir, en términos reales —y sin necesidad de actualización—, el valor de los animales de crianza, la suma de los valores de las diversas especies de ellos han sido expresados en equivalente-novillos (FN) por un procedimiento que se detalla en el apéndice metodológico.[33] Los resultados aparecen sintetizados en el cuadro 11.

---

[31] Debe recordarse que los productores pecuarios, en la medida en que, por definición, emplean más de 25 jornadas asalariadas al año, corresponderían a los estratos no campesinos (v al viii).

[32] Véase el cuadro 14.

[33] Véase en cepal/sarh, *op. cit.*, cuadro m-5.

CUADRO 11

MÉXICO: VALOR DE LOS ANIMALES DE CRIANZA, POR TIPO DE TENENCIA
(equivalente-novillos).

| | Total | | | | Tipo de tenencia | | | | | | | |
| | | | | | Ejidal | | | | Privado | | | |
Tipo de productor	Sin animales %	Valor (miles)	%	Valor medio	Sin animales %	Valor (miles)	%	Valor medio	Sin animales %	Valor (miles)	%	Valor medio
Total	63.8	13 526.9	100.0	15	62.1	6 844.5	100.0	10	67.3	6 682.4	100.0	26
Campesinos												
Infrasubsistencia	70.2	3 729.1	27.6	9	67.0	2 546.1	37.2	8	76.1	1 183.0	17.7	10
Subsistencia	56.8	2 168.1	16.0	12	56.7	1 493.1	21.8	10	56.9	675.0	10.1	20
Estacionarios	50.9	1 182.1	8.7	15	51.3	777.9	11.4	12	49.4	404.2	6.1	24
Excedentarios	47.3	2 585.9	19.1	23	50.2	1 022.2	14.9	14	41.0	1 563.7	23.4	40
Productores transicionales	62.4	2 054.7	15.2	18	64.0	880.1	12.9	11	57.9	1 174.6	17.6	34
Empresarios												
Pequeños	57.6	726.1	5.4	59	63.8	93.9	1.4	18	51.7	632.2	9.4	87
Medianos	55.0	459.2	3.4	105	60.6	22.4	0.3	25	53.3	436.8	6.5	126
Grandes	58.2	621.7	4.6	177	54.5	8.8	0.1	26	58.6	612.9	9.2	192

FUENTE: CEPAL, sobre la base de un reprocesamiento de V censos agrícola-ganadero y ejidal, 1970.

En el sector campesino, un enorme porcentaje (64%) de las unidades carece ‑en absoluto de animales de crianza según el censo. Ese porcentaje, como es de suponer, se reduce del estrato I y IV, en el que más de la mitad de las unidades dispone de este recurso. Con excepción del estrato de infrasubsistencia, es mayor la proporción de los campesinos propietarios que la de los ejidatarios de estratos equivalentes que disponen de animales de crianza de algún valor.

Las cifras anteriores parecen poco confiables porque resulta difícil admitir una proporción tan alta de unidades que no tengan ni siquiera unas cuantas aves de corral y/o alguna cabeza de ganado menor; cabe suponer que los encuestadores pasaron con frecuencia por alto esta variable cuando su valor les pareció insignificante.

No deja de sorprender, sin embargo, el elevado valor promedio de EN de las unidades que tenían ganado [34] y que contrasta con los altos porcentajes de unidades sin ganado; parecería sugerir una especie de concentración en el interior de cada estrato.

Esa supuesta concentración refleja más bien errores o inconsistencias censales, así como insuficiencias de los criterios de clasificación empleados aquí, para dar cuenta de algunos casos excepcionales.[35] En atención a lo anterior, y para obtener una idea más clara de la situación campesina que la que ofrecen los promedios, podemos recurrir a los cuadros del Apéndice estadístico AE-12 y AE-13, donde se registra el porcentaje de unidades de cada estrato campesino con di-

---

[34] Nos referimos al ganado como sinónimo de "animales de crianza" para evitar la repetición de este concepto compuesto. No debe entenderse, por lo tanto, que se trata sólo de ganado mayor o menor sino del valor total de los animales de crianza de todas las especies.

[35] Un ejemplo de este tipo de problemas puede aclarar el sentido de la afirmación. El estrato I figura con alrededor de un 30% de unidades que tienen animales de crianza. Es decir, un total de casi 427 000 campesinos. De ellos, más de la cuarta parte tiene animales por un valor inferior o en el límite igual a una unidad de EN; un16% está entre una y dos unidades de EN, y otra cuarta parte tendría entre dos y cinco. En otras palabras, tomando en cuenta las que carecen de ganado y las que lo tienen en cantidades más o menos compatibles con su característica tipológica, quedaría menos de un 10% de unidades con más animales de los que cabría esperar en la categoría I. Una parte de esta cifra se debe seguramente a errores censales de enumeración o de cómputo, y otra, a la posible existencia de empresas pecuarias de tipo familiar (es decir, que no recurren a trabajo asalariado extrafamiliar y no disponen de más de cuatro hectáreas FTN). Caben, por cierto, en esta categoría, ejidatarios que no contratan mano de obra, que tienen una parcela reducida pero que por tener acceso a terrenos de pastoreo colectivo han podido formar una pequeña masa ganadera que los convierte, en sentido estricto, más bien en campesinos de estratos más altos. Otro tanto puede ocurrir con unidades privadas de idénticas características dueñas de un hato de más de seis IN que pastan en caminos o en zonas marginales. Los antecedentes disponibles permiten estimar que, en el límite (es decir, de no haber errores censales), esta situación afectaría a 145 000 unidades del estrato I, de las cuales 95 000 serían ejidatarios. (Véanse los cuadros AI-12 y AF-13.)

ferentes cantidades de equivalentes-novillo (EN). Si aceptamos como
de 10 EN el límite entre una unidad campesina de subsistencia y una
de reproducción simple, resultará que un 5% de las unidades del
estrato I y algo más del 10% de las del estrato II, aproximadamente,
correspondería a unidades "estables", reduciéndose entonces el porcentaje de las que no lo son al 67% en vez del 72% indicado en páginas
anteriores.

Las diferencias que los cuadros AE-12 y AE-13 presentan en el
sector ejidal y en el privado parecen sugerir que la disponibilidad de
un agostadero común en los ejidos, sometido a relativamente pocas
reglamentaciones (o no respetadas cuando existen) permiten reunir
cierta cantidad de animales con más facilidad que en el caso del
campesino-propietario hasta cierto límite , que estaría entre cinco y
10 EN. Más allá de este nivel, la importancia relativa de los
campesinos-propietarios pasa a ser mayor que la de sus equivalentes
ejidales en tres de los cuatro estratos, lo que pudiera ser indicio de la
existencia de cierto número de empresas familiares de crianza de ganado menor o de aves, de número difícil de precisar con los antecedentes disponibles, y que se aproximarán, con seguridad, a lo que
hemos denominado pequeña empresa pecuaria, a pesar de no contratar jornales.[36]

Si de las consideraciones sobre los animales de crianza en general
pasamos al análisis específico de la disponibilidad de vacas-vientre
por tipo de productor, advertiremos (véase el cuadro 12) que el 81%
de los campesinos carece de este recurso, y que el porcentaje decrece
a medida que la unidad campesina crece (es decir, de I a IV) tanto en el
sector ejidal como en el privado.

El valor promedio de las unidades que tienen vacas-vientre es relativamente alto y también crece al mismo tiempo que la unidad campesina, llegando en el caso de los campesinos excedentarios, a ser
igual (ejidatarios) o mayor (propietarios) que los respectivos valores
de las unidades clasificadas como pequeña empresa pecuaria;[37] lo
mismo sucedió cuando se consideró el conjunto de los animales de
crianza.

[36] Como se deduce de lo señalado con respecto a los animales de crianza, la posibilidad de que exista una categoría como la anterior, que seguramente habríamos incorporado al sector de pequeños productores pecuarios que analizamos más adelante,
no fue prevista al diseñar los criterios de clasificación, pues esta categoría no surgió
con claridad en las aplicaciones experimentales de los criterios de clasificación realizadas con algunos estados. Lo costoso que habría sido volver a procesar el material censal no pareció justificarse ni por la cantidad más bien reducida de las unidades afectadas ni por el propósito del estudio de presentar órdenes de magnitud más que cifras
precisas que las limitaciones del censo no hubieran permitido obtener de todas maneras.
[37] Véase de nuevo el cuadro 12.

MÉXICO: NÚMERO DE VACAS-VIENTRE, POR TIPO DE TENENCIA

Tipo de productor	Tipo de tenencia											
	Total				Ejidal				Privado			
	Sin animales (%)	Número (miles de cabezas)	%	Promedio por unidad (cabezas)	Sin animales (%)	Número (miles de cabezas)	%	Promedio por unidad (cabezas)	Sin animales (%)	Número (miles de cabezas)	%	Promedio por unidad (cabezas)
	80.3	3 084.4	100.0	6	80.6	1 596.9	100.0	5	79.8	1 487.5	100.0	9
Campesinos												
Infrasubsistencia	85.7	885.9	28.7	4	84.5	600.7	37.6	4	88.1	285.2	19.2	5
Subsistencia	75.9	519.0	16.8	5	77.3	355.7	22.3	5	70.1	163.3	11.0	7
Estacionarios	69.8	279.3	9.1	6	71.8	181.7	11.4	5	62.0	97.6	6.5	8
Excedentarios	64.9	635.9	20.6	9	70.1	242.0	15.1	6	52.8	393.9	26.5	12
Productores transicionales	78.8	408.9	13.3	6	81.4	189.7	11.9	5	71.9	219.2	14.7	10
Empresarios												
Pequeños	73.7	126.6	4.1	17	80.0	20.8	1.3	7	67.8	105.8	7.1	22
Medianos	71.1	89.6	2.9	32	78.3	4.9	0.3	10	68.8	84.7	5.7	37
Grandes	72.6	139.2	4.5	60	76.8	1.4	0.1	8	72.2	137.8	9.3	65

FUENTE: CEPAL, sobre la base de un reprocesamiento de V censos agrícola-ganadero y ejidal, 1970.

Los valores promedios de los campesinos-propietarios son superiores a los de sus homólogos ejidatarios en todos los estratos, de lo cual parece desprenderse que aunque estos últimos dispongan del agostadero común como complemento, el mismo no se presta tanto a la crianza de bovinos como al pastoreo de especies menores o a una engorda más o menos precaria de novillos. Esta restricción parece verse confirmada por el número comparativamente pequeño de vacas-vientre que está en poder de ejidatarios-empresarios. En cambio, los campesinos-propietarios, al verse limitados a su pequeña propiedad, sin más complemento para su ganado que el que puedan encontrar en terrenos baldíos y en las orillas de las carreteras, parecen tender a una crianza y/o engorda de mayor intensidad relativa.

Como se verá más adelante, el fenómeno descrito habrá de traducirse, a su vez, a hacer que la producción pecuaria sea un porcentaje creciente de la producción total de las unidades campesinas a medida que aumenta (de I a IV) su tamaño, sobre todo en el sector de campesinos-propietarios.

En las unidades agrícolas no campesinas —de las que han sido separados los productores pecuarios— debe recordarse, el número promedio de vacunos aumenta al crecer la empresa, a pesar de lo cual la importancia de la producción pecuaria decrece, en el mismo sentido, al contrario de lo que sucede en el sector campesino.[38]

d] Fuerza de trabajo

Hemos dejado para el final de esta descripción de los recursos productivos de los diversos tipos de productores intencionalmente la fuerza de trabajo porque los datos censales sólo proporcionan una aproximación más bien indirecta de su magnitud —a pesar de haberse destinado más de una pregunta a su estimación—, porque revela inconsistencias con otras variables que tienen en cambio una consistencia interna aceptable.[39]

El mismo criterio de clasificación de las unidades viene a ser una primera aproximación a la disponibilidad de fuerza de trabajo que, en el caso de las unidades campesinas (estratos I al IV) corresponde

---

[38] Véanse los cuadros 14, AE-14 y AE-15.

[39] La pregunta sobre las personas que estarían trabajando la semana del 25 al 31 de enero (pregunta número 43 del cuestionario censal), a pesar de que hace acertadamente la distinción entre el productor y sus familiares del personal permanente y temporal remunerado, resultó después de investigar lo procedente de su utilización, poco útil para estimar la fuerza de trabajo predial. La pregunta sobre las personas que habían trabajado en la cosecha resultó más apropiada que la anterior, pero no se hacía en ella ninguna distinción entre el productor y sus familiares. El mismo censo destaca las limitaciones de las respuestas a las preguntas referidas al indicar "la poca actividad agrícola registrada en la semana (indicada) [...] y el mal año agrícola 1968-1969 que obviamente se refleja en los datos obtenidos". (Véase, Dirección General de Estadística, *Resumen general, op. cit.*, p. 251.)

prácticamente a la que la propia familia aporta más de un complemento, seguramente en periodos de cosecha, que no pasa de las 25 jornadas por unidad al año.

En el sector transicional, las mismas pueden llegar a 500 jornadas al año; en el de pequeños empresarios hasta 1 250, y en el de medianos hasta 2 500, llegándose a superar esta cantidad en las grandes empresas. Si consideramos que esos límites están calculados a partir de los gastos anuales en remuneraciones teniendo presente que se paga el salario mínimo correspondiente a la localidad en que la unidad de producción está ubicada, los valores anteriores implican una subestimación que no se puede precisar de las jornadas, que podría ser de importancia porque es un hecho comprobado que los mínimos legales pocas veces son respetados.[40]

A título complementario se pueden considerar las personas que participaron en la cosecha, incluyendo al productor y su familia, puesto que no hay cifras separadas. (Véase el cuadro 13.)

Si suponemos que tres personas constituyen una aproximación aceptable del número de miembros de la familia que pueden participar de la cosecha (el censo no establece límites de edad ni de sexo para esta variable) y consideramos que en el ciclo de invierno se cosecha una superficie aproximada a la mitad de la del ciclo primavera-verano,[41] resultaría que las unidades del estrato I podrían atender con los miembros de la familia la ocupación del periodo de cosechas; las del estrato II necesitarían un complemento marginal en el ciclo de primavera-verano (en el que presumiblemente emplearían cuatro personas de cualquier edad y sexo en la cosecha); las del estrato III entre una y dos personas, y las del estrato IV entre dos y tres.

En el estrato transicional se recurriría a mano de obra externa en ambos ciclos. Durante el invierno, en una cantidad posiblemente inferior a la aportación familiar, pero en verano a un promedio de unas siete personas, es decir, a más del doble de dicha aportación. En el resto de los estratos la aportación familiar se va volviendo cada vez más secundaria hasta desaparecer en las grandes empresas.

Si, por otra parte, aceptamos que los valores relativos (porcentaje del empleo total) de la mano de obra empleada en la cosecha son proporcionales a los empleados en el resto de las labores —lo cual, por cierto, sólo sería aceptable como aproximación burda al nivel de los grandes números— resulta que el sector campesino absorbería

---

[40] Diferencias encontradas en estudios de casos indican que su magnitud fluctúa entre un 50% y un 10% de subestimación; sólo ocasionalmente, en los estados de Sinaloa y Sonora, encontramos salarios superiores al mínimo.

[41] Los valores precisos serían de 53% para las unidades privadas mayores de cinco hectáreas; de 32% para las menores; de 60% para ejidos, y comunidades, y de 56% para el total del país.

CUADRO 13

MÉXICO: NÚMERO DE PERSONAS QUE SE EMPLEAN EN LA TEMPORADA DE COSECHA, POR TIPO DE TENENCIA[a]

Tipo de productor	Total			Tipo de tenencia					
				Ejidal			Privado		
	Número (miles)	%	Promedio por unidad[b]	Número (miles)	%	Promedio por unidad	Número (miles)	%	Promedio por unidad[b]
Total	15 765.2	100.0	7.5	10 459.2	100.0	7.1	5 306.0	100.0	8.4
Campesinos									
Infrasubsistencia	4 673.3	29.6	4.2	3 060.9	29.3	4.2	1 612.4	30.4	4.1
Subsistencia	2 104.8	13.4	6.0	1 714.8	16.4	6.0	390.0	7.4	5.9
Estacionarios	964.3	6.1	6.9	783.0	7.5	6.9	181.3	3.4	6.6
Excedentarios	1 444.5	9.2	8.4	982.5	9.4	8.1	462.0	8.7	9.0
Productores transicionales	4 473.3	28.4	15.9	3 303.3	31.6	15.9	1 170.0	22.0	15.8
Empresarios									
Pequeños	901.3	5.7	33.6	486.4	4.6	35.1	414.9	7.8	32.0
Medianos	411.2	2.6	46.9	109.3	1.0	49.0	301.9	5.7	46.2
Grandes	792.5	5.0	102.5	19.0	0.2	26.8	773.5	14.6	110.1

FUENTE: CEPAL, sobre la base de un reprocesamiento de V censos agrícola-ganadero y ejidal, 1970.

[a] Corresponde a la suma de personas empleadas en los dos ciclos, e incluye al productor y sus familiares.

[b] Se excluyen las unidades que en 1970 no tuvieron cosechas.

una proporción de mano de obra similar a la de la superficie arable en su poder (58% y 56%, respectivamente), mientras la proporción del sector transicional sería mayor (28% contra 22%) y la del sector empresarial, como consecuencia, sería menor que la de la tierra en sus manos (13% contra 21%).[42]

El promedio del sector campesino oculta, sin embargo, diferencias entre estratos que es de interés destacar, pues:

1) El estrato I absorbe el 30% del empleo en el 11% de la superficie arable.

2) El estrato II absorbe el 13% del mismo en el 11% de dicha superficie arable;

3) El estrato III, el 7% del empleo en el 7% de esa superficie arable, y

4) El estrato IV, el 9% del empleo en el 28% de la misma.

De lo anterior se desprende, como señalaremos más adelante, que la intensidad de la fuerza de trabajo disminuye al aumentar el tamaño de la unidad campesina, confirmando lo que teóricamente nos habría llevado a pronosticar este tipo de economías.[43]

El fenómeno indicado se produce tanto para el sector ejidal como para el privado. Comparando, sin embargo, los dos sectores de tenencia, resalta la gran diferencia entre el número de personas empleadas por hectárea en el estrato de los campesinos excedentarios, al ser dicha variable de 0.34 personas/hectárea en el sector ejidal y de 0.22/hectárea en el privado. La explicación se encuentra, seguramente, en la mayor proporción de riego en la superficie cultivable del estrato IV ejidal (24%) que en el estrato correspondiente al área privada (15%), hecho que no sucede de manera significativa en los otros estratos.[44]

En el cuadro 14 se resumen los antecedentes hasta aquí descritos sobre el control relativo de medios de producción por tipos de productor.

[42] Véase el cuadro 4 para las comparaciones.
[43] Véase el capítulo II.
[44] Véase el cuadro 6.

TIPOLOGÍA DE PRODUCTORES DEL AGRO

CUADRO 14

MÉXICO: PROPORCIÓN DE RECURSOS Y DE PRODUCTORES POR CATEGORÍA TIPOLÓGICA
(porcentajes)

Tipo de productor	Total de productores	Superficie de labor	Valor de los medios de producción	Jornadas empleadas en la cosecha
Total	100.0	100.0	100.0	100.0
Campesinos				
Infrasubsistencia	55.7	10.8	13.7	29.6
Subsistencia	16.2	11.1	6.5	13.4
Estacionarios	6.5	7.4	3.9	6.1
Excedentarios	8.2	27.5	11.2	9.2
Productores transicionales	11.6	22.4	19.9	28.4
Empresarios				
Pequeños	1.1	7.2	11.3	5.7
Medianos	0.4	5.0	9.3	2.6
Grandes	0.3	8.6	24.2	5.0

FUENTE: CEPAL, sobre la base de un reprocesamiento de V censos agrícola-ganadero y ejidal, 1970.

V. COMPOSICIÓN DE LA PRODUCCIÓN AGRÍCOLA Y CARACTERÍSTICAS PRINCIPALES DE LOS CULTIVOS MÁS IMPORTANTES

Definidos los diversos tipos de agricultores y analizados los principales recursos productivos de cada uno, se intenta en este capítulo responder a la interrogante de qué produce cada tipo de productor con los recursos de que dispone.

1. Especialización agrícola y pluricultivo

La actividad agrícola es mucho más importante que la pecuaria para todos los tipos de productores puesto que sólo se registraron unas 44 000 unidades (de un total cercano a 2.6 millones) para las que la mayor parte de la producción fue de carácter pecuario, o más exactamente no fue de origen agrícola. Dichas unidades representaban menos del 2% de la totalidad de los productores tomados en cuenta por la tipología.[1]

Incluso en el sector campesino donde, como se recordará, no se hizo una separación entre unidades agrícolas y pecuarias, alrededor del 70% del valor de la producción es de procedencia agrícola y no muestra grandes diferencias entre los distintos estratos que lo componen, como se advierte en el cuadro 15.

En el sector de la agricultura no campesina, en el que sólo se incluyeron unidades de las cuales más de la mitad de la producción es de origen agrícola el complemento pecuario fluctúa, entre el 12% y el 20% por estrato.

En cuatro de cada cinco unidades del sector campesino la producción agrícola representa más del 80% del total del producto y otro tanto ocurre con más del 90% de las unidades de los sectores transicional y empresarial.[2]

De los antecedentes se desprende que existe una clara delimitación entre las empresas agrícolas y las pecuarias en el sentido de que en la mayoría de las primeras la actividad pecuaria representa un papel francamente secundario mientras que en casi todas las segundas el complemento agrícola es claramente marginal.

[1] El análisis de estas unidades se hace en el capítulo VII.
[2] Véase el cuadro AF-17.

CUADRO 15

MÉXICO: PRODUCCIÓN AGRÍCOLA COMO PORCENTAJE DE LA PRODUCCIÓN TOTAL

Tipo de productor	Total	Tipo de tenencia	
		Ejidal	Privado
Total	70.8	70.5	71.3
Campesinos			
Infrasubsistencia	68.0	65.9	71.9
Subsistencia	70.6	71.4	67.3
Estacionarios	70.1	71.5	64.9
Excedentarios	67.8	71.6	59.6
Productores transicionales	84.3	86.0	79.8
Empresarios			
Pequeños	83.0	87.7	78.6
Medianos	82.1	87.1	80.6
Grandes	82.5	85.1	82.3

FUENTE: CEPAL, sobre la base de un reprocesamiento de *V censos agrícola-ganadero y ejidal, 1970.*

La existencia de unidades, de tipo mixto o polivalente (agrícola-pecuario) en las que ambas actividades son importantes (es decir, fluctúan entre el 40% y el 60% del producto) es claramente excepcional y representa a lo sumo un 4% del total de las unidades correspondientes a los ocho estratos agrícolas y a los tres pecuarios en que se han clasificado todos los productores.[3]

Por lo que a las unidades familiares se refiere, esa situación es muy distinta a la observada en la gran mayoría de los países de Europa, e incluso en muchos de los países del Asia y Latinoamérica, donde predomina este tipo de unidades. El fenómeno indicado es constante, sin embargo, con lo señalado sobre los animales de crianza de que disponen los distintos tipos de productores, aunque tampoco deba descartarse la posibilidad de que parte de la crianza doméstica no se ha-

[3] Véase el cuadro AE-17.

lla considerada ni como recurso ni como producción por los que levantaron el censo.

En el caso de las unidades transicionales y de las empresas agrícolas, esa falta de complementariedad agrícola-pecuaria contrasta también con la combinación de actividades cerealeras-ganaderas que es tan frecuente en las propiedades medianas y grandes de Sudamérica. Es probable que ello se deba a diversos factores tanto de carácter ecológico (el trigo en áreas de riego hace incosteables las combinaciones o rotaciones forrajeras, por ejemplo), como cultural (el maíz se destina sobre todo al consumo humano) y jurídico (pérdida e imposibilidad de expropiación de tierras de pastoreo que pasan a cultivos anuales).

Si la distinción anterior entre actividad agrícola y actividad pecuaria expresa en efecto la situación real y no es una simple "ilusión censal", cabría deducir que existen posibilidades de complementación productiva que no se han llevado a cabo y que podrían, eventualmente, contribuir a aumentar el ingreso y a proporcionar una ocupación familiar más intensiva y probablemente menos cíclica que la observada habitualmente en la agricultura campesina.

En el cuadro 16 se anota el número de cultivos anuales diferentes que siembran los distintos tipos de unidades a lo largo del año agrícola. Se puede apreciar, en primer lugar, el amplio predominio del monocultivo en todos los estratos de la tipología, particularmente en el de infrasubsistencia que fue, además, el que presentó el mayor porcentaje de unidades sin cultivos anuales al año del censo. De ello se deduciría la existencia en ese grupo de cierto porcentaje de unidades puramente residenciales (3% ó 4%) como lo señalamos en capítulos anteriores el comprobar la enorme influencia relativa de ese grupo en el Distrito Federal y en el estado de México.

Tampoco deja de sorprender, por otra parte, que sea más frecuente el pluricultivo en las unidades de tipo empresarial que en las campesinas y transicionales puesto que, a priori, habría sido de esperar una mayor especialización en las primeras y una tendencia mayor a producir una diversidad de cultivos de autoconsumo en las unidades campesinas, como parte de una estrategia semimercantil de sobrevivencia.

La falta de una integración agrícola-pecuaria y la tendencia al monocultivo en el sector campesino que se desprende de los datos pueden, sin embargo, deberse a no haberse incorporado a la investigación censal la pequeña producción doméstica de huevos, aves y otros productos de crianza, así como a no haberse tomado en cuenta la pequeña producción hortícola (huerto familiar) de estricto autoconsumo. No debe descartarse, sin embargo, que se esté reflejando en parte un fenómeno real de empobrecimiento de la diversidad de produc-

CUADRO 16

MÉXICO: NÚMERO DE CULTIVOS REALIZADOS EN EL AÑO AGRÍCOLA. POR TIPO DE TENENCIA (porcentajes)

Tipo de productor	Total				Tipo de tenencia Ejidal				Privado			
	0	1	2	Más de 3	0	1	2	Más de 3	0	1	2	Más de 3
Total	18.8	58.2	19.4	3.6	18.1	57.6	20.4	3.9	20.2	59.2	17.3	3.3
Campesinos												
Infrasubsistencia	21.9	63.9	13.0	1.2	22.8	62.5	13.5	1.2	20.3	66.4	12.1	1.2
Subsistencia	16.5	52.5	26.3	4.7	15.7	52.8	26.7	4.8	19.7	51.4	24.9	4.0
Estacionarios	15.8	48.0	28.8	7.4	14.6	48.5	29.1	7.8	20.4	46.1	27.8	5.7
Excedentarios	18.0	44.7	28.8	8.5	15.2	46.5	29.1	9.2	23.9	40.7	28.4	7.0
Productores transicionales	9.4	55.6	27.6	7.4	6.7	57.3	23.5	7.5	16.6	51.1	25.2	7.1
Empresarios												
Pequeños	13.7	49.5	24.3	12.5	6.2	57.6	22.4	13.8	20.9	41.9	26.2	11.0
Medianos	17.2	43.0	25.0	14.8	9.7	51.5	23.7	15.1	19.5	40.4	25.5	14.6
Grandes	19.1	34.2	27.2	19.-	9.4	48.9	24.5	17.2	20.1	32.8	27.4	19.7

FUENTE: CEPAL, sobre la base de un reprocesamiento de V censos agrícola-ganadero y ejidal, 1970.

tos de autoconsumo y, por lo tanto, de la dieta en la unidad familiar.

2. Perfil tipológico de los principales cultivos

Por perfil tipológico se entenderá la caracterización de los distintos cultivos a partir del tipo de productores que los producen. Ni el censo agropecuario ni las estadísticas continuas proporcionan antecedentes sobre el número y tipo de los productores de los diferentes cultivos. El censo proporciona a lo sumo una indicación de la superficie por cultivo que corresponde al sector privado, clasificada en unidades mayores y menores de cinco hectáreas y la del sector ejidal dividida en tamaños de parcela, sin indicar, en ningún caso, a cuántas unidades corresponde esa superficie.[4]

A continuación se presenta un intento de llenar esos vacíos en lo que respecta a los principales cultivos, con especial consideración de los casos del maíz y del frijol.

El análisis se refiere a un total de 16 cultivos, reunidos algunos en categorías genéricas, como las oleaginosas y los cultivos forrajeros, que representan en conjunto el 90% del área sembrada y cerca del 72% del valor de la producción agrícola.[5]

a] Maíz

Como sería de esperar, el maíz constituye con mucha diferencia el más extendido y frecuente de los cultivos en todos los estratos. Aunque su importancia relativa disminuye en la medida que crece el tamaño de las unidades, se trata del cultivo más importante, incluso en el sector de empresas grandes, al llegar casi al 38% del total las unidades de este estrato que lo cultivan.

Si sólo se consideran las unidades que sembraron algún cultivo el año del censo —y no, como en el cuadro 17, la totalidad de las unidades del estrato— la frecuencia relativa del maíz pasa a ser del 85% en casi todos los estratos campesinos, del 79% en el estrato de las unidades excedentarias, del 65% en el transicional y del 53% en el sector empresarial considerado en su conjunto.[6]

No se aprecian diferencias significativas de frecuencia del cultivo

[4] Véase, Dirección General de Estadística, Resumen general, op. cit., pp. 47-123, y Resumen especial, op. cit., vol. I, pp. 112-284.

[5] Véase el cuadro AE-18. La importancia relativa del grupo seleccionado se fue reduciendo hasta representar menos del 80% del área sembrada en 1979, sobre todo a causa de un descenso del maíz del 50% al 40% de la totalidad del área y de un descenso del frijol del 12% al 8%.

[6] Debe recordarse que la mayor proporción de unidades sin cultivo de ninguna clase el año del censo correspondían al estrato I. Las cifras indicadas se refieren al porcentaje de unidades que sembraron maíz entre las que sembraron algún cultivo. (Véase el cuadro 16, primera columna.)

CUADRO 17

MÉXICO: NÚMERO DE PRODUCTORES DE CULTIVOS BÁSICOS[a]

Tipo de productor	Maíz			Frijol[b]			Trigo			Arroz		
	Miles	% del estrato	% del total	Miles	% del estrato	% del total	Miles	% del estrato	% del total	Miles	% del estrato	% del total
Total	1 691.9	66.2	100.0	346.4	13.6	100.0	80.9	3.2	100.0	41.1	1.6	100.0
Campesinos												
Infrasubsistencia	945.3	66.4	55.9	143.1	10.1	41.4	20.0	1.4	24.7	6.0	0.4	14.6
Subsistencia	296.2	71.5	17.5	79.4	19.1	22.9	15.6	3.8	19.3	6.4	1.6	15.6
Estacionarios	118.9	71.7	7.0	34.1	20.6	9.8	7.0	4.2	8.7	4.7	2.8	11.5
Excedentarios	135.7	64.7	8.0	41.2	19.6	11.9	15.5	7.3	19.0	10.3	4.9	25.1
Productores transicionales	174.8	58.8	10.3	42.5	14.3	12.3	17.1	5.8	21.1	11.4	3.8	27.6
Empresarios												
Pequeños	13.7	47.0	0.8	4.2	14.5	1.2	2.4	8.2	3.0	1.3	4.5	3.2
Medianos	4.1	42.0	0.3	1.1	11.0	0.3	1.5	15.3	1.9	0.5	5.1	1.2
Grandes	3.2	37.9	0.2	0.8	9.9	0.2	1.8	22.3	2.3	0.5	6.3	1.2

FUENTE: CEPAL, sobre la base de un reprocesamiento de *V censos agrícola-ganadero y ejidal, 1970.*
[a] Se refiere a todas las unidades, incluidas las que no desarrollaron cultivos anuales.
[b] Sólo o intercalado.

entre el sector ejidal y el sector privado [7] para los mismos tipos de unidades; la proporción ligeramente mayor de las unidades privadas dedicadas al maíz puede ser puramente aleatoria. En los estratos transicional y de la pequeña empresa que es, por lo demás, en los que se observan las diferencias más significativas, sus causas pueden haber sido créditos de la banca rural destinados a cultivos distintos al maíz. A ello se podría atribuir la disminución de la frecuencia relativa de este cultivo en el sector ejidal.

En el cuadro 18 se presentan con mayor detalle algunos antecedentes relativos al maíz, y se aprecia que casi las tres cuartas partes de la superficie sembrada con este cultivo corresponden al sector campesino; esta proporción es significativamente mayor en la zona de tenencia ejidal (84%) que en la de campesinos propietarios. Al sector empresarial que, como se recordará, sólo reúne el 1.8% de las unidades productivas, le corresponde algo más del 7% del área sembrada con el mismo cultivo, por ser el tamaño promedio de las zonas destinadas al maíz en cada uno de los estratos que componen este sector significativamente mayor que la de los estratos campesinos (el área destinada al maíz en el estrato VIII es 24 veces mayor que la del estrato I, y casi cinco veces mayor que la del IV).

Como es de suponer, el área promedio crece al mismo tiempo que el tamaño de la unidad, aunque la proporción de la superficie arable dedicada al cultivo se reduce, tanto en el sector campesino como en el no campesino considerados por separado. Esto último es consistente con la mayor tendencia al pluricultivo en las unidades mayores.

Se puede suponer que, por ser menor la calidad relativa de las tierras del sector campesino (menor proporción de riego y probablemente mayor proporción de temporal de bajos rendimientos), la producción por hectárea de este sector deba aproximarse a los 700 u 800 kilogramos, en promedio, hecho que indicaría por lo menos con respecto al estrato I, que la producción total estaría muy por debajo de la requerida para el consumo directo de ese cereal en una familia promedio y que todo el sector de infrasubsistencia podría considerarse como un sector de compradores netos de maíz; a consecuencia de ello, incluso admitiendo que sólo las dos terceras partes de las unidades de ese estrato se encontraran en esa situación, resultaría que, para más de un tercio de los productores, las políticas de incremento de los precios del maíz tendrán que traducirse en disminuciones del ingreso real de dichas unidades.

Desde el punto de vista de su distribución regional,[8] el maíz es en

[7] Véanse los cuadros AF-19 y AE-20.
[8] Véase CEPAL/SARH, op. cit., cuadro 9 "Superficie con maíz común" por entidades federativas y por regiones en los volúmenes 2 y 5 de la publicación indicada.

154 TIPOLOGÍA DE PRODUCTORES DEL AGRO

todas las regiones el producto de mayor importancia relativa en términos del número de unidades productivas de cada estrato que lo cultivan que fluctúa entre un 80% en la zona Pacífico Sur y un 42% en la zona Pacífico Norte. En esta última —que con la región norte representa la de mayor desarrollo empresarial— y en los estratos de las empresas mediana y grande, el maíz revela las menores frecuencias relativas (21% y 13% respectivamente) y se ve superado por el algodón y por los cultivos forrajeros.

En el cuadro 19 se observa el porcentaje de las unidades de cada tipo que sembraron maíz mejorado el año del censo. Dicho porcentaje se incrementa, en general, a medida que crece el tamaño de la unidad, especialmente si se compara con las unidades que siembran maíz de algún tipo. Se advierte, sin embargo, que incluso entre las unidades empresariales, las que utilizan semillas mejoradas de maíz no llegan ni a la tercera parte de las unidades de este grupo, lo cual nos indicaría la posibilidad de incrementos potenciales del producto a base de utilizar con más frecuencia este tipo de insumo sin ninguna necesidad de aumentar la superficie de cultivo.

Cuando se compara el sector privado con el ejidal, se puede advertir que para todas las categorías clasificadas, con la sola excepción de las empresas pequeñas, la frecuencia relativa del empleo de maíz mejorado es mayor, y a veces significativamente mayor, en el sector ejidal, circunstancia que refleja, probablemente, la atención preferente que el Estado, como proveedor de insumos, dedica a este sector en comparación con el sector privado, y más particularmente en el segmento campesino.

Desde el punto de vista regional [9] se advierte, en la región del Pacífico Norte, una frecuencia relativa más alta de cultivadores que utilizan semilla mejorada, entre los de maíz de todos los estratos, que fluctúa entre un 14% para los del estrato ii y un 61% para los del estrato vii.

b] *Frijol*

Es el segundo cultivo en importancia tanto por lo que respecta a la extensión sembrada (cerca del 12% en 1970), como al número de unidades que lo siembran (cerca del 14%), a pesar de haber sido la superficie que se le dedicó menos de la cuarta parte que la destinada al maíz, y las unidades que lo sembraron, aproximadamente la quinta parte de las que se dedicaron al cultivo del cereal anterior.

La distribución de las frecuencias relativas en el cultivo del frijol

[9] Véase el cuadro AE-21.

CUADRO 18

MÉXICO: SUPERFICIE TOTAL Y PROMEDIO SEMBRADO CON MAÍZ, POR TIPO DE TENENCIA (hectáreas)

	Tipo de tenencia											
	Total				Ejidal				Privado			
Tipo de productor	Productores (%)	Superficie total Miles	Superficie total %	Superficie media	Productores (%)	Superficie total Miles	Superficie total %	Superficie media	Productores (%)	Superficie total Miles	Superficie total %	Superficie media
Total	58.9	4 018.6	100.0	2.7	58.7	2 460.7	100.0	2.4	59.4	1 557.9	100.0	3.3
Campesinos												
Infrasubsistencia	64.4	1 166.7	29.0	1.3	64.1	833.4	33.9	1.4	64.9	333.3	21.4	1.0
Subsistencia	60.2	750.6	18.7	3.0	60.8	602.4	24.5	3.0	57.9	148.2	9.5	3.2
Estacionarios	57.1	375.1	9.3	4.0	57.9	286.7	11.6	3.8	53.9	88.4	5.7	4.8
Excedentarios	47.9	670.5	16.7	6.7	49.6	346.5	14.1	4.9	44.2	324.0	20.8	11.0
Productores transicionales	44.4	769.3	19.2	5.8	41.0	369.7	15.0	4.2	53.3	899.6	25.6	9.1
Empresarios												
Pequeños	29.4	153.3	3.8	17.9	23.3	16.6	0.7	5.0	35.2	136.7	8.8	26.0
Medianos	28.8	71.0	1.8	25.4	31.7	3.4	0.1	4.7	27.9	67.6	4.3	32.7
Grandes	23.3	62.1	1.5	31.7	48.1	2.0	0.1	5.6	20.9	60.1	3.9	37.4

FUENTE: CEPAL, sobre la base de un reprocesamiento de V censos agrícola-ganadero y ejidal, 1970

NOTA: No se incluye maíz intercalado como cultivo principal o secundario, ni maíz mejorado o híbrido.

CUADRO 19

MÉXICO: UNIDADES QUE SEMBRARON MAÍZ MEJORADO, POR TIPO DE TENENCIA
(porcentajes)

| | Total | | Tipo de tenencia | | | |
| | | | Ejidal | | Privado | |
Tipo de productor	Del estrato	De los que sembraron maíz	Del estrato	De los que sembraron maíz	Del estrato	De los que sembraron maíz
Campesinos						
Infrasubsistencia	1.3	2.0	1.6	2.5	0.6	1.0
Subsistencia	3.7	6.2	4.0	6.6	2.2	3.8
Estacionarios	5.8	10.2	6.5	11.2	3.0	5.6
Excedentarios	7.1	14.8	8.5	17.1	4.1	9.3
Productores transicionales	8.5	19.1	9.7	23.7	5.4	10.1
Empresarios						
Pequeños	7.8	26.5	7.3	31.3	8.3	23.6
Medianos	7.9	27.4	6.7	21.1	8.3	29.8
Grandes	7.1	30.5	8.4	17.5	7.0	33.5

FUENTE: CEPAL, sobre la base de un reprocesamiento de *V censos agrícola-ganadero y ejidal, 1970*.

muestra un perfil muy semejante al del maíz y permite caracterizar a esos dos productos como típicamente campesinos.[10]

Si se exceptúa al sector de infrasubsistencia, donde la relación entre los cultivadores de maíz y los de frijol es de casi 7:1, dicha relación resulta muy semejante para los demás estratos.

Alrededor del 86% de los productores de frijol son unidades campesinas, menos del 22% son de tipo empresarial y el resto corresponde a unidades del estrato transicional. En el cuadro 20 se detallan algunos antecedentes adicionales sobre los productores de frijol. Si se comparan con los datos del cuadro 17 —en el que se incluyeron ade-

[10] Véase el diagrama 2 con el que concluye este capítulo para un contraste entre los perfiles de los cultivos principales.

más las unidades que cultivan frijol intercalado— se advierte que una proporción significativa de las unidades (casi un 40%) intercala la siembra de frijol con là de otros cultivos, principalmente el maíz. No deja de sorprender que esta práctica, frecuente y comprensible en el caso de las unidades campesinas —donde la producción se orienta tanto hacia el autoconsumo como hacia las combinaciones de mayor seguridad—, destaque también en el sector empresarial, donde alrededor del 30% de las unidades que siembran frijol lo asocian con otros cultivos.[11]

Las superficies promedio de frijol son menos extensas que las del maíz en todos los estratos y para los dos tipos de tenencia considerados (ejidos y propiedad privada), son más marcadas en los estratos campesinos que en los empresariales y, en general, tienden a reducirse a medida que aumenta la unidad productiva. Es probable que la mayor disponibilidad relativa de crédito y el mayor costo de este cultivo explique el fenómeno indicado.

Las diferencias de la superficie promedio por estrato entre los sectores de tenencia para los estratos equivalentes son similares a las observadas en el caso del maíz y parecen obedecer, en ambas situaciones, a diferencias en el tamaño promedio de la superficie cultivable de las unidades, lo cual conduce a que, a partir del estrato IV inclusive, los tamaños promedios del sector privado sean mayores que sus equivalencias del sector ejidal.

Desde el punto de vista de su distribución geográfica, el cultivo del frijol está casi tan extendido como el del maíz, no mostrando diferencia marcada con las proporciones nacionales, la frecuencia relativa de las unidades que lo siembran en las distintas regiones. Las únicas excepciones en este sentido serían las que ofrecen los dos estratos campesinos más bajos en la zona norte, donde la frecuencia relativa del frijol es significativamente mayor que la del país en conjunto (16% y 24% de las unidades en los estratos I y II, respectivamente). Los tres estratos campesinos mayores del Pacífico Sur presentan también ciertas diferencias al ser la frecuencia del cultivo del frijol del orden del 30% contra el 20% nacional. También en lòs estratos transicionales y de la pequeña empresa de la zona Pacífico Norte se observa una frecuencia significativamente mayor que en el resto del país.

Los estratos de subsistencia de la zona del Pacífico Norte y de la del Centro, y los empresarios medios de la zona Sur muestran, a diferencia de las categorías anteriores, frecuencias significativamente in-

---

[11] Los porcentajes referidos corresponden a las diferencias entre el número de productores anotados en el cuadro 17 y el que figura en el cuadro 20, expresados en relación a los primeros.

CUADRO 20

MÉXICO: FRIJOL. NÚMERO DE PRODUCTORES Y SUPERFICIE MEDIA, POR TIPO DE TENENCIA

	Total					Sector									
						Ejidal					Privado				
Tipo de productor	Productores		Superficie total		Superficie media (ha)	Productores		Superficie total		Superficie media (ha)	Productores		Superficie total		Superficie media (ha)
	Número (miles)	%	Hectáreas	%		Número (miles)	%	Hectáreas	%		Número (miles)	%	Hectáreas	%	
Total	211.3	8.3	486 617	100.0	2.3	165.3	9.4	292 191	100.0	1.8	46.0	5.8	194 426	100.0	4.2
Campesinos															
Infrasubsistencia	75.2	5.3	74 837	15.4	1.0	58.7	6.4	62 285	21.3	1.1	16.5	3.3	12 552	6.5	0.8
Subsistencia	53.9	13.0	87 992	18.1	1.6	46.0	13.8	74 315	25.5	1.6	7.9	9.9	13 677	7.0	1.7
Estacionarios	22.0	13.3	43 327	8.9	2.0	18.1	13.7	33 944	11.6	1.9	3.9	11.7	9 383	4.8	2.4
Excedentarios	25.8	12.3	91 056	18.7	3.5	18.2	12.8	45 591	15.6	2.5	7.6	11.3	45 465	23.4	6.0
Productores transicionales	30.1	10.1	121 349	24.9	4.0	22.5	10.4	66 646	22.8	3.0	7.6	9.3	54 703	28.1	7.2
Empresarios															
Pequeños	2.9	10.0	34 614	7.1	11.9	1.5	10.7	8 451	2.9	5.6	1.4	9.2	26 163	13.5	18.9
Medianos	0.8	8.0	15 591	3.2	20.0	0.2	7.9	552	0.2	3.0	0.6	8.1	15 039	7.7	25.1
Grandes	0.6	7.8	17 851	3.7	27.1	0.1	15.5	407	0.1	3.6	0.5	7.1	17 444	9.0	32.1

FUENTE: CEPAL, sobre la base de un reprocesamiento de V censos agrícola-ganadero y ejidal, 1970.

feriores a los promedios nacionales.[12] Se carece, sin embargo, de elementos de juicio que permitan determinar con más detalle la situación descrita que, es de suponer, obedece a factores de carácter totalmente aleatorio.

c] *Trigo*

El trigo ocupa el tercer lugar en importancia en cuanto al área sembrada (6% en 1970), pero en cuanto al número de productores (cerca de 81 000 unidades) su cultivo estaba por debajo del de café (140 000), de la caña (91 000) y muy probablemente del sorgo.[13]

Aunque si se tiene presente el número absoluto de productores, la mayoría de los cultivadores de trigo son de tipo campesino (72%) —como ocurre con casi todos los cultivos por la importancia relativa de este sector (87% de las unidades)— las frecuencias relativas (es decir, la proporción de productores que pertenece a cada estrato) revelan características completamente diferentes a las del maíz y el frijol. En el caso del trigo las frecuencias relativas aumentan en el mismo sentido que el tamaño de las unidades, y llegan desde una frecuencia marginal en el estrato I (1.4%) hasta una notable (22%) en las empresas agrícolas mayores.

Se puede considerar el trigo por lo tanto como un cultivo de carácter predominantemente empresarial al haber sido significativamente mayor la proporción de unidades de este tipo que lo sembraron. El porcentaje de unidades transicionales que cultiva este cereal es 2.3 veces mayor que el promedio de las campesinas, y el de las empresariales casi 5 veces dicho promedio llegando, en el caso de las grandes empresas, a ser cerca de 9 veces mayor que el de las que lo siembran en promedio en el sector campesino.

Otra característica que le distingue de los cultivos anteriores es la gran concentración geográfica del trigo, ya que en las 7 entidades consideradas para el cuadro 21 se encontraba el 65% de los productores y el 88% de la superficie sembrada el año del censo. En general, en los estados mencionados, las mayores frecuencias relativas correspondieron a los estratos empresariales mayores y son varios los casos en los que es cultivado por más de la mitad de las unidades empresariales como ocurre en Chihuahua, donde ese porcentaje se acerca al 60% de los estratos empresariales y en Sonora, donde en el estrato VII un 60% de unidades siembran trigo y en el estrato VIII lo cultivan tres de cada cuatro. En este último estado, el trigo sobrepasa la frecuencia del maíz en todos los productores en conjunto (34% contra 22%) a pe-

---

[12] Véase el Apéndice estadístico, cuadro AE-22.

[13] Probablemente, porque el sorgo se consideró entre los cultivos forrajeros en conjunto, a cuyo respecto se anotaron 178 000 productores, en su mayoría, sin duda, productores de este grano.

CUADRO 21

MÉXICO: PERFIL TIPOLÓGICO DE LOS PRODUCTORES DE TRIGO EN LAS PRINCIPALES ENTIDADES PRODUCTORAS

Entidad federativa	Productores		Porcentaje de las unidades que cultivan trigo con respecto al total del estrato [b]								Superficie (hectáreas)	Superficie media (ha)
	Número	% [a]	I	II	III	IV	V	VI	VII	VIII		
Total	*80 922*	*3*	*1*	*4*	*4*	*7*	*6*	*8*	*15*	*22*	*695 164*	*8.6*
Subtotal	*52 235*	*11*									*611 411*	*11.7*
Baja California Norte	2 744	27	4	21	12	38	25	10	24	32	56 467	20.6
Coahuila	8 729	19	17	26	32	32	12	17	19	14	43 515	5.0
Chihuahua	8 884	13	5	13	10	21	36	55	62	59	78 728	8.9
Guanajuato	8 867	8		1	4	19	19	22	40	36	66 665	7.5
Michoacán	10 902	8	6	10	9	6	8	6	14	31	34 386	3.2
Sinaloa	2 280	3			1	4	7	3	23	25	48 957	21.5
Sonora	9 829	34	4	8	24	40	50	46	60	74	282 693	28.8

FUENTE: SPP, sobre la base de un reprocesamiento de *V Censos Agrícola-Ganadero y Ejidal. 1970.*

[a] Con respecto al total de la entidad.

[b] El estrato I corresponde a los productores de infrasubsistencia, el II a subsistencia, el III a estacionarios, el IV a excedentarios, el V a productores transicionales, el VI a pequeños empresarios, el VII a medianos empresarios y el VIII a grandes empresarios.

sar de que el maíz presente mayores frecuencias relativas que el trigo en los tres estratos campesinos menores (I, II y III).

Sólo en la Baja California Norte y en Coahuila los estratos campesinos de mayor tamaño ofrecen frecuencias relativas de cultivo de trigo mayores que los estratos empresariales,[14] sin alterar por ello las características generales de este cultivo caracterizado, como se señalara, por un marcado sesgo empresarial.[15]

En términos de superficies medias de cultivo, alcanzan en el caso del trigo, los valores más altos en casi todas las entidades donde su cultivo es importante, con excepción tal vez de Michoacán con un promedio que apenas pasa de las tres hectáreas, y de Coahuila, donde el predominio campesino en el cultivo del trigo hace subir ese promedio a las cinco hectáreas. En cambio los sembradíos promedio en la Baja California Norte y en Sinaloa pasan de las 20 hectáreas y en el estado de Sonora llegan casi a 30.

Precisamente en el trigo se produjeron los avances más espectaculares de la llamada revolución verde, caracterizada entre otros aspectos por la aplicación de técnicas de alta intensidad relativa de capital (bajo la forma de insumos industriales) cuya adopción quedó reducida en general al sector empresarial, especialmente al de las unidades medianas y grandes, como lo comprueban los resultados descritos del análisis tipológico.

d/ *Arroz*

El arroz es el último de los granos básicos que se analizan con cierto detalle en este capítulo, por ser un elemento muy utilizado en la dieta nacional, aunque a su cultivo sólo se haya dedicado un 1.6% de los productores agrícolas y un 1% de la superficie sembrada el año del censo.

Se registraron alrededor de 41 000 unidades agrícolas productoras de este grano con una importancia relativa mayor de las tenencias ejidales a las que pertenecieron cuatro de cada cinco productores.[16]

Las características de sus productores podrían considerarse intermedias entre las de los cultivadores de maíz (y de frijol) y las referentes a los de trigo, aunque se acercan más a estos últimos.[17] Como en el

[14] En la Baja California Norte la frecuencia agregada del maíz es muy baja (4% de las unidades) y el trigo la supera en todos los estratos, con excepción del de los campesinos de infrasubsistencia. En cambio en Coahuila el maíz supera al trigo en todos los estratos, con la sola excepción del grupo transicional y del grupo de unidades mayores. (Véase el cuadro 21.)

[15] Véase el diagrama 2.

[16] Debe recordarse que el 70% de las unidades analizadas correspondió a parcelas ejidales. Véase los cuadros AE-19 y AE-20.

[17] Véase el diagrama 2 al final del capítulo.

caso de este cereal, las frecuencias relativas se acentúan al aumentar el tamaño de las unidades; dicho crecimiento es mucho menos pronunciado sin embargo que el que advertimos en el caso del trigo, sobre todo si hacemos abstracción del estrato de infrasubsistencia.

Así, por ejemplo, el estrato de campesinos excedentarios muestra una frecuencia relativa (4.9%) idéntica a la del conjunto del sector empresarial y la relación entre el promedio campesino y el del estrato 'empresarial más grande es de 1:5 y no de 1:9 como en el caso del trigo.

Desde el punto de vista de su distribución regional, el 85% de los productores y el 93% del área cultivada se hallaban concentrados en los 9 estados considerados en el cuadro 22.

En Campeche (6% de los productores cultivando arroz) las mayores frecuencias relativas correspondieron al grupo de pequeños empresarios (3%), seguidos por las unidades transicionales (29%) y por los campesinos excedentarios (18%).

En Chiapas el mayor peso relativo se presentó en los dos estratos mayores del sector campesino. En Oaxaca, Tabasco y Veracruz se observó también una fuerte presencia de unidades campesinas mayores (estrato IV), mientras que en Sinaloa y Morelos las frecuencias más altas se daban en el estrato de las empresas mayores (49% de éstas cultivan arroz en Morelos y 18% en Sinaloa).

Más aún, en Sinaloa no se observaron prácticamente unidades arroceras en los estratos campesinos más bajos (I y II) y el promedio de superficie del estado (17 hectáreas) es casi cinco veces mayor que el del conjunto de las unidades de los otros estados indicados.

De los principales granos básicos pasaremos a considerar algunos cultivos que se emplean como insumos industriales y algunos cultivos de exportación que, en conjunto, se presentan en el cuadro 23.

e] *Algodón*

El año del censo se dedicaba al algodón el 2% de los productores en un área cercana al 3% del total sembrado y era el tercer cultivo en importancia desde el punto de vista del valor de su producción y el primero por lo que a contribución a las exportaciones agrícolas se refiere.

Aunque en muchos de los aspectos indicados su importancia relativa ha declinado (sobre todo si se compara con el café), en años recientes se sembraban todavía más de 350 000 hectáreas de algodón en áreas de riego.

Se registraron en el país algo más de 50 000 productores de la fibra, de los cuales un 80% eran ejidatarios (frente a menos de un 70%

CUADRO 22

MÉXICO: PERFIL TIPOLÓGICO DE LOS PRODUCTORES DE ARROZ EN LAS PRINCIPALES ENTIDADES PRODUCTORAS

Entidad federativa	Productores		Porcentaje de las unidades que cultivan arroz con respecto al total del estrato [b]								Superficie (hectáreas)	Superficie media (ha)
	Número	%[a]	I	II	III	IV	V	VI	VII	VIII		
Total	41 063	2	0.4	2	3	5	4	5	5	6	137 056	3.3
Subtotal	36 764	4	1	6	9	18	29	36	14	5	127 846	3.5
Campeche	1 150	6	—	—	9	18	29	36	14	5	3 673	3.2
Colima	309	3	1	—	—	2	5	8	8	4	3 341	0.6
Chiapas	5 740	4	1	4	9	9	6	5	3	3	9 379	1.6
Michoacán	1 502	1	—	—	1	1	3	5	4	2	7 364	4.9
Morelos	3 355	10	3	5	8	10	19	25	24	49	6 091	1.8
Oaxaca	8 301	4	2	10	15	21	18	17	15	15	17 021	2.1
Sinaloa	2 746	4	—	—	1	9	7	4	13	18	46 039	16.8
Tabasco	4 468	9	4	9	12	13	5	2	1	2	7 968	1.8
Veracruz	9 193	4	1	4	6	13	5	7	2	2	26 970	2.9

FUENTE: CEPAL, sobre la base de un reprocesamiento de V censos agrícola-ganadero y ejidal, 1970.

a Con respecto al total de la entidad.

b El estrato I corresponde a los productores de infrasubsistencia, el II a subsistencia, el III a estacionarios, el IV a excedentarios, el V a productores transicionales, el VI a pequeños empresarios, el VII a medianos empresarios y el VIII a grandes empresarios.

CUADRO 23

MÉXICO PRINCIPALES CULTIVOS COMERCIALES, POR TIPO DE PRODUCTOR

Tipo de productor	Algodón			Café			Caña de azúcar		
	No. de productores	% del total	% del estrato	Núm. de productores	% del total	% del estrato	Núm. de productores	% del total	% del estrato
Total	50 414	100.0	2.0	140 115	100.0	5.5	91 171	100.0	3.6
Campesinos									
Infrasubsistencia	3 189	6.3	0.2	63 605	45.4	4.5	16 515	18.1	1.2
Subsistencia	4 873	9.7	1.2	26 472	18.9	6.4	11 756	12.9	2.8
Estacionarios	1 590	3.2	1.0	10 492	7.5	6.3	6 803	7.5	4.1
Excedentarios	2 942	5.8	1.4	10 876	7.8	5.2	7 120	7.8	3.4
Productores									
transicionales	31 313	62.1	10.5	25 079	17.9	8.4	40 590	44.5	13.7
Empresarios									
Pequeños	3 760	7.5	12.9	1 985	1.4	6.8	6 009	6.6	20.6
Medianos	1 070	2.1	11.0	808	0.6	8.3	1 515	1.7	15.6
Grandes	1 677	3.3	19.9	798	0.5	9.5	863	0.9	10.3

FUENTE: CEPAL, sobre la base de un reprocesamiento de *V censos agrícola-ganadero y ejidal, 1970.*

| Forrajeras | | | Oleaginosas | | | Tabaco | | |
Núm. de productores	% del total	% del estrato	Núm. de productores	% del total	% del estrato	Núm. de productores	% del total	% del estrato	Núm. de productores	% del total	% del estrato
178 363	100.0	7.0	8 465	100.0	0.3	109 685	100.0	4.3	9 060	100.0	0.4
57 112	32.0	4.0	1 763	20.8	0.1	31 529	28.8	2.2	1 003	11.1	0.1
35 345	19.8	8.5	1 335	15.8	0.3	21 648	19.7	5.2	678	7.5	0.2
20 605	11.6	12.4	645	7.6	0.4	8 570	7:8	5.2	247	2.7	0.2
26 377	14.8	12.6	1 012	12.0	0.5	15 919	14.5	7.6	315	3.5	0.2
29 185	16.4	9.8	2 838	33.5	1.0	28 552	26.0	9.6	4 252	46.9	1.4
4 718	2.6	16.2	385	4.6	1.3	1 841	1.7	6.4	2 117	23.3	7.3
2 441	1.4	25.2	181	2.1	1.9	820	0.8	8.5	333	3.7	3.4
2 580	1.4	30.7	306	3.6	3.6	806	0.7	9.6	115	1.3	1.4

de ejidatarios dentro del total de los productores) que cosechaban el 47% del área total del algodón en el año del censo.[18] A pesar de la tremenda influencia de las unidades ejidales, la característica de los productores de algodón es todavía más marcadamente empresarial que la de los cultivadores de trigo, fundamentalmente por las altísimas exigencias de mano de obra que su cultivo demanda.[19] En efecto, las frecuencias relativas de las unidades que lo producen crecen, a medida que aumenta el tamaño de la unidad, con más rapidez que la observada en el caso del trigo, hecho que da por resultado que la frecuencia promedio de las unidades campesinas sea 18 veces menor que la de las unidades transicionales, y 24 veces más baja que la de las empresariales, llegando incluso, en el caso de las empresas grandes, a superar 34 veces el promedio campesino. En este sentido, y después del jitomate, puede decirse que el algodón es el cultivo más característico de las empresas mayores entre todos los considerados en el análisis.[20]

A ocho estados correspondieron casi el 90% de los productores y del área [21] y, en varios de ellos, el cultivo se concentró en determinados municipios y/o microrregiones, como es el caso de Mexicali (en Baja California), Santo Domingo (en Baja California Sur), de La Laguna (sur de Coahuila y centro occidente de Durango) y Apavincin (Michoacán).

En muchos de los estados aludidos al algodón se debe precisamente (a causa de la mano de obra ocupada) la clasificación de algunas de las unidades productivas como unidades empresariales o transicionales; así se deduce del hecho de que más del 90% de las unidades de los estratos VII y VIII de la Baja California siembren este cultivo, de que casi el 90% de las unidades transicionales de Coahuila lo hagan; y de que, en Sonora, uno de cada dos pequeños empresarios y dos de cada tres de los grandes sean cultivadores de algodón.

En algunas entidades, la superficie promedio por unidad productiva de los algodonales rebasa incluso la de los trigales, llegando a aproximarse a 46 hectáreas en Tamaulipas (donde algo más de 900 productores cultivaban casi 43 000 hectáreas el año del censo) y de 29 hectáreas en Sonora, estado al que corresponde el 9% de los productores de algodón y el 28% del área sembrada con este cultivo.

[18] Véase CEPAL/SARH, *op. cit.*, cuadros 4 y 5 para los sectores ejidal y privado.
[19] Debe recordarse que es el volumen de mano de obra contratada el criterio para diferenciar entre campesinos y no campesinos, así como para definir a los estratos no campesinos.
[20] Véase el diagrama 2 al final del capítulo.
[21] Véase el cuadro 24. A estos estados habría que agregar el de Chiapas, que desde la fecha del censo hasta ahora ha ido ganando importancia relativa al pasar de alrededor de 17 000 hectáreas cultivadas el año del censo a 40 000 el año agrícola 1977/78.

Incluso en Chiapas, donde el 85% de las unidades productivas corresponde al sector campesino, sólo el 28% de los productores de algodón está en ese sector y, lo que es más revelador, al estrato de las grandes empresas, que sólo representa en el estado el 0.6% de las unidades, pertenece casi el 13% de las unidades algodoneras.

f] *Café*

Los cafetales cubrían —el año al que corresponden los datos censales— algo más de 340 000 hectáreas que generaron el 5% del producto agrícola y el 15% de las exportaciones agrícolas del país, haciendo de este cultivo el cuarto en importancia en términos de valor y el segundo en términos de dichas exportaciones. La pronunciada alza de sus precios en la década pasada y el constante, aunque modesto, aumento del área sembrada, han hecho que el cultivo sobrepase en importancia al algodón, tanto en términos de su peso en el producto agrícola (en 1979 casi el 7%), como en las exportaciones del sector, donde se colocó en primer lugar.

Según las boletas censales, debía haber en 1970 algo más de 140 000 productores de café, de los cuales un 55% habrían sido ejida-. tarios, es decir, una proporción menor del peso de este sector de tenencia en el total de unidades productivas.[22]

El INMECAFE registraba para el mismo periodo algo menos de 93 000 unidades y un área sólo un 8% inferior a la señalada por el censo.[23] Si admitiéramos que ambas cifras fueran aproximaciones aceptables a la realidad, se deduciría la existencia de algo más de 47 000 unidades con producciones marginales de café (unidades de 0.6 hectáreas en promedio) que no habrían tenido relación alguna con el Instituto que se ocupa de este cultivo.

Por sus características se sitúa el café en un lugar intermedio entre el maíz y el arroz, es decir, mayor frecuencia relativa de unidades empresariales que campesinas que el maíz pero con menor sesgo empresarial que el arroz. En efecto, la relación entre el porcentaje de unidades campesinas y el de unidades empresariales que lo cultivan es sólo de 1:1.5 (contra 1:2 del arroz). Más aún, a diferencia de los cultivos de franca inclinación empresarial considerados hasta aquí (trigo, algodón) en el café tiene el estrato transicional una mayor frecuencia relativa que los dos primeros estratos empresariales.[24]

[22] Véase CEPAL/SARH, *op. cit.*, cuadros 4 y 5 para los sectores ejidal y privado.

[23] Véase, INMECAFE, *Registro de productores de café*, México, 1970 y el cuadro AE-23.

[24] En términos burdos, esta distribución coincide con los registros que tiene el INMICAFF de los cafetaleros. Así, el estrato I de la tipología, con el 45.4% de los productores, es asimilable al estrato de entre 0.1 y 1 hectáreas, en el que se hallaba el 45% de las unidades registradas por dicho Instituto. Los estratos II, III y IV y parte del V corresponderían al tamaño de 1 a 5 hectáreas de siembra de café. Una parte del estrato

CUADRO 24

MÉXICO: PERFIL TIPOLÓGICO DE LOS PRODUCTORES DE ALGODÓN EN LAS PRINCIPALES ENTIDADES PRODUCTORAS

Entidad federativa	Productores		Porcentaje de las unidades que cultivan algodón con respecto al total del estrato [b]								Superficie (hectáreas)	Superficie media (ha)
	Número	% [a]	I	II	III	IV	V	VI	VII	VIII		
Total	*50 414*	2	0.2	1	1	1	11	13	11	20	*463 795*	9.2
Subtotal	*45 113*	9									*417 411*	9.3
Baja California Norte	3 694	37	10	9	9	9	51	73	46	28	56 847	15.4
Baja California Sur	669	38	2	9	15	18	57	77	89	94	18 634	27.9
Coahuila	18 498	41	16	20	5	2	88	43	30	56	60 906	3.3
Durango	9 658	13	1	10	10	1	73	22	24	33	24 839	2.6
Michoacán	2 022	2	—	—	—	1	4	36	29	21	32 759	16.2
Sinaloa	5 078	8	1	2	5	4	19	25	12	23	48 966	9.6
Sonora	4 557	16	1	2	7	11	25	52	43	66	131 665	28.9
Tamaulipas	937	2	0.3	1	3	1	3	3	11	23	42 795	45.7

FUENTE: CEPAL, sobre la base de un reprocesamiento de *V censos agrícola-ganadero y ejidal. 1970.*

[a] Con respecto al total de la entidad.

[b] El estrato I corresponde a los productores de infrasubsistencia, el II a subsistencia, el III a estacionarios, el IV a excedentarios, el V a productores transicionales, el VI a pequeños empresarios, el VII a medianos empresarios y el VIII a grandes empresarios.

El 93% de los productores y el 91% de la superficie sembrada con este cultivo corresponde a los estados incluidos en el cuadro 25. Tan sólo en Chiapas y en Veracruz se encuentra cerca del 60% de las unidades y algo más del 62% del área total de este cultivo, situación que parece haberse mantenido hasta ahora. Si a los estados anteriores se agrega el de Oaxaca (14% de los productores y 19% del área), al resto de los estados productores (9 adicionales) sólo correspondería el 26% de los productores y el 19% del área sembrada.

En Chiapas, el cultivo del café se caracteriza por un mayor sesgo empresarial del que se observa en los demás estados (casi una de cada dos unidades de los estratos transicional y empresarial siembran café en ese estado).

En Oaxaca, donde la máxima frecuencia relativa corresponde a las unidades empresariales mayores (una de cada tres de ellas siembra café), se observa cierta compensación con la importancia relativa del cultivo en las unidades campesinas mayores (una de cada cuatro en el estrato III y en el IV), que reduce lo que de otro modo sería un franco perfil empresarial.

En Veracruz, las mayores frecuencias relativas las encontramos en los dos estratos extremos (I y VIII) siendo el único estado en el que una parte tan significativa de las unidades de infrasubsistencia siembran alguna cantidad de café.

g] *Caña de azúcar*

La caña constituía en 1970 el segundo cultivo en importancia desde el punto de vista del valor de producción (más del 7%), muy cercano al del trigo a pesar de ocupar el quinto lugar en cuanto al área sembrada. A pesar de haber ido perdiendo importancia relativa ambos valores, el cultivo se ha mantenido más o menos en la misma posición con relación al resto de los cultivos.

Se registraron algo más de 91 000 productores en 1970, de los cuales el 84% correspondía al área ejidal (casi 77 000 parcelas) donde se encontraba el 69% del área sembrada con este cultivo.[25] El perfil tipológico de la caña está fuertemente condicionado por las altas exi-

\ correspondería a las unidades menores de los estratos de 5 a 10 y de 10 a 20 hectáreas y, finalmente, en el sector empresarial los estratos VI y VII corresponderían a las unidades mayores del estrato de 10 a 20 y al estrato de 20 a 50 hectáreas. El estrato de grandes empresas (VIII, con el 0.5% de los productores de café de la tipología) corresponde seguramente a los estratos de 50 a 100 hectáreas (0.3%) y de más de 100 hectáreas (0.2%) de la estratificación del Instituto. (Véase el cuadro AE-23 y compárese con el cuadro 25.)

[25] Ambas cifras se corresponden con los antecedentes recogidos para 1976 por la Comisión Nacional de la Industria Azucarera que registró cerca de 110 000 productores, de los que casi 91 000 eran ejidatarios y sembraban el 65% del área cañera. (Véase el cuadro AE-24.)

CUADRO 25

MÉXICO: PERFIL TIPOLÓGICO DE LOS PRODUCTORES DE CAFÉ EN LAS PRINCIPALES ENTIDADES PRODUCTORAS

Entidad federativa	Productores		Porcentaje de las unidades que cultivan café con respecto al total del estratoᵇ								Superficie (hectáreas)	Superficie media (ha)
	Número	%ᵃ	I	II	III	IV	V	VI	VII	VIII		
Total	140 115	5	4	6	6	5	8	7	8	9	374 584	2.7
Subtotal	130 148	7									342 539	2.6
Chiapas	41 252	32	18	36	37	35	46	47	48	48	140 352	3.4
Oaxaca	20 096	9	7	19	25	26	22	14	14	34	71 304	3.6
Puebla	13 739	6	6	2	5	10	14	14	12	4	19 359	2.0
San Luis Potosí	9 815	10	10	8	4	2	16	7	6	3	14 533	1.5
Tabasco	3 211	6	4	7	7	8	6	5	3	2	3 398	1.1
Veracruz	42 035	20	24	20	16	9	21	10	20	25	93 593	2.2

FUENTE: CEPAL, sobre la base de un reprocesamiento de V censos agrícola-ganadero y ejidal, 1970.

ᵃ Con respecto al total de la entidad.

ᵇ El estrato I corresponde a los productores de infrasubsistencia, el II a subsistencia, el III a estacionarios, el IV a excedentarios, el V a productores transicionales, el VI a pequeños empresarios, el VII a medianos empresarios y el VIII a grandes empresarios.

gencias estacionales de mano de obra extrafamiliar para la zafra, lo cual da lugar a que unidades que, desde el punto de vista del área cultivada y de las características socioculturales del propietario o del usufructuario, serían consideradas unidades de tipo campesino, hayan pasado a formar parte de los estratos transicional y de empresas pequeñas, que es donde se encuentran las mayores frecuencias relativas de este producto.

Al igual que en otros cultivos de inclinación empresarial, se advierte en la caña un aumento de las frecuencias relativas hasta el nivel de empresas pequeñas (con la sola excepción del estrato IV que muestra un valor relativo algo menor que el III). Sin embargo, a diferencia de varios de los cultivos anteriores (trigo, arroz, algodón) la tendencia se interrumpe en el sector de la pequeña empresa.

En este sentido, se puede caracterizar el perfil tipológico de la caña como de predominio significativo de unidades transicionales y de empresas pequeñas y medianas.[26]

Por lo que respecta a su localización, el 84% de los productores y el 91% de la superficie se encuentran en 9 estados entre los que destacan el de Veracruz (con un tercio de los productores y más de las dos quintas partes del área), seguido por los de San Luis Potosí en lo que a productores se refiere, y Tamaulipas en cuanto al área cultivada.

En casi todos estos estados predominan ampliamente las unidades transicionales: más del 70% de las unidades cañeras en Nayarit, más del 60% de las de Jalisco, Michoacán y Morelos, y más del 50% en Tamaulipas y Veracruz, a pesar de que la gran mayoría de las unidades que predominan en dichos estados son de tipo campesino, específicamente de los tipos I y II. Las únicas excepciones relativas son Sinaloa, donde las mismas llegan al 45%, y San Luis Potosí, donde no son más del 27% y parece además concentrarse el minifundio cañero por ser más de la mitad de las unidades del tipo de infrasubsistencia.

De los antecedentes anteriores se desprende que si el criterio de la estratificación hubiera sido la tierra, muchas de las unidades clasifi-

---

[26] Si se comparan los resultados de la caracterización con los antecedentes entregados por la Comisión Nacional del Azúcar sobre estratificación de productores por superficie de caña sembrada, se pueden asimilar las unidades con menos de 2 hectáreas de caña (45%) al conjunto de las unidades campesinas que la siembran (46% de las unidades cañeras). El sector transicional de la tipología (45% de los productores de caña), cubriría el total de las unidades del estrato de 2 a 6 hectáreas de caña (37%) y una fracción del estrato de 6 a 10 hectáreas (interpolándose podrían agregarse las unidades de 6 a 8 hectáreas al sector transicional, y el resto a la pequeña empresa). Las pequeñas empresas dedicadas al cultivo (7% aproximadamente del total de las unidades cañeras) sembrarían, de acuerdo con esta asimilación, entre 8 y 20 hectáreas o, interpolando también en este caso, entre 8 y 19 hectáreas, y los últimos estratos (VII y VIII, con el 2.6% de las unidades cañeras) cubrirían el rango de las mayores de 20 hectáreas de caña (2%) de la clasificación del CNIA. (Véanse los cuadros 26 y AE-24.)

CUADRO 26

MÉXICO: PERFIL TIPOLÓGICO DE LOS PRODUCTORES DE CAÑA EN LAS PRINCIPALES ENTIDADES PRODUCTORAS

Entidad federativa	Productores		Porcentaje de las unidades que cultivan caña con respecto al total del estrato[b]								Superficie	Superficie media
	Número	% [a]	I	II	III	IV	V	VI	VII	VIII	(hectáreas)	(ha)
Total	*91 171*	4	1	3	4	3	14	21	16	10	*546 981*	6.0
Subtotal	*76 405*	13									*499 561*	6.5
Jalisco	7 689	7	2	2	4	3	20	23	30	26	36 616	4.8
Michoacán	3 466	3	1	1	1	1	8	13	4	4	16 093	4.6
Morelos	6 874	20	3	12	25	21	39	51	45	38	20 468	3.0
Nayarit	3 010	8	1	1	6	5	12	13	10	11	19 330	6.4
Oaxaca	6 837	3	1	3	6	4	16	62	53	20	35 931	5.3
San Luis Potosí	10 159	10	7	11	14	13	41	35	21	25	33 049	3.3
Sinaloa	4 058	7	—	1	6	7	13	46	22	15	56 052	12.0
Tamaulipas	4 219	7	1	2	3	3	23	46	27	26	70 437	16.7
Veracruz	30 093	14	5	13	11	8	37	37	37	39	211 585	7.0

FUENTE: CEPAL, sobre la base de un reprocesamiento de *V censo agrícola-ganadero y ejidal, 1970.*

[a] Con respecto al total de la entidad.

[b] El estrato I corresponde a los productores de infrasubsistencia, el II a subsistencia, el III a estacionarios, el IV a excedentarios, el V a productores transicionales, el VI a pequeños empresarios, el VII a medianos empresarios y el VIII a grandes empresarios.

cadas como transicionales en los estados indicados habrían correspondido a simples unidades campesinas de no mediar la presencia de la caña. En otras palabras, en los estados referidos, la opción cañera ha sido la que ha creado la condición de unidades transicionales. Si consideramos las frecuencias relativas, es decir, el porcentaje de las unidades cañeras con relación al total de las unidades de cada estrato, se advertirán en Morelos y Oaxaca los valores mayores de unidades empresariales dedicadas a la caña, sobre todo de las unidades correspondientes a los dos primeros estratos de este sector en el que una de cada dos aproximadamente se dedican a su cultivo.

En Jalisco, la caña sólo es importante en las unidades transicionales (una de cada tres) y en las empresariales (una de cada cinco). En Michoacán y Nayarit, la importancia del cultivo es baja en general y alcanza los mayores niveles de importancia relativa en los dos estratos menores del sector empresarial.

Morelos y Veracruz son los únicos estados donde las frecuencias relativas del cultivo en el sector campesino son de cierta significación.

En Sinaloa y Tamaulipas la caña adquiere la máxima importancia en las unidades empresariales pequeñas; en cambio en Veracruz, la mayor frecuencia relativa se da en el estrato de las empresas grandes, aun cuando, en general, en todo el sector no campesino la caña esté presente en casi dos de cada cinco unidades.

h] *Cultivos forrajeros*

Se han agrupado en esta categoría el sorgo, la alfalfa, la cebada y el garbanzo y la avena. El primero de estos cultivos es, con mucho, el más importante con el 62% del área dedicada a esta clase de cultivos, seguido por la alfalfa y por la cebada, con el 13% de dicha área en cada caso. En conjunto, estos cultivos forrajeros representaban el 7% del área sembrada el año del censo, porcentaje que se ha ido incrementando hasta llegar a cerca del 11% en años recientes (1979) como consecuencia, sobre todo, del acelerado crecimiento del sorgo.[27] (Véase el cuadro 27.)

Se registraron más de 178 000 productores de cultivos forrajeros, de los cuales el 68% eran ejidatarios, lo cual·indica que la importancia relativa de estos cultivos es ligeramente mayor en las unidades privadas que en las ejidales.[28]

De las características de estos cultivos se desprende cierto sesgo empresarial que es menos marcado que el del trigo al que tiende a

---

[27] Véase el cuadro AE-18.

[28] Debe tenerse presente que en esta sección se están considerando solamente productores agrícolas, es decir, unidades en las que la actividad pecuaria es secundaria. El análisis de los cultivos más frecuentes entre los productores pecuarios se hace en el capítulo VII. Para una comparación ejidal-privada, véase CEPAL SARH, *op. cit.*, cuadro 4.

CUADRO 27

MÉXICO: PERFIL TIPOLÓGICO DE LOS PRODUCTORES DE FORRAJES EN LAS PRINCIPALES ENTIDADES PRODUCTORAS

Entidad federativa	Productores		Porcentaje de las unidades que cultivan forrajes con respecto al total del estrato[b]								Superficie (hectáreas)	Superficie media (ha)
	Número	%[a]	I	II	III	IV	V	VI	VII	VIII		
Total	178 363	7	4	9	12	13	10	16	25	31	1 147 463	6.4
Subtotal	124 265	12									1 006 263	8.1
Baja California Norte	1 520	15	18	27	37	17	13	12	28	32	38 095	25.1
Chihuahua	6 681	10	2	6	12	32	24	48	69	70	43 621	6.5
Guanajuato	21 895	19	4	15	20	26	33	63	80	100	70 858	3.2
Hidalgo	21 467	16	12	30	41	36	24	38	52	58	166 597	7.8
Jalisco	9 390	8	3	7	10	8	10	25	30	33	79 831	8.5
México	18 204	8	7	15	12	14	12	26	40	50	48 646	2.7
Michoacán	26 642	19	23	18	17	10	21	14	28	26	79 903	3.0
Sonora	2 970	10	5	5	13	10	5	2	2	3	45 578	15.4
Sinaloa	1 832	3	1	1	2	2	4	10	28	24	153 261	83.7
Tamaulipas	4 456	8	—	1	6	15	15	26	34	42	260 212	58.4
Tlaxcala	9 208	12	7	32	39	40	30	50	37	55	19 661	2.1

FUENTE: CEPAL, sobre la base de un reprocesamiento de V censos agrícola-ganadero y ejidal, 1970.

a Con respecto al total de la entidad.

b El estrato I corresponde a los productores de infrasubsistencia, el II a subsistencia, el III a estacionarios, el IV a excedentarios, el V a productores transicionales, el VI a pequeños empresarios, el VII a medianos empresarios y el VIII a grandes empresarios.

parecerse.[29] Las frecuencias relativas de su cultivo crecen en general con el tamaño de los predios, salvo en el estrato transicional cuya frecuencia relativa es algo menor que la del estrato que le precede. Las relaciones de dichos valores entre los sectores campesino y empresarial (1:3) son menos marcadas que las observadas en el trigo (1:5). El hecho de que alrededor de la mitad de la superficie de sorgo se encuentre en áreas de temporal permite sin duda una incorporación campesina más significativa que la que se observa en cultivos que son exclusiva o predominantemente de riego.

Los cultivos forrajeros considerados están también relativamente concentrados en algunas áreas. Tres estados (Tamaulipas, Hidalgo y Sinaloa) registraban más de la mitad del área forrajera y las tres cuartas partes de la siembra de sorgo. En un solo estado (Chihuahua) se localizaba más de la mitad de la avena forrajera; en tres (Baja California Norte, Hidalgo y Tlaxcala) estaba más del 60% de la cebada forrajera, y en otros tres (Guanajuato, Jalisco y Michoacán), la casi totalidad del garbanzo forrajero. Sólo la alfalfa aparece más difundida en las áreas de riego de las distintas entidades.

De las 11 principales entidades productoras de forrajes sólo Michoacán y Sonora presentan características distintas a las de las demás, en el sentido de que, en la primera, las frecuencias relativas en el sector campesino son decrecientes, y en la segunda la importancia relativa de los forrajes es marcadamente superior en el sector campesino a la de los sectores transicional y empresarial.

Destaca, por otra parte, la enorme frecuencia de los forrajes en los sectores empresariales de Chihuahua, Guanajuato, Hidalgo y Tlaxcala; en el primer estado, cerca del 70% de las unidades de los estratos empresariales mayores cultivan forrajes y, en el segundo, no existe una sola gran empresa que no cultive alfalfa, cebada o sorgo.

En Sinaloa, los forrajes casi no están presentes en el sector campesino y, sin embargo, en los dos estratos mayores del sector empresarial una de cada cuatro unidades aparece sembrando estos cultivos (casi exclusivamente sorgo). En este último estado y en el de Tamaulipas, el tamaño medio de los sembradíos de forrajes sobrepasa tanto al del resto de los estados como al resto de los cultivos, pues llega a casi 84 hectáreas en el caso de Sinaloa, y a más de 58 hectáreas en el de Tamaulipas.

Oleaginosas. Sólo se han incluido en este grupo algunos de los cultivos anuales de semillas oleaginosas, específicamente el ajonjolí, el cártamo y el cacahuate. De las oleaginosas importantes se estarían omitiendo la semilla de algodón, cuyo análisis no es separable del ya realizado para el algodón en general, y la soya, que no fue incluida

[29] Véase el diagrama al final de este capítulo.

explícitamente en los cuestionarios originales del censo, aunque después le fuera asignado un número de clave.[30] Las oleaginosas incluidas ocupaban algo más del 3% de la superficie sembrada el año del censo, e —incluso sin contar con la soya que es tal vez la oleaginosa de mayor dinamismo en la última década— la proporción había subido al 5% en 1979.

De cerca de 110 000 unidades productoras de los cultivos considerados (fundamentalmente de cártamo y ajonjolí) más del 80% son ejidatarios; a sus tierras corresponde el 82% de la superficie de ajonjolí y el 64% de la de cártamo.[31]

El perfil tipológico de las oleaginosas muestra cierto parecido al de los forrajes aunque tiene un sesgo empresarial algo menos marcado y muestra una mayor importancia comparativa de las unidades transicionales. La relación entre las frecuencias relativas del sector campesino y del sector transicional, y entre el primero y el empresarial son, respectivamente, de 1:3 y de 1:2, mientras que en los forrajes dichos valores fueron de 1:2 y de 1:3, respectivamente.

De haberse analizado por separado el cártamo y el ajonjolí, es muy probable que la caracterización del primero fuera muy semejante a la del trigo (es decir, tendría un mayor sesgo empresarial) mientras el del ajonjolí sería menor, como se desprendería del hecho de que un 80% del cártamo se siembre en tierra de riego y que la proporción de superficie ejidal dedicada a este cultivo sea apreciablemente menor que la dedicada al ajonjolí.[32]

Por lo que respecta a su concentración geográfica, los estados considerados en el cuadro 28 incluyen más del 60% de los productores y casi el 90% de la superficie sembrada con oleaginosas; las dos terceras partes del ajonjolí se cultivaban en Guerrero, Michoacán y Sinaloa, y en este último estado se localizaba la mitad de la superficie dedicada al cártamo.

Por lo que a sus características se refiere, en los principales estados productores se advierten situaciones diversas; en la de Baja California Norte, por ejemplo, se siembra casi exclusivamente cártamo y por lo tanto la importancia campesina es muy baja; en Veracruz, donde la oleaginosa principal es, con mucha diferencia, el ajonjolí (más del 90% del área de oleaginosas corresponde a este cultivo), el sesgo

---

[30] Sólo avanzado el proceso de tabulación se contó con las referencias a las claves señaladas durante el procesamiento censal a este cultivo del que se sembraron el año del censo cerca de 121 000 hectáreas, extensión muy cercana a la superficie del cártamo.

[31] Véase CEPAL/ SARH, op. cit., cuadro 5.

[32] Secretaría de Industria y Comercio, V censo. Resumen general, op. cit., pp. 49-70. Desafortunadamente ambos cultivos fueron tabulados desde el inicio como grupo, impidiendo percibir empíricamente el mayor sesgo campesino del ajonjolí.

CUADRO 28

MÉXICO. PERFIL TIPOLÓGICO DE LOS PRODUCTORES DE OLEAGINOSAS EN LAS PRINCIPALES ENTIDADES PRODUCTORAS

Entidad federativa	Productores		Porcentaje de las unidades que cultivan oleaginosas con respecto al total del estrato[b]								Superficie (hectáreas)	Superficie media (ha)
	Número	%[a]	I	II	III	IV	V	VI	VII	VIII		
Total	85 890	3	2	4	4	6	8	4	5	6	365 135	4.3
Subtotal	67 226	8									322 909	4.8
Baja California Norte	983	10	1	—	2	6	14	5	16	12	20 488	20.8
Coahuila	3 877	9	3	5	2	2	18	5	9	14	10 374	2.7
Guerrero	15 028	14	12	19	14	19	21	20	24	15	46 262	3.1
Michoacán	10 424	8	4	5	4	9	20	8	12	8	46 420	4.5
Oaxaca	9 384	4	3	13	20	12	14	8	10	15	21 290	2.3
Sinaloa	16 522	25	16	33	31	28	24	9,	13	12	118 150	7.2
Sonora	5 300	19	13	37	18	17	19	6	10	15	48 779	9.2
Veracruz	5 708	3	1	2	5	8	3	3	—	2	11 146	2.0

FUENTE: CEPAL, sobre la base de un reprocesamiento de V censos agrícola-ganadero y ejidal, 1970.

[a] Con respecto al total de la entidad.

[b] El estrato I corresponde a los productores de infrasubsistencia, el II a subsistencia, el III a estacionarios, el IV a excedentarios, el V a productores transicionales, el VI a pequeños empresarios, el VII a medianos empresarios y el VIII a grandes empresarios.

campesino de la estructura de los cultivos es, en cambio, predominante.

En Sinaloa, donde tanto el ajonjolí como el cártamo tienen considerable importancia (54 000 hectáreas del primero y 62 000 del segundo), se advierte también cierta inclinación campesina, puesto que aproximadamente una de cada tres unidades de los estratos campesinos aparece sembrando oleaginosas, frente a una de cada cuatro unidades transicionales y frente a una de cada diez empresariales.

En Sonora ocurre algo semejante a lo de Sinaloa en lo que a frecuencia comparativa de ambos cultivos se refiere, y las características del cultivo se asemejan también a las de dicho estado, aunque con una fuerte frecuencia de oleaginosas en el estrato II del sector campesino.

Las superficies promedio son por lo general inferiores a las que se mencionaron para los forrajes, particularmente en Sinaloa, donde sólo sobrepasan ligeramente las 7 hectáreas frente a las casi 84 de los cultivos forrajeros.

j] *Jitomate*

La información censal sobre el cultivo parece ser extremadamente defectuosa al implicar una subestimación enorme de la superficie (alrededor del 50%) con relación a los valores que registra la Dirección General de Economía Agrícola en sus estadísticas continuas y que coinciden con las informaciones procedentes de las organizaciones mismas de productores (CADES). No se puede precisar hasta qué punto la subestimación es atribuible a una subestimación de la superficie media por productor, y hasta cuál a no haberse incluido algunos productores de este cultivo. En las líneas que siguen se ha supuesto que los valores relativos (porcentuales) de la estructura tipológica son válidos, o si se quiere, que la subestimación ha sido similar en todos los estratos.

El censo de 1970 registró cerca de 8 500 productores de tomate, de los cuales casi dos terceras partes correspondían al área ejidal con el 42% del área cultivada.[33]

La producción de este cultivo revela un sesgo empresarial marcado, semejante a la del algodón, aunque con importancia relativamente mayor que el de dicho cultivo en los estratos campesinos y algo menor en los empresariales.

De la totalidad de los productores de tomate, las unidades transicionales representan más de una tercera parte; sin embargo, la frecuencia relativa de las grandes empresas, es decir, el porcentaje de las mismas que lo cultivan, es 12 veces mayor que la frecuencia relativa promedio.

[33] Véase el cuadro 29.

En cuanto a su concentración regional, y según los datos censales, a seis estados corresponderían más de la mitad de los productores y el 72% de la superficie.[34] En Sinaloa, y en términos de frecuencia relativa, predomina la gran empresa agrícola en el cultivo de este producto, puesto que el 19% de las unidades de este estrato registran su presencia contra sólo el 0.4% de las unidades en el total de productores de la entidad. La inclinación hacia la empresa grande es tan fuerte que el estrato que le sigue en frecuencia relativa es el de las empresas medianas, donde sólo el 1% se dedica al cultivo de que se trata. En este estado, a diferencia de prácticamente todos los demás, predominan las unidades privadas sobre las ejidales. En los estratos campesinos más bajos (I al III) no hay unidades privadas, pero sí un número muy reducido de parcelas ejidales en el estrato excedentario, y en el estrato transicional predominan las tendencias ejidales, que prácticamente desaparecen en el sector empresarial de Sinaloa.

En Morelos, en cambio, predominan en términos absolutos las unidades transicionales, al pertenecer a ese estrato el 54% de los productores de tomate. En términos de frecuencia relativa predominan, sin embargo, las empresas pequeñas y medianas; no obstante, el hecho de que el primero de estos estratos esté constituido sólo por 58 unidades en total, hace que su alta frecuencia relativa no sea significativa. En Morelos predominan las tenencias ejidales que rebasan el 60% de la totalidad de productores de tomate, a pesar de que en los estratos empresariales (incluso en los pequeños) pasan a predominar las unidades privadas.

En Guanajuato predominan también en términos absolutos las unidades transicionales (una de cada tres unidades tomateras) pero seguidas de cerca (una de cada cuatro) por las unidades campesinas excedentarias. Las mayores frecuencias relativas corresponden también, sin embargo, a estratos empresariales, en particular al de las empresas grandes (11% de éstas cultivarían tomate) cuyo número total es mucho más significativo que el registrado para Morelos.

El predominio ejidal, en cuanto al número de productores, es todavía mayor en Guanajuato que en Morelos, llegando a los dos tercios de la totalidad de las unidades que siembran tomate. Este tipo de tenencia predomina ampliamente en los estratos campesino y transi-

---

[34] Según la Dirección General de Economía Agrícola, en 1970 Morelos figuraría en el segundo lugar con más de 11 000 hectáreas; sin embargo, según la información censal se habrían sembrado menos de 1 600 hectáreas y este estado ocuparía el sexto lugar. Guanajuato, que ocupa el tercer lugar en ambos casos, aparece, sin embargo, con 8 400 hectáreas en los datos de la DGEA, y con sólo 3 400 en el censo. Según estas cifras, los estados indicados, más Sinaloa, tendrían el 55% de la superficie. (Véase SAC/DGEA, *Boletín Mensual*, núms. 549-500, México, 1970, y *V censo, op. cit.*

CUADRO 29

MÉXICO: PERFIL TIPOLÓGICO DE LOS PRODUCTORES DE JITOMATE EN LAS PRINCIPALES ENTIDADES PRODUCTORAS

Entidad federativa		Número de unidades que cultivan jitomate[a] por estrato[b]								Superficie (hectáreas)	Superficie media (ha)
	Total	I	II	III	IV	V	VI	VII	VIII		
Total	8 465	1 763	1 335	645	1 012	2 838	385	181	306	32 434	3.8
Subtotal	4 254	672	637	387	605	1 508	159	74	212	23 258	5.5
Guanajuato	660	27	26	62	174	231	44	22	74	3 399	5.2
Jalisco	333	36	54	33	60	123	12	9	6	4 232	12.7
Morelos	1 241	193	135	100	77	674	47	12	3	1 547	1.2
Puebla	859	304	204	44	19	262	10	6	10	1 709	2.0
Sinaloa	271	24	12	—	21	42	32	25	115	10 370	38.3
Veracruz	890	88	206	148	254	176	14	—	4	2 001	2.2

FUENTE: sobre la base de un reprocesamiento de V censos agrícola-ganadero y ejidal, 1970.

[a] No se presentarón en porcentajes ya que resultaban fracciones muy reducidas.

[b] El estrato I corresponde a los productores de infrasubsistencia, el II a subsistencia, el III a estacionarios, el IV a excedentarios, el V a productores transicionales, el VI a pequeños empresarios, el VII a medianos empresarios y el VIII a grandes empresarios.

cional, sigue dominando en el de pequeña empresa pero apenas tiene importancia en los dos estratos empresariales mayores.

k/ Tabaco

Como en el caso del tomate, la superficie registrada por el censo subestima significativamente (más de un 30%) la superficie dedicada a este cultivo. En todo caso, en términos de superficie y de valores el producto de menor importancia relativa de los considerados hasta aquí. Su superficie se ha mantenido bastante estable desde mediados de los sesenta, fluctuando ligeramente en torno a las 40 000 hectáreas, pero su valor ha crecido aceleradamente tanto por incrementos significativos de la productividad por hectárea, como por los precios relativos.[35]

El reducido tamaño de las unidades que producen tabaco y la alta exigencia de mano de obra que exige su cultivo, imprimen una característica muy peculiar a la estructura de esta producción que revela frecuencias relativas muy bajas en los estratos campesinos (0.1% y 0.2%), a diferencia de los valores de lo que se ha clasificado como pequeña empresa (7.3%).

Predomina entre los productores de tabaco la unidad transicional, seguida por la empresa pequeña; sólo una de cada cuatro unidades tabacaleras es de tipo campesino, o, si se quiere, cultiva este producto con aportes marginales de mano de obra asalariada extrafamiliar.

El 93% de los productores, y la proporción similar del área, se encuentra en los estados de Nayarit, Oaxaca y Veracruz. En el primero, un 15% de los productores del estado se dedica al tabaco, representando más del 60% del total de productores del cultivo y más del 70% del área. Es aquí donde se obtiene la casi totalidad del tabaco rubio (Virginia y Burley).[36] (Véase el cuadro 30.)

En rigor, el estado de Nayarit es el que, como consecuencia del mayor tamaño de las unidades (promedio de 3.5 hectáreas contra 1.8 de Oaxaca y 2.8 de Veracruz, respectivamente) imprime un mayor sesgo empresarial a este cultivo, puesto que casi dos de cada tres unidades de los estratos VI y VII de dicha entidad se dedican al tabaco.

En Oaxaca, las mayores frecuencias relativas corresponden a los estratos transicional y de pequeña empresa, y en Veracruz al transicional. Los estratos campesinos tienen, en ambos estados, muy poca importancia, particularmente en Veracruz donde las unidades de este

---

[35] En 1970 ocupaba el 0.3% del área sembrada y representaba sólo el 0.1% del valor de la producción agrícola; en 1979, sin que se alterara el área sembrada como proporción del total, el valor relativo pasó a representar más del 1% del valor total. (Véase el cuadro AI-18.)

[36] Una pequeña fracción de este tipo de trabajo se produce en la costa de Jalisco. Véase TABAMEX, *Apuntes sobre el tabaco*, México, 1975.

CUADRO 30

MÉXICO: PERFIL TIPOLÓGICO DE LOS PRODUCTORES DE TABACO EN LAS PRINCIPALES ENTIDADES PRODUCTORAS

Entidad federativa	Productores		Porcentaje de las unidades que cultivan tabaco con respecto al total del estrato[b]								Superficie (hectáreas)	Superficie media (ha)
	Número	%[a]	I	II	III	IV	V	VI	VII	VIII		
Total	9 060	0.4	0.1	0.2	0.2	0.2	1.4	7.3	3.4	1.4	27 740	3.1
Subtotal	8 410	1.8									26 098	3.1
Nayarit	5 583	14.6	—	1	4	3	17	64	61	41	19 719	3.5
Oaxaca	1 551	0.7	—	1	1	1	5	5	1	1	2 852	1.8
Veracruz	1 276	0.6	0.3	0.5	0.5	0.3	9	6	6	4	3 527	2.8

FUENTE: CEPAL, sobre la base de un reprocesamiento de V censos agrícola-ganadero y ejidal, 1970.

[a] Con respecto al total de la entidad.

[b] El estrato I corresponde a los productores de infrasubsistencia, el II a subsistencia, el III a estacionarios, el IV a excedentarios, el V a productores transicionales, el VI a pequeños empresarios, el VII a medianos empresarios y el VIII grandes empresarios.

sector que se dedican al tabaco no llegan al 0.5% de su totalidad. Una representación gráfica permitirá apreciar mejor lo señalado hasta esta parte. Para elaborar el diagrama 2, se tuvieron presentes los índices de las frecuencias relativas, dando el valor de 100 al estrato de mayor frecuencia para cada uno de los cultivos considerados.

Se observan así, claramente, los contrastes entre los cultivos definidamente campesinos, como maíz y frijol, y el resto de los cultivos en los que el sesgo empresarial domina en distintos grados.

El tomate, el trigo, el algodón y los cultivos forrajeros muestran mayor inclinación hacia las unidades empresariales mayores. Las oleaginosas presentan un aspecto parecido al del arroz, aunque con una ligera inclinación campesina mayor por la importancia de las unidades transicionales.

La caña y el tabaco se semejan fundamentalmente por la combinación de unidades con poca superficie de altas exigencias de mano de obra. Precisamente, las elevadísimas exigencias de trabajo en el tabaco (casi 150 jornadas por hectárea), conducen a que, a pesar de que la superficie promedio por unidad (3.1 hectáreas) sea inferior a la de la caña (6.5 hectáreas), se observe una menor presencia relativa de unidades campesinas que en este último cultivo, cuya demanda de trabajo, siendo alta (107 jornadas por hectárea), resulta menor que la del tabaco en casi un 30%.

El sector transicional influye también apreciablemente menos en el tabaco que en la caña, y en ambos cultivos predomina el sector de empresas pequeñas, seguidas por las de tipo mediano.

En las oleaginosas se advierte una tendencia al crecimiento en los índices de frecuencia relativa dentro del sector campesino, hasta culminar en el sector transicional, y una tendencia semejante en el sector empresarial, considerado, separadamente, hasta culminar en las unidades grandes, confirmando la asimilación que se hizo anteriormente del ajonjolí al sector campesino y del cártamo al sector empresarial.

Finalmente, se advierte en el café cierto sesgo empresarial con un contraste mucho menos marcado entre los distintos estratos que el del resto de los cultivos empresariales.[37]

---

[37] Otros cultivos tabulados pero no analizados, dada su menor importancia relativa, aparecen en CEPAL/SARH, *op. cit.,* cuadros 4 y 5.

DIAGRAMA 2

PERFIL TIPOLÓGICO DE LOS PRINCIPALES CULTIVOS

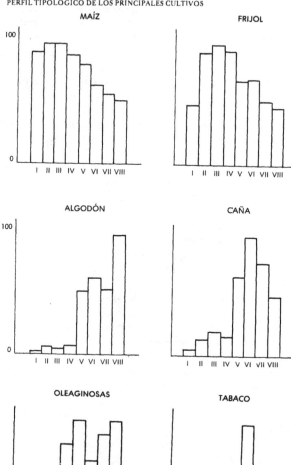

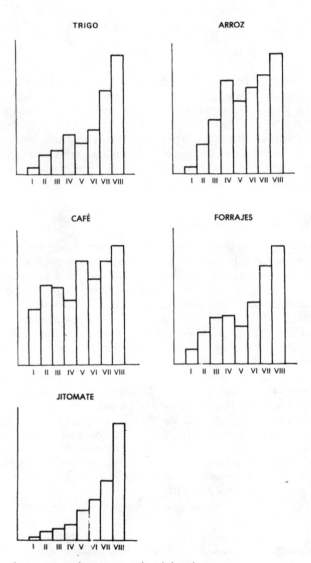

TRIGO

ARROZ

I   II   III   IV   V   VI   VII VIII

I   II   III   IV   V   VI   VII VIII

CAFÉ

FORRAJES

I   II   III   IV   V   VI   VII VIII

I   II   III   IV   V   VI   VII VIII

JITOMATE

I   II   III   IV   V   VI   VII VIII

Las columnas corresponden a número > índices de los valores

$$\frac{\text{número de unidades del estrato } i \text{ que cultivan } j}{\text{número total de unidades del estrato } i}$$

(i = 1 a VIII y j = maíz a tabaco); haciendo 100 aquel cociente que tenga el mayor valor en el cultivo correspondiente.

VI. TECNOLOGÍA, PRODUCCIÓN Y PRODUCTIVIDAD

En los capítulos precedentes se ha hecho un intento por definir cuáles son los principales tipos de productores existentes y por responder a las interrogantes de cuántos hay en cada categoría, qué recursos tienen y a qué los dedican; en lo que sigue, se intentará analizar algunos aspectos del proceso productivo que permitan formarse una idea de los niveles tecnológicos y de producción que caracterizan a cada categoría de modo de completar la descripción de los principales atributos de cada grupo de productores.

1. Diferencias en los niveles tecnológicos

Los cuestionarios censales contienen, en apariencia, todo lo necesario para un análisis exhaustivo del nivel tecnológico de cada una de las unidades encuestadas, que podría permitir incluso a los partidarios de la construcción de funciones de producción elegir entre más de 16 insumos como variables independientes,[1] registradas, a veces, hasta con cifras decimales. Sin embargo, del análisis detallado de una muestra de boletas individuales y del de congruencia entre variables, efectuando para los estados de Aguascalientes, Guerrero y Sinaloa, pudo desprenderse que los datos sobre insumos constituían, en general, los registros censales más débiles, por lo que sólo correspondía aplicar un tratamiento estadístico muy simple.

Se optó, por lo tanto, por recurrir a una aproximación puramente cualitativa para la descripción de los atributos tecnológicos de los diversos tipos de unidades, considerando sólo la presencia o ausencia de cada uno de los insumos registrados en el cuestionario censal.[2]

Para la elaboración del cuadro 31 sólo se tomaron en cuenta los insumos que mostraron mayor consistencia con otros indicadores a los que su presencia estaba asociada.

En general, pudo observarse que la frecuencia relativa de los

---

[1] Véase *Metodología*, en CEPAL/SARH, *op. cit.*, cuadro M-1 en particular las secciones XIII y XV.

[2] Es decir, se consideró como presente todo insumo en el que se hubiera efectuado un gasto, cualquiera que fuera su magnitud.

CUADRO 31

MÉXICO: INSUMOS Y NIVEL DE MECANIZACIÓN, POR TIPO DE PRODUCTOR[a]
(porcentajes)

Tipo de productor	Semilla mejorada	Fertilizantes	Pesticidas	Usaron tractor	Usaron ganado de trabajo	Mecanización alta[b]
Total	11.9	24.5	10.7	21.1	65.8	13.8
Campesinos						
Infrasubsistencia	4.7	18.1	3.0	10.3	69.5	5.9
Subsistencia	10.7	18.8	8.5	17.9	66.5	10.1
Estacionarios	14.8	22.8	11.8	25.0	64.5	14.3
Excedentarios	22.6	31.3	17.1	34.3	55.9	25.4
Productores transicionales	29.2	48.3	33.5	50.8	59.1	35.2
Empresarios						
Pequeños	43.7	65.8	55.8	74.9	50.1	62.9
Medianos	51.0	73.3	65.8	84.6	45.3	79.5
Grandes	59.3	82.6	76.5	91.1	42.2	89.6

FUENTE: CEPAL, sobre la base de un reprocesamiento de V censos agrícola-ganadero y ejidal, 1970.

[a] Véanse en el cuadro 16 los productores de uno o más cultivos.

[b] Se definió como unidades con mecanización alta a aquellas en que al menos tres de las siguientes operaciones se realizaban por medios mecánicos: preparación de suelos, siembra, aplicación de abonos o mejoradores y fertilizantes y cosechas.

insumos que pueden considerarse los indicadores de niveles tecnológicos más altos tienden a crecer cuando pasamos de las unidades menores a las de mayor tamaño. Esto ocurre con el uso de tractor plaguicida, fertilizantes y semillas mejoradas.

Lo contrario se observa sólo con respecto al empleo de ganado de labor que, en cambio, estaría indicando niveles tecnológicos más bajos que el resto de los insumos considerados.

En los casos de los fertilizantes y pesticidas, y del empleo de tractor, se pudo advertir además un cierto "salto" en la frecuencia de su empleo al pasar del sector campesino a las unidades transicionales, y también al pasar de éstas a las empresariales, hecho que viene a confirmar la existencia de un estrato (el transicional) con características que difieren, en mayor o menor grado, de los sectores extremos de una estructura bimodal campesino-empresarial.

1] *Semillas mejoradas.* La utilización de este insumo aumenta a medida que crece el tamaño de las unidades productivas, desde constituir la excepción en los estratos campesinos hasta ser empleado en casi el 60% de las grandes empresas.

Puede suceder que en ese porcentaje se subestime la frecuencia del empleo de semillas mejoradas en los estratos mayores, porque en algunos de los cultivos las mismas pueden corresponder a sus propias cosechas, sin perjuicio de los rendimientos. Si se comparan los antecedentes anteriores con los referentes al maíz que registra el cuadro 19 ya mencionado, y específicamente con los porcentajes de unidades que sembraron maíz mejorado de entre todas las que sembraron el grano, se advierte que dichos porcentajes resultan sistemáticamente inferiores para todos y cada uno de los estratos considerados, lo cual indicaría que, por lo menos con respecto a este insumo, tanto en el sector campesino como en el empresarial el nivel tecnológico sería inferior al que caracteriza al resto de los cultivos anuales.

No se pudieron obtener antecedentes sobre el sentido en que habría podido variar la situación descrita en los años posteriores al censo, pero de haber persistido un cuadro como el que la información refleja, resultaría evidente la existencia de un importante potencial de crecimiento de la producción sobre la base del mejoramiento de las semillas empleadas, sin necesidad de aumento alguno del área sembrada.

2] *Fertilizantes químicos.* También en la frecuencia del empleo de este insumo se advierte un crecimiento sistemático a medida que son mayores las unidades productivas, destacando su bajísima frecuencia en el conjunto del sector campesino (16% de las unidades) frente a la frecuencia pronunciada con que se utiliza en el sector empresarial (60%).

El acelerado crecimiento que ha experimentado últimamente el empleo de este insumo,[3] permite suponer que por lo menos en los estratos transicional y empresarial, el número de las unidades que no lo emplea debe haberse reducido significativamente, por lo que los incrementos potenciales de producción que se pueden obtener a base de este insumo, deben corresponder seguramente al sector campesino, especialmente en los estratos mayores de dicho sector, por las razones que se analizan en el último capítulo.

El gasto en abonos naturales[4] sólo se observó en un 7% de las unidades consideradas (6% de las campesinas; 8% de las transicionales, y 11% de las empresariales). Las cifras se refieren a abonos naturales *comprados*, porque en la boleta censal no se anota su empleo cuando se trata de un subproducto de las actividades de crianza y, por lo tanto, subestima toda su utilización en el sector de la agricultura campesina donde este tipo de aprovechamiento suele ser más frecuente, por lo menos, que lo indicado por los datos anteriores.

3] *Pesticidas químicos.* Aunque la frecuencia de su empleo resultó como era de suponer inferior a la de los fertilizantes, su tendencia no sólo es muy semejante a la de éstos —en el sentido de que la frecuencia de su empleo crece con el tamaño de las unidades productivas— sino que, además, la diferencia entre las unidades que emplean fertilizantes y no emplean pesticidas se ha ido reduciendo en ese mismo sentido, hasta ser del orden de sólo el 7% en el caso de las empresas grandes.

4] *Uso del tractor.* En el cuadro 9 figuran tanto el número de unidades que poseían tractor como el de unidades que arrendaban estas máquinas. La suma de esas dos categorías resultó ligeramente inferior en todos y cada uno de los estratos a la de los que aparecen en el cuadro empleando tractor para las labores agrícolas.[5]

Las diferencias son mayores en el sector campesino que en el empresarial y de ello se deduce que debe haber alguna manera de procurarse este recurso distinto a su propiedad y/o su arrendamiento. Esa manera específica no pudo determinarse, pero su importancia relativa sería muy secundaria puesto que sólo correspondería a un 2% aproximadamente de las unidades de tipo campesino.

---

[3] La superficie fertilizada ha crecido, entre 1970 y 1979, a un 5.6% acumulativo anual, pasando de 5 a 8 millones de hectáreas (FERTIMEX, *Memoria 1977-1978*, México 1979, p. 63).

[4] Esta variable fue tabulada, pero no incluida en el cuadro, pues subestima la frecuencia de uso de este insumo. Los valores indicados en el texto corresponden a dicha tabulación.

[5] Las frecuencias indicadas no son por fuerza sumables, puesto que ambas situaciones (propiedad y arriendo) pueden ocurrir en una misma unidad. Cada una de estas categorías se deriva de preguntas diferentes de la encuesta censal (véase *Metodología*, en CEPAL/SARH, *op. cit.*, cuadro M-1, claves 801, 850 y 868.

5] *Uso del ganado de labor.* Como era de esperar, la frecuencia del empleo de yuntas se mueve en sentido inverso a la del empleo de tractor y de otro tipo de insumo comprado, pasando desde un 70% para las unidades de infrasubsistencia a un 42% para las empresas mayores. Como en el caso de los tractores, la frecuencia del empleo de yunta es sistemáticamente mayor en todos los estratos que la suma de las frecuencias de propiedad y de arriendo registradas en el cuadro 9. En este caso, sin embargo, las diferencias son algo más significativas, sobre todo en los estratos campesinos menores (I, II y III), de lo cual se deduce que existen formas de disponer de ganado de labor ajeno que no suponen, por lo menos, pago pecuniario, y que beneficiarían a cerca del 14% del campesinado. Estas formas de disposición seguramente están relacionadas con sistemas de intercambio recíproco que existen en las comunidades y otro tipo de grupos territoriales campesinos.

6] *Nivel de mecanización.* Con base en la pregunta censal sobre el empleo de maquinaria para las diversas labores (específicamente barbecho, siembra, aplicación de insumos y cosecha),[6] se definió como nivel de mecanización "alta" (que es el que se registra en el cuadro) aquel en el que por lo menos tres de los cuatro tipos de labores mencionados se hicieron mecánicamente.

Los resultados del cuadro coinciden con lo que se habría esperado *a priori* y con lo que indica la columna del uso de tractor que es sistemáticamente superior a la de mecanización alta, puesto que, en los casos restantes, el tractor pudo emplearse en una o dos de las labores indicadas.

La diferencia de frecuencia entre el uso de tractor y la mecanización alta va, en general, decreciendo a medida que aumentan los estratos, lo cual también coincide con la posibilidad de que en el sector campesino la mecanización se reduzca a una sola labor (barbecho, seguramente) —o, a lo sumo, a dos de las indicadas más arriba—, con más frecuencia que en el sector de unidades empresariales.[7]

7] *Otros insumos.* Además de los insumos anotados en el cuadro, se tabularon provisionalmente otros gastos, como los relativos a *abonos naturales, agua de riego, intereses de préstamos, energía y combustibles, forrajes,* etc., que no se han incluido en el cuadro anterior porque, a pesar de que su tendencia confirmaría lo señalado hasta aquí —en el sentido de que las frecuencias relativas crecen al mismo tiempo que el ta-

---

[6] Véase *Metodología*, en CFPAI/SARH, *op. cit.*, cuadro M-1, clave 856.
[7] En el texto no se incluye ningún análisis regional del uso de insumos ni del nivel de mecanización de los distintos estratos tipológicos. La información correspondiente aparece anotada en los cuadros AE-25 al AE-29 y, como podrá apreciarse, sólo confirma las tendencias aquí consideradas, dependiendo del sesgo campesino o empresarial de la región de que se trate.

maño de las unidades—, los datos no parecían cubrir debidamente la variable referida.

En el caso de los *abonos naturales,* a los que antes se aludió, el hecho de no tomarse en consideración los insumos autoproducidos restaba valor a esta información.

Por lo que respecta al *agua de riego* los datos sobre gasto no agregaban información a la registrada en el cuadro 6, salvo, tal vez, para subrayar que en todos los estratos, con la sola excepción del transicional y de la pequeña empresa, las unidades que pagaron algo por el agua de riego eran un número algo menor que las que disponían de este recurso.

En cuanto al empleo de *energía y combustibles,* los valores registrados muestran el mismo comportamiento que la variable *uso de tractores,* pero, en los estratos empresariales arrojan cifras inferiores incluso a la frecuencia del uso de tractores propios; es decir, son menos las unidades que aparecen gastando en *energía y combustibles* que las que tienen tractores propios en los estratos empresariales, lo cual lleva a poner en duda estos datos incluso en el nivel de su sola presentación cualitativa.

No se registró en el censo prácticamente ninguna información sobre crédito; nada más se incluyó una pregunta sobre gastos efectuados en "el pago de intereses por créditos y préstamos"[8] que, a todas luces, subestima el número de unidades de cada estrato que recibieron préstamos oficiales o extraoficiales, por lo menos al no especificarse los casos en los que los intereses no fueron pagados (como sucede con un alto porcentaje del crédito campesino) ni cuando consistieron en créditos pagados en especie para las cosechas.

Los valores muy bajos de las unidades empresariales que dispusieron de crédito (véase el cuadro 32) inclinan a suponer que también en estos estratos hubo una subestimación debida simplemente a no haberse registrado los intereses pagados por dichas unidades, entre las que las formas no monetarias son muy poco frecuentes. Se anota la información recogida más que nada por los contrastes que refleja en la situación comparativa del sector ejidal y del privado, y corresponde a la mayor preocupación que el estado ha concedido en general al campesinado ejidal, preocupación que contribuye a explicar algunas diferencias en el uso de otros insumos entre unidades similares de uno y otro sector de tenencia a las que se hizo referencia anteriormente.

En efecto, si para las variables consideradas en el cuadro 31 se comparan los valores ejidal y privado,[9] se advierte que en lo referente

---

[8] Véase cepal/sarh, *op. cit.,* cuadro m-1, clave 870.

[9] Véase el cuadro af-30.

CUADRO 32

MÉXICO : UNIDADES QUE PAGARON INTERESES EN EL AÑO DEL CENSO, POR TIPO DE TENENCIA
(porcentajes)

Tipo de		Tipo de tenencia	
productor	*Total*	*Ejidal*	*Privado*
Total	7.2	9.0	3.1
Campesinos			
Infrasubsistencia	1.9	2.0	1.7
Subsistencia	6.3	7.1	3.1
Estacionario	8.4	9.7	3.3
Excedentarios	11.2	14.5	4.2
Productores			
transicionales	27.2	35.1	6.4
Empresarios			
Pequeños	28.9	46.4	12.0
Medianos	20.3	38.2	14.7
Grandes	18.0	23.1	17.5

FUENTE: CEPAL, sobre la base de un reprocesamiento de *V censos agrícola-ganadero y ejidal,*
1970.

a semillas mejoradas, pesticidas químicos y uso de tractor, las unidades campesinas de los ejidos presentan sistemáticamente valores mayores que las privadas, salvo con los fertilizantes.

Este fenómeno no se debe probablemente a una sola causa pero es
posible que el mayor acceso de los ejidatarios a los recursos proporcionados por el Estado (por el camino del crédito u otros procedimientos) explique, por lo menos en parte, lo anterior. Otro tanto
ocurre con el alquiler de tractores, a cuyo respecto se advirtió una
frecuencia de arrendamiento apreciablemente mayor en el sector ejidal que en el privado[10] y debe atribuirse también muy probablemente a las peculiares relaciones de los ejidos con el Estado en general y
con la banca en particular.

Que no suceda lo mismo con los fertilizantes (que, como veremos,
resultará determinante para las diferencias de producción por hectárea entre los dos sectores) puede atribuirse al hecho de que como

[10] Véase el cuadro 9 del texto.

los campesinos privados dependen más que los ejidatarios de los recursos propios, tienden a concentrarlos en el insumo cuyo empleo ofrece la mejor respuesta productiva; los ejidatarios tienen en cambio un margen de elección más reducido si depende del banco el tipo de insumos a que se tiene acceso, como consecuencia de una operación de crédito. Como se verá más adelante, de esa circunstancia dependerá la mayor producción por hectárea que obtienen las unidades campesinas del sector privado.[11]

A partir de algunas suposiciones simples, pero verosímiles, hemos tratado de sintetizar los niveles tecnológicos para cada tipo de productor en los datos del cuadro 32 y del cuadro 9.

Para establecer los indicadores, un primer supuesto es considerar que todas las unidades que disponen de tierra de riego en más del 80% del total laborable, son las que fertilizan y emplean tractor, es decir, como son menos las unidades con riego que las que emplean tractor y fertilizante, se supondrá que la totalidad de las primeras estarían incluidas dentro del conjunto más amplio de las que emplean fertilizantes.

Un segundo supuesto sería considerar que las demás unidades que utilizan fertilizantes también emplearían tractor, salvo las excepciones que se indican en los cuadros.

Los resultados de esta combinación de variables, que coinciden con las frecuencias obtenidas al considerarlas aisladamente (una por una), se presentan en el cuadro 33; su elaboración exigió, además, incorporar algunas situaciones de carácter excepcional a categorías mayores para no establecer niveles tecnológicos que correspondieran a muy pocos casos en sólo algunos estratos.

El nivel A se refiere a los niveles más altos de tecnología; supone, simultáneamente, una elevada mecanización de las labores, un alto empleo de insumos (fertilizantes y semillas mejoradas) y la aplicación de riego a los cultivos.[12]

El nivel B correspondería a un nivel tecnológico más bajo que el anterior y, desde el punto de vista del nivel de mecanización de los estratos I al V, estaría incluyendo unidades que utilizan tractor pero no corresponderían a lo que hemos calificado como mecanización alta; ésta estaría presente, en cambio, en todas las unidades de los estratos VII y VIII y en casi el 90% del estrato VI. Por lo tanto, y en un sentido estricto, el sector empresarial de este estrato tecnológico se encontraría a un nivel algo más elevado que el de las unidades campesinas aquí incluidas.

---

[11] Véase el cuadro AE-34.

[12] Debe advertirse que 1/7 de las unidades correspondientes al estrato I, y 1/6 de las del estrato II, incluidas en el nivel A, no tendrían mecanización alta. Además, 2/7 del estrato I, y una de cada 12 unidades del III no emplearían semillas mejoradas.

CUADRO 33

MÉXICO: SÍNTESIS DE NIVELES TECNOLÓGICOS, POR TIPO DE PRODUCTOR[a]
(porcentajes aproximados)

Niveles tecnológicos	Todas las unidades	Campesinos				Productores transicionales	Empresarios		
		de infra subsistencia	Subsistencia	Estacionarios	Excedentarios		Pequeños	Medianos	Grandes
Total	100.0	100.0	100.0	100.0	100.0	100.0	100.0	100.0	100.0
A Riego, mecanización y alto uso de insumos	12.5	7[c]	12[d]	13	23[e]	28	38	38	45
B Temporal, mecanización y uso de fertilizantes [f]	6.9	3	6	10	8	20	28	35	38
C Temporal, yunta [g] y tractor, sin fertilizantes	8.2	5	12	13	12	12	14	15	15
D Temporal, yunta sin fertilizantes	57.4	65	55	54	47	40	19	12	2
E Temporal, sin yunta y sin fertilizantes	15.0	20	15	10	10	—	—	—	—

FUENTE: CEPAL, sobre la base de un reprocesamiento de V censos agrícola-ganadero y ejidal, 1970.

[a] Este cuadro se ha elaborado con base en los antecedentes proporcionados por los cuadros 6 y 31.

[b] Con excepción de los casos que se indican en pie de página, las unidades incluidas en esta categoría corresponden a aquellas donde más del 80% de la tierra cultivable era de riego, y que además del empleo de insumos industriales presentaban índices de mecanización alta.

En rigor, sólo un 6% tenía mecanización alta, un 5% utilizaba semilla mejorada, y un 3% empleaba pesticidas.

[d] sólo un 10% tenía mecanización alta, un 11% usaba semilla mejorada, y un 9% empleaba pesticidas.

[e] Sólo un 17% usaba pesticidas.

[f] El nivel de mecanización en esta categoría se refiere sólo al uso de tractor para alguna de las labores. Algunas de las unidades de este nivel, así como del nivel c, tienen algo de superficie de riego en la cultivable.

[g] Para los estratos de infrasubsistencia y de subsistencia no se estima uso de tractor; en el estacionario usó tractor un 2% de las unidades y otro tanto ocurrió con el 3% de los excedentarios, un 8% de las pequeñas empresas, un 12% de las medianas y un 8% de las grandes.

El nivel c es un nivel más bien residual por haberse incluido en él situaciones heterogéneas de cada uno de los estratos considerados. Así, se han incorporado al mismo situaciones que tienen en común fertilizantes, algunas de las unidades sólo emplearían yunta, otras, sólo tractor, y otras una combinación de los dos tipos de tracción, incluyendo, en los dos estratos empresariales más altos, cierto número de unidades con mecanización alta (7% de las incluidas en el estrato vii y 5% de las incluidas en el estrato viii).

El nivel d corresponde a lo que se suele denominar "tecnología tradicional" que sería la predominante en los estratos campesinos e iría declinando hasta casi desaparecer en lo que hemos clasificado como empresas grandes.

El nivel e corresponde seguramente al tipo de tecnología que es característico de las áreas de tumba-roza-y-quema (trópico húmedo), así como de otras donde lo reducido del área o las enormes restricciones impuestas por el terreno, así como la falta de acceso a animales de tiro, obligan a una siembra "de espeque" y al empleo de las herramientas más rudimentarias. No habría en este nivel unidades transicionales ni unidades de tipo empresarial.

Si se suman las dos últimas categorias de bajo nivel tecnológico y se comparan con la suma de las dos primeras (que en el caso del sector empresarial sólo se distinguirían por la utilización o la falta del riego) resultaría que el 78% del campesinado se caracterizaría por un bajo nivel tecnológico y sólo un 14% se encontraría en los niveles medio y alto, mientras que en el sector empresarial la relación se invertiría con menos de un 16% en el nivel d y más de un 70% en los niveles medio y alto, reflejando la presencia de una gran heterogeneidad tecnológica y coincidiendo con la diversidad de unidades productivas que se establecieron en la estructura tipológica.[13]

Al compararse estos resultados con los obtenidos por la Dirección General de Economía Agrícola (DGEA) en un análisis de muestreo del cultivo de maíz hecho en 1975, donde se encuestaron 5 000 unidades, la aproximación anterior se puede considerar aceptable.[14]

En efecto, si se elimina la categoría e del cuadro 33, que no ha sido incluida en el análisis de la DGEA, se toma como total de los casos la suma de las demás categorías, y se asimila la categoría d del cuadro 33 a lo que la Dirección referida define como "temporal, yunta y usos bajos y medio de insumos y servicios", se incorporarían a dicha categoría el 67.5% de las unidades de la tipología, contra el 77% de las unidades del estudio de la Dirección, a la categoría b correspondería

[13] Los valores corresponden, en el caso de los campesinos, a los porcentajes ponderados de los estratos, sumando las frecuencias resultantes de los niveles A + B y las de los niveles D + E.
[14] Véase el cuadro AE-31.

el 8.1, contra el 8.5, y sólo en el nivel A existiría una enorme diferencia porque el cuadro 32 registra casi un 15% de las unidades mientras el estudio de la Dirección sólo registra un 3%. Esta diferencia era, de hecho, de esperar, porque no debe olvidarse que el estudio de la DGEA se refiere exclusivamente al maíz, y las unidades que cultivan este grano aplicando niveles tecnológicos elevados son significativamente menores que las que lo hacen en los otros cultivos, como se desprende del análisis mismo de los perfiles tipológicos de los distintos cultivos y de las consideraciones que se hicieron sobre semillas mejoradas.[15]

En la parte final de este capítulo, se vuelve al tema de la tecnología, en los términos de algunas relaciones insumo-producto e insumo-insumo, y para ello se necesita analizar primero el resultado del proceso productivo, o, si se quiere de los niveles de producción alcanzados por los distintos tipos de productores.

2. *Los niveles de producción*

De la información analizada hasta aquí, la más frágil o imprecisa ha sido la relacionada con el valor de los medios de producción y con los niveles de gasto en insumos, tanto por las dificultades intrínsecas a la valoración de sus componentes como por omisiones y errores de registro significativos.

La información sobre el valor de la producción le sigue, probablemente, en grado de imprecisión, por varias razones que es pertinente mencionar para comprender bien el significado de las cifras que se presentan: en primer lugar —como se subrayó al analizar los cultivos— existe un margen no precisable de subestimación de la producción campesina que debe atribuirse a no haberse tomado en cuenta cultivos y productos de crianza marginales, realizados generalmente en la huerta familiar y no integrados con claridad para los enumeradores censales, a las actividades más visibles de la unidad de producción.

En segundo lugar, del análisis del contenido de una muestra de boletas censales de los estados de Guerrero, Aguascalientes y Sinaloa, realizado como paso previo para el establecimiento de la tipología, resultó que, en un número significativo de casos, el valor de la producción fue la resultante de haberse imputado los rendimientos y precios derivados de una encuesta *ad hoc* realizada por el censo para

---

[15] La categoría c, a pesar de ser residual, no correspondería a lo que la DGEA define como "temporal, yunta y alto uso de insumos y servicios" (15% de las unidades encuestadas), que es la que completa las categorías consideradas en el citado estudio. En el análisis tipológico aquí realizado no se registraron prácticamente unidades que correspondieran a esta definición.

estos efectos.[16] La imputación realizada mostró una marcada tendencia a aplicar los valores mínimos y medios (en precios y rendimientos) a las unidades menores (generalmente campesinas) y máximos a las mayores, sobre todo en las zonas de riego.

En tercer lugar, se han mantenido errores de registro y de tabulación que no lograron ser eliminados por la crítica electrónica a que se sometieron los datos originales del censo, y que conducen, por ejemplo, a que aparezcan algunas unidades de infrasubsistencia (0.01% de los casos) con valores de producción superiores a 50 salarios mínimos rurales anuales,[17] y empresas grandes con una producción que no llegan ni a un SMRA (4.6% de los casos).

A pesar de lo anterior, sin embargo, los valores promedio de producción por estrato coincidieron con el resto de los antecedentes y de los mismos se desprende que, al promediar los valores, se presenta cierta tendencia a compensar los extremos de sobre y subestimación, sobre todo en las unidades menores.

Se ha creído conveniente expresar los valores de producción en su equivalente a SMRA,[18] porque al emplear como denominador el salario mínimo vigente en las entidades en que se localiza cada unidad productiva, se obtienen valores comparables en términos de poder adquisitivo local y, además, no se requieren actualizaciones de los valores monetarios para percibir los órdenes de magnitud de la información presentada, como ocurriría si se expresara en pesos del año del censo.

Los resultados obtenidos se recogen en el cuadro 34, donde se registran tanto los niveles medios de producción como la participación de cada uno de los estratos de la tipología en el valor total del producto creado por el conjunto de las unidades consideradas.

Si aceptamos que los salarios mínimos rurales corresponden aproximadamente a los requerimientos de sustentación de una familia, y que su nivel se fija considerando la existencia de más de un activo por familia (el promedio rural de personas económicamente activas por familia se aproxima al 1.5), y analizamos los valores promedios por estrato, resultará que confirmarán la caracterización tipológica adoptada.

En efecto, las unidades de infrasubsistencia obtienen, en promedio, una producción de menos de la mitad de un SMRA, y lo que es más, casi el 43% de las unidades de este estrato no llega ni a la décima

[16] Dirección General de Economía Agrícola, *Encuesta especial sobre rendimientos y precios medios*, México, 1972.
[17] Un salario mínimo rural anual (SMRA) corresponde al producto del salario mínimo rural diario por 250 días estimados como de ocupación completa.
[18] Para una mayor precisión sobre el concepto y el sobreprocedimiento empleado para la determinación de las equivalencias, véase *Metodología*, en CEPAL/SARH, *op. cit.*

CUADRO 34

MÉXICO: VALOR DE LA PRODUCCIÓN TOTAL, POR TIPO DE TENENCIA
(salarios mínimos rurales anuales) SMRA

Tipo de productor	Total					Tipo de tenencia									
						Ejidal					Privado				
	No. de productores	%	Valor Miles de SMRA	%	Promedio (SMRA)	No. de productores	%	Valor Miles de SMRA	%	Promedio (SMRA)	Núm. de productores	%	Valor Miles de SMRA	%	Promedio (SMRA)
Total	2 557 070	100.0	5 464.7	100.0	2.1	1 763 933	100.0	2 582.3	100.0	1.5	793 137	100.0	2 882.4	100.0	3.6
Campesinos															
Infrasubsistencia	1 422 896	55.7	637.3	11.7	0.4	922 294	52.3	417.2	16.2	0.4	500 602	63.2	220.1	7.6	0.4
Subsistencia	414 001	16.2	514.0	9.4	1.2	334 307	19.0	395.9	15.4	1.2	79 694	10.0	118.1	4.1	1.5
Estacionarios	165 805	6.5	306.1	5.6	1.8	131 831	7.5	235.3	9.1	1.8	33 974	4.3	70.8	2.4	2.1
Excedentarios	209 704	8.2	804.0	14.7	3.8	142 789	8.1	438.8	17.0	3.1	66 915	8.4	365.2	12.7	5.5
Productores transicionales	297 367	11.6	1 399.9	25.6	4.7	215 469	12.2	878.6	34.0	4.1	81 898	10.3	521.3	18.1	6.4
Empresarios															
Pequeños	29 173	1.1	508.0	9.3	17.4	14 203	0.8	171.7	6.6	12.1	14 970	1.9	336.3	11.7	22.5
Medianos	9 706	0.4	351.6	6.4	36.2	2 304	0.1	37.3	1.4	16.2	7 402	0.9	314.3	10.9	42.5
Grandes	8 418	0.3	943.8	17.3	112.1	736	—	7.5	0.3	10.2	7 682	1.0	936.3	32.5	121.9

FUENTE: CEPAL, sobre la base de un reprocesamiento de V censo agrícola-ganadero y ejidal, 1970.

parte de un SMRA;[19] sólo el 9% de ellas sobrepasa ese nivel. Esta última cifra, es, a su vez, coincidente con el porcentaje de unidades de este estrato que estaban en los niveles de tecnología A y B. (10% de las unidades.)

El producto que resulta para el estrato de subsistencia (1.2 SMRA) coincide también con su definición y confirma como válidos los criterios aplicados para su delimitación.[20] El valor modal del producto de este estrato se sitúa entre 0.5 y 1 SMRA y caracteriza a una de cada cuatro unidades del estrato. Un número ligeramente inferior a éste se encuentra en el rango entre 1 y 2 SMRA, registrándose menos de un 14% de unidades de subsistencia que sobrepasa los dos salarios mínimos rurales. Lo anterior tampoco se pone a la proporción de unidades de subsistencia utilizada para el nivel tecnológico más alto.

En el sector de las unidades estacionarias, cuyo ingreso promedio no llega a los dos salarios mínimos, una de cada cuatro unidades figura en el rango de 1 a 2 SMRA y otro tanto pasa de dicho nivel. Sólo una pequeña fracción, sin embargo, sobrepasa los cinco salarios mínimos rurales (4%).

En la unidades excedentarias el producto es más de dos veces superior al del estrato anterior y se encuentra con respecto a dicho estrato, a mayor distancia que con respecto al estrato transicional. La diferencia de producción, en relación al estrato anterior, se deriva fundamentalmente de diferencias en la superficie disponible (que es de 3:1) y no de diferencias en el nivel tecnológico, porque aunque el porcentaje de unidades excedentarias es mayor que el de unidades estacionarias en el nivel tecnológico A, esa diferencia no parece significativa.

La menor distancia con respecto al estrato transicional podría llevar a poner en duda la separación de este último del sector campesino, pero, como señalamos en capítulos anteriores, una serie de atributos de carácter tecnológico parece justificar la separación adoptada, incluso aceptando que algunas de las unidades menores del sector transicional corresponderían más estrictamente al sector campesino y algunas de las mayores, probablemente, al de empresas pequeñas.

Precisamente las diferencias de orden tecnológico son las que explican que a pesar de que la superficie promedio del estrato transicional corresponda a sólo 3/5 de la de las unidades excedentarias, el

---

[19] Véase el Apéndice estadístico, cuadro AE-32 para las referencias a distintos niveles de producto por tipo de productor que se hacen en este capítulo.

[20] Debe recordarse que el tipo de estrato en el que se clasifica cada unidad no tiene relación con el valor de su producción, por lo que la correspondencia entre la categoría tipológica y el nivel de producto resultante es una confirmación de la validez de la clasificación.

valor de la producción de las primeras supere en un 24% al de las segundas.

Entre el sector transicional y el de las empresas pequeñas se advierte un verdadero "salto" en el nivel de producción, puesto que el producto de estas últimas es casi cuatro veces el de las primeras aunque la superficie de labor sea sólo algo más del doble. Tanto a la calidad de la tierra (la proporción de riego en la superficie cultivable) como al nivel tecnológico (la proporción de unidades en los niveles A y B) se deben, sin duda, estas diferencias.

Un 37% de las unidades de este estrato se encuentra entre 10 y 50 salarios mínimos rurales y sólo un 3% sobrepasa el nivel más alto.

Las empresas medianas más que duplican el promedio de producción de las pequeñas, pues aunque les corresponde algo más de la mitad de las unidades del mismo rango modal del estrato anterior (es decir, del rango de 10 a 50 salarios mínimos rurales), incluyen un 15% de empresas con más de 50 salarios mínimos rurales. Cerca de la mitad de las empresas grandes rebasa el nivel de los 50 SMRA y algo más de un 30% se encuentra también en el rango de 10 a 50 SMRA, que al igual que en el resto de las unidades empresariales es asimismo el rango modal de este estrato.

A pesar de que los datos del censo conducen a subestimar el grado de concentración de la estructura productiva —al impedir integrar unidades que están aparentemente divididas en predios distintos pero que constituyen de hecho una sola empresa— y de que este fenómeno es más frecuente en los estratos empresariales que en los demás, se advierte una fuerte concentración del producto generado pues el conjunto de las unidades empresariales —que no llega al 2% de la totalidad de las unidades— genera un tercio del producto agrícola total en algo más del 20% de la superficie arable.

El sector campesino, con un 87% de las unidades agrícolas y un 57% de la tierra arable, generaría alrededor del 40% del producto, correspondiendo el resto al sector transicional.

Tendríamos, pues, en los extremos, al sector de infrasubsistencia con un 56% de las unidades y con el 11% de la tierra generando el 12% del producto, y al sector de las empresas grandes que representarían a sólo el 0.3% de los productores y ocuparían menos del 9% de la tierra pero generarían algo más del 17% del producto total.

Entre los ejidatarios y los propietarios privados de los sectores campesino y transicional se advierten diferencias sistemáticas en los niveles medios de producción por estratos equivalentes.

Salvo en el estrato I, en todos los demás las unidades privadas exhiben niveles de producción promedio mayores que las unidades ejidales. En los estratos IV y V dichas diferencias podrían explicarse por las de la superficie de labor, pero en los otros estratos apenas existen diferencias en el tamaño de los predios e incluso en los estratos I y III la proporción de riego de la tierra cultivable es mayor en las unidades ejidales que en las privadas.

Las diferencias advertidas deben estar relacionadas, por lo tanto, con el valor de los medios de producción, que es significativamente menor en las parcelas ejidales que en los predios privados.[21]

En los estratos empresariales la producción de las unidades privadas es claramente superior a la de sus similares ejidales (incluso sin tomar en cuenta el caso del estrato VIII ejidal, por las razones señaladas anteriormente), pero viene a confirmar las diferencias apreciadas. Tanto por el valor de los medios de producción como por el tamaño de las tierras de labor se explicarían casi por sí solas las diferencias en el nivel del producto.

Cabría destacar, finalmente, que la concentración de la producción en el sector ejidal es, como se esperaba, menor a la que se advierte en el sector privado, donde tanto el acceso a tierras laborables como la disponibilidad de medios de producción muestran una mayor concentración.

Las empresas de ejidatarios (menos del 1% de las unidades del sector) generan casi el 40% del producto en esta área de tenencia mientras las del sector privado (menos del 3% de las unidades) generan más del 55% del producto del mismo. Es más, las empresas grandes del sector privado (1%) generan casi una tercera parte del producto de ese sector.

El sector campesino ejidal, con el 87% de las unidades, genera casi el 56% del producto ejidal mientras los campesinos privados, que son un porcentaje muy semejante del total de unidades privadas, no llegan a generar el 27% del producto del sector tenencia al que nos referimos.[22]

3. Las escalas de producción

Aunque lo señalado proporciona cierta idea de las diferencias de escala que caracterizan a las diversas unidades de la tipología, parece conveniente presentar una síntesis de dichas diferencias a través de índices de los principales recursos disponibles para compararlos con los de los niveles de producción alcanzados por cada uno de esos estratos.

Para la elaboración del cuadro 35 se han tomado como base (=1)

[21] Las relaciones entre los estratos homólogos de las dos áreas de tenencia son, aproximadamente, de 2:1 en los estratos II y III, y de 4:2 en los estratos IV y V.

[22] Las diferencias regionales de la distribución del producto total por estratos y sectores de tenencia se registran en los cuadros 6, "Valor de la producción total" de los tomos por región y por entidad federativa de CEPAL/SARH, *op. cit.*

los valores de cada una de las variables correspondientes a las unidades de infrasubsistencia tanto para el conjunto de los productores como para cada uno de los sectores de tenencia.

Como era de esperar, todos los índices crecen a medida que aumentan de tamaño las unidades productivas, con la sola excepción de la tierra cultivable y de riego en el estrato transicional, por razones ya comentadas.[23]

Los índices de medios de producción y de superficie de riego son los que crecen con mayor velocidad. En los sectores no campesinos, el crecimiento del producto acompaña muy de cerca al de dichos índices.

En cambio, los índices de ocupación crecen muy lentamente en el sector campesino, que por definición está compuesto por unidades cuyo límite de empleo está dado por la mano de obra familiar más un complemento máximo de 25 jornadas. Por otra parte, los contrastes entre el sector campesino y el empresarial son mucho menos marcados para los índices de intensidad de trabajo, que para los demás porque —a juzgar por el análisis de los medios de producción que se hizo— se presentaría un verdadero "salto" tecnológico de un sector a otro que sería atribuible a un incremento de la mecanización y a una densidad de capital relativamente alta por persona ocupada, como lo confirman las relaciones insumo-insumo que se presentan en el cuadro 36.

En materia de indicadores de escala se advierten diferencias entre los valores relativos de las unidades ejidales y los que caracterizan a las unidades privadas,[24] debidas tanto a la propia génesis de ambas formas de tenencia como a las mayores restricciones a la acumulación (de tierras sobre todo) en el seno de los ejidos. Así, mientras las unidades ejidales mayores tienen 13 veces la superficie de las menores, el rango de las privadas va de 1 a 178. En rigor, el rango es seguramente mucho mayor en términos de potencial productivo porque el índice de la superficie de riego de las empresas grandes del sector privado es de casi 950, mientras en el sector ejidal el valor más alto (en el estrato VII) llega a 56.

Los índices de capital son también significativamente distintos. El nivel más alto de los ejidales (también en el estrato VII) llega a 26 y en el sector privado, a cerca de 280 (estrato VIII).

[23] Véase en el capítulo IV, la sección referente a la superficie de labor por tipo de productor.
[24] Todos los valores más altos del sector ejidal corresponden al estrato de empresas medianas, que confirma lo señalado en el capítulo IV de que el pequeño número de unidades ejidales registradas en el estrato VIII (0.04%) puede deberse a errores censales de la información sobre gastos en salario. Por esa razón hemos hecho caso omiso de dicho estrato a lo largo de nuestro análisis. (Véase el cuadro AE-33.)

CUADRO 35

MÉXICO: ÍNDICE DE RECURSOS DISPONIBLES Y DE PRODUCTO GENERADO, POR TIPO DE PRODUCTOR

(infrasubsistencia = 1)

Tipo de productor	Superficie arable	Superficie de riego	Capital	Ocupación	Producto
Campesinos					
Infrasubsistencia	1.0	1.0	1.0	1.0	1.0
Subsistencia	3.5	6.4	1.7	1.4	2.7
Estacionarios	5.9	11.8	2.5	1.6	4.0
Excedentarios	17.2	51.7	5.7	2.0	8.4
Productores transicionales	9.9	35.5	7.1	3.8	10.4
Empresarios					
Pequeños	32.2	159.4	40.9	8.0	38.7
Medianos	67.9	337.1	101.5	11.2	80.4
Grandes	134.5	770.7	304.7	24.4	249.1

FUENTE: CEPAL, sobre la base de un reprocesamiento de *V censos agrícola-ganadero y ejidal, 1970.*

CUADRO 36

MÉXICO: ÍNDICE DE ALGUNAS RELACIONES INSUMO-PRODUCTO E INSUMO-INSUMO

(infrasubsistencia = 100)

Tipo de productor	Valor del producto total			Valor de los medios de producción		Personas ocupadas por hectárea de equivalente temporal
	Por hectárea de equivalente temporal	Por persona ocupada	Por unidad de capital	Por hectárea de equivalente temporal	Por persona ocupada	
Campesinos						
Infrasubsistencia	100.0	100.0	100.0	100.0	100.0	100.0
Subsistencia	77.8	179.0	169.9	45.8	105.4	43.5
Estacionarios	69.4	232.7	170.6	40.7	136.5	29.8
Excedentarios	49.4	408.1	154.4	32.0	264.5	12.1
Productores transicionales	105.5	229.4	151.0	69.8	152.0	46.0
Empresarios						
Pequeños	119.8	413.2	96.6	124.1	428.0	29.0
Medianos	118.1	626.9	81.2	145.5	772.8	18.8
Grandes	184.4	873.1	83.6	220.6	1 044.5	21.1

FUENTE: CEPAL, sobre la base de un reprocesamiento de V censos agrícola-ganadero y ejidal, 1970.

En los índices de ocupación, sin embargo, los contrastes entre sectores de tenencia son menores puesto que el valor más alto de las parcelas ejidales no llega a 2 y el más alto de las privadas no llega a 29. Más aún, si exceptuamos estos estratos extremos, el resto de los índices de ocupación para estratos equivalentes (ejidal-privado) son parecidísimos tanto en el sector campesino como en el transicional y en los dos primeros estratos empresariales.

Las diferencias mencionadas en la escala de las unidades productivas conducen también a diferencias significativas en los niveles de producción, puesto que las unidades mayores del sector privado tienen niveles 280 veces superiores al de las unidades menores del mismo sector de tenencia, mientras que dicho máximo en el sector ejidal sólo llega a 36.[25]

4. Relaciones insumo-insumo e insumo-producto

Las diferencias de calidad entre los recursos a que tienen acceso los distintos tipos de unidades (calidad de tierra, tipo y valor de los medios de producción), las diferencias en los patrones de uso del suelo y la imprecisión de la propia información censal deben tenerse presentes al considerar las estimaciones sobre relaciones insumo-insumo e insumo-producto que se presentan a continuación.

Las variaciones del índice de producción por hectárea son diferentes en el sector campesino que en el sector empresarial, pues mientras en el primero declina a medida que aumenta el tamaño de la unidad, en el empresarial la tendencia es a aumentar al pasarse de las unidades transicionales a las pequeñas y medianas, y de éstas a las empresas mayores.

El descenso en el producto por hectárea en el sector campesino parece deberse tanto a una dotación decreciente de medios de producción por hectárea, como a un descenso en la intensidad de trabajo por unidad de superficie puesto que, de los antecedentes obtenidos, parece que existe cierta similitud en la calidad de los recursos y en los patrones de uso del suelo.

Estos resultados confirman plenamente las hipótesis sobre criterios de intensificación en las economías campesinas desarrolladas en el capítulo III, pues, aceptando que las necesidades familiares básicas fueran similares para todos los estratos campesinos, un incremento en la tierra disponible (que es lo que varía al pasar de la categoría I a la IV) tendría que implicar una disminución de la intensidad del trabajo con que se cultiva y, en igualdad de condiciones tecnológicas, un descenso de los rendimientos por hectárea.

[25] Véase el cuadro AE-33.

En el sector transicional, el mayor valor de la producción por hectárea, con relación a los estratos precedentes, parece ser el resultado de una intensidad mayor de trabajo y de medios de producción por unidad de superficie pues la densidad de capital por persona ocupada resultó inferior a la del estrato que la precede. Sin duda, el predominio de cultivos comeŕciales de alta intensidad de trabajo (caña, tabaco, etc.) entre este tipo de productores, explica que los niveles de sus diversos índices sean comparables a los que ofrece el sector campesino.

Er. el sector empresarial, la gran similitud de los rendimientos por hectárea de los dos primeros estratos no corresponde con la mayor densidad de capital del estrato vii, tanto por hectárea como por persona, lo que hace suponer que dichas diferencias estarían compensadas por un trabajo más intenso por hectárea en el estrato de las empresas pequeñas que en el de las medianas.

Al estrato de las empresas grandes correspondieron los niveles más altos de producción por hectárea y por persona ocupada, derivados, seguramente, de su disponibilidad de mejores tierras (mayor proporción de ıiego en los cultivos) y de una mayor densidad de capital tanto por hectárea como por persona ocupada. A las altas densidades de capital por persona y por hectárea debe atribuirse sobre todo el descenso en los rendimientos por unidad de capital en la medida que la densidad de éste crece en relación a otros recursos (tierra y mano de obra).

Al compararse los índices del sector ejidal con los del sector privado,[26] éstos se mueven en el mismo sentido que el indicado para las unidades en conjunto aun cuando las magnitudes comparativas entre estratos equivalentes de las dos áreas de tenencia muestren diferencias, a veces muy significativas, como indicamos más adelante.

La producción por hectárea decrece en el sector campesino, a medida que crecen las unidades, hasta tener su valor mínimo en el sector excedentario y crece en el sector no campesino hasta alcanzar el máximo en las empresas de mayor tamaño.

Idéntica tendencia se advierte en la densida.l de capital por hectárea.

El índice de producto por persona ocupada crece en el mismo sentido que el tamaño de las unidades campesinas, alcanzando su nivel máximo en el estrato de campesinos excedentarios, disminuye al pasar de unidades excedentarias a unidades transicionales y vuelve a crecer a medida que aumentan las unidades empresariales, en un movimiento idéntico al que se advierte en la densidad de capital por persona ocupada.

[26] Véase el cuadro AE-34.

La semejanza que se observa en las relaciones de los índices entre los estratos en el interior de cada uno de los sectores, contrasta con ciertas diferencias sistemáticas que se advierten en los valores que dichos índices tienen para estratos equivalentes de una y otra área de tenencia.

Los valores de la producción por hectárea son sistemáticamente mayores en los estratos de campesinos propietarios que en los ejidales, ocurriendo lo contrario en las unidades no campesinas (transicionales y empresariales).

En relación al sector campesino, los antecedentes a que se hizo referencia sobre la lógica interna por la que se rige el manejo de estas unidades (véase el capítulo II) nos ayudan a comprender tanto la tendencia a la disminución del producto por hectárea a medida que crece la unidad —en los términos descritos en páginas anteriores— como los valores sistemáticamente mayores en el área privada que en la ejidal.

En efecto, si se supone que el tamaño promedio de la familia, así como la relación entre consumidores y productores, es el mismo en los distintos estratos campesinos y en ambos sectores de tenencia (y no habría elementos para suponer lo contrario), las necesidades serán también semejantes y se producirá por lo tanto una tendencia a una menor intensidad de trabajo por unidad de superficie a medida que aumente el tamaño del predio. Lo anterior se traduciría en un menor producto por hectárea si la densidad de capital por persona ocupada no fuera significativamente distinta de un estrato o de un sector de tenencia a otro.

De acuerdo con la hipótesis anterior, se advierte que en cada sector de tenencia, considerando separadamente, la intensidad de trabajo por hectárea decrece, en efecto, al crecer la unidad, pero como la densidad de capital por persona ocupada crece mucho más rápidamente en el sector de campesinos privados que en el de sus equivalentes ejidales y alcanza en cada estrato valores significativamente mayores, la ocupación por hectárea del sector privado (salvo en el estrato I) es menor que en los estratos ejidales correspondientes, a pesar de que las tierras de las unidades de este último sector tengan un potencial productivo relativamente mayor.[27]

En contraste, la producción por hectárea en el interior de cada tipo de tenencia en el sector empresarial crece con el tamaño del predio como consecuencia de mejoras en la proporción de riego y en los niveles tecnológicos. A estas diferencias en la calidad de la tierra y en el nivel de la tecnología (o del capital con el que está dotado cada tra-

---

[27] Véase el cuadro 6.

bajador) deben atribuirse también las que se observan entre unidades
equivalentes del sector ejidal y del sector privado.

La producción por persona ocupada es mayor en el sector privado
que en el ejidal en todos los estratos de tenencia. En el sector campesino es el resultado de una mayor disponibilidad de medios de producción por persona ocupada, y en el sector empresarial el de una
mayor disponibilidad de tierra, una mejor calidad de la misma, y una
mayor disponibilidad de capital por persona ocupada. Precisamente
a esta mayor disponibilidad de capital por persona ocupada y por
hectárea del sector privado se podrían atribuir menores rendimientos
por unidad de capital en todos los estratos de este sector comparados
con sus equivalentes ejidales.

Cabe señalar, finalmente, a manera de hipótesis, que la mayor capitalización relativa de los predios privados, campesinos y no campesinos, se debe, en el primer caso (en el de los campesinos), a la existencia real o potencial de una mayor atención del Estado al campesinado ejidal que al privado que redunda, probablemente, en la mayor
necesidad en que se encuentran los campesinos privados de depender
de sus propios medios para llevar a cabo la producción.

En el caso de las unidades empresariales, la mayor capitalización
de las del sector privado de seguro se debe a que la posibilidad de
acumulación (en términos de tamaño de la unidad y de medios de
producción complementarios de la tierra) está sujeta en los ejidos a
mucho mayores restricciones que en el sector privado.

TERCERA PARTE

DINÁMICA AGRARIA Y ELEMENTOS PARA UN ENFOQUE ALTERNATIVO DEL DESARROLLO RURAL

VII. FUERZAS DE TRANSFORMACION DE LA ESTRUCTURA AGRARIA

En los capítulos anteriores se ha presentado un análisis de la estructura productiva del agro, entendida como una caracterización de los diversos tipos de productores. La falta de una información comparable para un momento anterior o posterior al cubierto por el *V censo agropecuario* impide efectuar un análisis cuantitativo de las transformaciones que la estructura descrita estaría experimentando, y establecer, con base en el mismo, las principales tendencias de cambio de la estructura agraria.[1]

Para pasar, aunque sólo con algunas consideraciones de orden cualitativo, del carácter puramente estático de los capítulos precedentes, y calificar los aspectos de sobrestimación o de subestimación del grado de concentración que podría atribuírseles, ha parecido conveniente agregar este breve capítulo aunque su contenido tenga un carácter fuertemente conjetural.

A. FENÓMENOS QUE INFLUYEN EN LA SUBESTIMACIÓN DEL GRADO DE CONCENTRACIÓN

Antes de analizar las fuerzas que afectan a la estructura agraria que existe, bien sea agudizando o bien morigerando las tendencias a la concentración, parece conveniente presentar algunas consideraciones sobre el grado en que la situación actual aparece reflejada suficiente o insuficientemente en los antecedentes hasta aquí referidos.

En los capítulos anteriores se destacaba que, en un extremo, la gran empresa agrícola —que representaba el 0.3% del total de productores— concentraba el 8.6% de la tierra cultivable, el 24.2% de los medios de producción y el 63.1% del producto; en el extremo opuesto, las unidades de infrasubsistencia —que representaban el 55.7% de esa

---

[1] El censo de 1980-1981 ha definido las ramas censales en términos muy parecidos a los empleados aquí para separar al sector empresarial del sector campesino, hecho que habrá de permitir, seguramente, un análisis comparativo de carácter cuantitativo que ahora no puede hacerse. Véase a este respecto, Secretaría de Programación y Presupuesto, *Documento de consulta sobre el diseño conceptual del VI censo agropecuario.*

totalidad de productores– sólo disponían del 10.8% de la tierra, del 13.7% de los medios de producción y del 0.2% del producto. Las cifras anteriores constituyen, sin embargo, una subestimación de la situación existente, puesto que resultan de la información entregada al censo por los productores mismos, y esa circunstancia omite muchos casos, si no es que todos, en los que la extensión propia de la unidad productiva transgrede los límites legales así como aquellos en que, sin transgredirlos, está constituida de recursos a los que ha tenido acceso a través de mecanismos reñidos con la letra o con el espíritu de la legislación agraria.

El neolatifundio territorial y el acaparamiento de parcelas ejidales son algunos de los fenómenos que no se pueden detectar en el censo y que por su recurrencia requieren algunos comentarios.

1. El neolatifundio territorial

Como se señalara en el capítulo I, al término "neolatifundio" se recurre, en general, para referirse a las unidades cuyo tamaño excede de los límites que la Constitución y la ley imponen a los predios rústicos; el calificativo de "territorial" se emplea para distinguir, en este caso, el control directo de determinadas superficies de situaciones en las que el control de la producción de un área superior a la permitida se hace a través del financiamiento o de otros medios.[2]

Existen, por lo menos, tres mecanismos a los que se recurre para infringir lo legalmente permitido: los fraccionamientos simulados, el arrendamiento de parcelas ejidales y las llamadas "asociaciones" entre ejidos y productores privados.

a] Los fraccionamientos simulados

Constituyen subdivisiones ficticias (entre parientes y prestanombres) de unidades de superficies mayores a las permitidas por la ley. Aunque frecuente, este tipo de neolatifundio no es la forma más

[2] R. Stavenhagen, "Aspectos sociales de la estructura agraria en México", en op. cit., pp. 19-20. En la misma página cita el autor un caso del Valle del Yaqui, donde: 85 propietarios controlan 116 800 ha de la mejor tierra de riego que están a nombre de 1 191 personas; es decir, cada propiedad tiene en promedio 1 400 ha. Otros ejemplos pueden verse en C. Hewitt, La modernización de la agricultura mexicana, México, Siglo XXI, 1978, pp. 155-156; CDIA, op. cit., p. 42; R.M. Esquer Domínguez, El neolatifundio, un caso de Sonora, tesis de grado, Escuela de Economía de la Universidad Autónoma de Sinaloa, 1973, pp. 94-105, donde, para un solo distrito de riego se enumeran 15 neolatifundios inscritos, según la autora, a nombre de casi 200 personas estrechamente relacionadas por lazos de parentesco.

usual de concentración, pues su duración, es en la medida en que su existencia es un secreto a voces y está amenazada por la denuncia y la invasión campesina, por lo general, bastante precaria. Por su propia naturaleza, la detección precisa de su magnitud no es tarea fácil pero, como señalara Stavenhagen, "/.../ basta con leer las denuncias de los campesinos de todas partes de la República, para comprender que el neolatifundio está mucho más extendido de lo que hacen suponer las cifras censales".[3]

b] El arrendamiento de parcelas ejidales

El neolatifundio formado con base en el arrendamiento de parcelas ejidales es, tal vez, la forma que adopta con más frecuencia el acaparamiento de tierras y constituye también una violación tolerada de la legislación agraria. En ocasiones constituye una forma de expansión territorial para agricultores que tienen más capital que tierras en que emplearlo: "Se combinan una empresa de tipo intensivo y capitalizada, la propiedad, con el control empresarial de un territorio de explotación extensiva, las tierras rentadas, que permiten aumentar la capacidad del conjunto. En este caso, todas las inversiones que se traducen en mejoras territoriales quedan dentro de la propiedad y la tierra del campesino se agota en beneficio del latifundio."[4]

Se da también el caso de empresarios que carecen de tierra y constituyen su unidad exclusivamente a base de tierras ejidales arrendadas, no siendo extraño que un solo empresario arriende uno o más ejidos en su totalidad.

Se trata de un fenómeno que, a decir del CDIA, "se encontró en casi todas las zonas estudiadas en la investigación de campo y, fundamentalmente, en aquellas de producción altamente comercial y rentable".[5]

Como es de suponer, esta práctica se debe en principio a la imposibilidad en que se encuentran los ejidatarios de emprender por su cuenta los cultivos de alta rentabilidad, pero también de costos elevados, para los que se les arriendan sus tierras. Los alquileres recibidos, como lo señala José Silos para el Valle del Yaqui, siempre son más altos que los ingresos que dichos ejidatarios podrían obtener con sus cultivos y prácticas tradicionales: "En 1958, los ejidatarios que trabajaban individualmente tenían un ingreso agrícola promedio de 6 615 pesos pero renunciaban a una renta posible de casi 9 000. Los ejida-

[3] R. Stavenhagen, Aspectos sociales de la estructura agraria en México, op. cit., p. 19.
[4] A. Warman, "El neolatifundismo mexicano: expansión y crisis de una forma de dominio", Comercio Exterior, vol. 25, núm. 12, p. 1373, diciembre de 1977.
[5] CDIA, op. cit., p. 451.

tarios que trabajaban colectivamente tenían un ingreso medio de
8 241 pesos a costa de renunciar a una renta de 10 500."[6]

Por su misma naturaleza, se trata también de un fenómeno que el
censo no registra, aunque su importancia y frecuencia en zonas de
alto potencial productivo aparezca ampliamente demostrada en numerosos estudios locales y regionales.[7]

c] *Las asociaciones en participación*

Aunque se trata de una fórmula a la que se recurrió ya en el pasado
para enmascarar el arrendamiento de parcelas ejidales bajo cierta cobertura formal,[8] su práctica parece haber declinado a mediados de
los sesenta como consecuencia de disposiciones que se adoptaron
precisamente para impedir esta forma de arrendamiento encubierto.[9]

Se mencionan aquí porque, con algunas modificaciones importantes, los acuerdos de participación han vuelto a renacer con gran fuerza en áreas de producción de cultivos de exportación y porque parece
que existe además un proyecto de ley que tiende a dar respaldo legal
a lo que por el momento, sigue constituyendo una trasgresión, por lo
menos, del espíritu de la reglamentación vigente.

La diferencia entre las formas nuevas y las más puras de arrendamiento de parcelas se refiere, en los casos observados sobre todo en
Sinaloa, a disposiciones por las que se establece que transcurrido un
determinado periodo (generalmente cinco años), las obras de infraestructura de que se trata en el convenio (desmontes, apertura de po-
zos, riego instalado por el inversionista externo) pasarían a manos de
los ejidatarios.

Aunque se carece de antecedentes que permitan establecer la importancia de esta práctica, en un estudio reciente sobre el estado de
Sinaloa se señala que: "al cabo de tres años (1976-1979) aproximadamente 15 000 hectáreas ejidales están trabajando en asociaciones en
participación, registradas oficialmente en la delegación de reforma
agraria y sujetas, por lo tanto, a un mínimo de control estatal", de éstas, entre 10 000 y 12 000 hectáreas corresponden a un solo munici-
pio. En el mismo estudio se anota: "una superficie indeterminada de

[6] C. Hewitt, *op. cit.*, p. 195, nota.

[7] CDIA, *op. cit.*, pp. 492, 451-454; C. Hewitt de Alcántara, *op. cit.*, pp. 157, 193-195; R.
Barbosa y S. Maturana, *El arrendamiento de tierras ejidales*, 1972, pp. 44-60; R. Fernández
y Fernández, "Los ejidos del Valle del Yaqui", *Notas sobre la reforma agraria mexicana*,
Chapingo, México, 1965; A. Warman, *Los campesinos, hijos predilectos del régimen*, *op. cit.*,
pp. 53-54; R. M. Esquer, *op. cit.*, pp. 105-111, etcétera.

[8] R. Barbosa y S. Maturana, *op. cit.*, p. 47 y anexo, pp. 98-99.

[9] Departamento de Asuntos Agrarios y Colonización, *Circular núm. 10*, agosto de
1962; R. Barbosa y S. Maturana, *op. cit.*, pp. 48-51.

áreas ejidales está operando bajo esta fórmula, pero carece de protección legal al no estar registrados los contratos en la Secretaría de la Reforma Agraria [...]" Allí, la asociación asume la forma abierta de arrendamiento de parcelas. La Confederación de Asociaciones Agrícolas del Estado de Sinaloa (CAADES) ha propuesto regularizar esta situación y ampliar el radio de acción de las asociaciones mixtas: "Propusimos al señor Presidente la ampliación del programa de asociación en participación, ya que estimamos que en el estado de Sinaloa hay todavía cerca de 200 000 ha que pueden ser cultivadas a través de asociaciones en participación entre pequeños propietarios, colonos y ejidatarios."[10]

dl *La aparcería ganadera*

Se trata de acuerdos entre ganaderos privados y ejidatarios que se caracteriza, generalmente, porque los primeros aportan un hato (un número determinado de vacas y un semental si el número de vacas lo justifica) y los segundos, sus tierras debidamente acondicionadas para el pastoreo del hato recibido, además del cuidado, las medicinas, etc., que la manutención del ganado requiere. Los ejidatarios disponen, como contrapartida, de la leche y de la mitad de los becerros nacidos en un año mientras los ganaderos reciben la otra mitad, además de tantos becerros adicionales como vacas se hubieran muerto o perdido durante el periodo del acuerdo.

Como se puede apreciar, aunque no se trata de una forma convencional de arrendamiento de tierras (en la medida en que la operación de la unidad ejidal queda en manos del campesino) constituye una forma de extensión del área (o de la escala de operaciones) de la unidad empresarial a un nivel por encima de lo que la legislación permite y de lo que, por lo tanto, revelan las cifras censales. Aunque se carece de antecedentes que permitan precisar la magnitud de este fenómeno, parece constituir una práctica localizada fundamentalmente en las zonas del Golfo y del Sureste y, según información recogida sobre el terreno, se trataría de un fenómeno vigente, en general, en las áreas donde la agricultura campesina tienen que hacer frente a serias restricciones ecológicas para el cultivo de granos básicos, y en las que

---

[10] C. Hardy, *La CNC y los campesinos* (borrador facilitado por la autora), CIDFR, 1980. En el estudio referido, además de analizar el contenido e implicaciones de este tipo de convenio, se recogen opiniones controvertidas de empresarios, campesinos, dirigentes y autoridades locales y regionales sobre esta práctica que, por su amplio espectro, permiten formarse un cuadro bastante preciso de los alcances y de las limitaciones que su desarrollo plantea. El documento incluye también un análisis de los aspectos más relevantes de un proyecto legislativo (aún no presentado, octubre de 1980) que tiende a institucionalizar este tipo de convenios.

la crianza de ganado en aparcería pasa a ser una manera de sustituir los cultivos tradicionales.

Por otra parte, el bajo nivel tecnológico que caracteriza la crianza en estas fórmulas de aparcería, parece estar contribuyendo a restringir este tipo de acuerdos.

2. El acaparamiento y la subparcelación intraejidal

Existen otros mecanismos de acaparamiento de parcelas en el seno mismo de los ejidos que, entre los ilegales, van desde el arrendamiento monetario y la aparcería hasta la compra-venta, pasando por el empleo de prestanombres e incluso por el usufructo de parcelas en nombre de personas inexistentes (fallecidas, emigradas, o simplemente inventadas) y, entre los legales, la explotación en una sola unidad de parcelas correspondientes a parientes directos del que hace las veces de jefe de la unidad de producción.

Todos los mecanismos que suponen transgresiones legales se amparan en la falta de regularización de los derechos de usufructo que afectan a un elevado porcentaje de las parcelas ejidales. En efecto, según la información censal sólo el 33% de los ejidatarios tendría certificado de derechos agrarios y sólo un 11% su título parcelario.[11]

Pero el arrendamiento monetario y la aparcería no son siempre mecanismos de concentración intraejidal, en determinados lugares y circunstancias pueden constituir más bien acuerdos de tipo redistributivo. En términos generales, puede decirse que en las áreas de mayor potencial productivo es probable que el arrendamiento sea la forma que adopta la acumulación de algunas unidades ejidales que logran una inserción favorable en la producción mercantil a costa de otras que, al no lograrla, ven en la combinación de la entrega en arrendamiento de sus tierras y en el trabajo asalariado extraparcelario una alternativa más ventajosa que la de dedicar sus tierras a cultivos tradicionales de autoconsumo. En contraste, en áreas de mal temporal y de excesiva fragmentación, el arrendamiento y la aparcería suelen ser procedimientos a los que se recurre para hacer más viable la subsistencia del arrendatario y del arrendador a base de combinar mejor las opciones de trabajar la tierra y de buscar empleo extrapredial; en este sentido, el tipo de acuerdo anterior constituiría un mecanismo redistributivo puesto que tendería a disminuir el grado de concentración prevaleciente.

[11] Véase cuadro AI-35 del Apéndice estadístico. La frecuencia de unidades con título parcelario muestra una cierta tendencia a crecer con el tamaño de la unidad pues es de 11% para el estrato menor de 21 y 19 para las dos mayores respectivamente.

A los fenómenos anteriores hay que agregar otro que escapa también del registro censal. Se trata de la cesión (temporal, o más o menos definitiva) que algunos ejidatarios hacen a terceros de fracciones de su propia parcela a modo de ayuda para quienes se encuentran en una situación más precaria todavía que la del propio cedente. En ocasiones, se trata sólo de una autorización para ubicar la vivienda (el solar) y, en otras, del acceso adicional a algunos recursos de recolección (frutos, leña, pastoreo para ganado menor), aparte de que, además de los recursos anteriores, puede eventualmente tratarse del acceso a una fracción de tierra de labor que permita el cultivo de una pequeña milpa.

Finalmente, entre los mecanismos de concentración extraejidal cabe mencionar al que se refiere al usufructo de las tierras ejidales no laborables, específicamente al área de pastoreo extensivo o agostadero, que está sujeta a reglamentaciones mucho menos estrictas que las tierras de cultivo.'

Los derechos de acceso al agostadero suelen definirse en términos de un determinado número de cabezas de ganado mayor; aunque son frecuentes las situaciones en las que el número de ejidatarios emplea varias veces las cuotas asignadas frente a otros, normalmente la mayoría, que carecen completamente de animales, o que los tienen en cantidades muy inferiores a las que sus derechos les permitirían. En cierta medida, para las unidades excedentarias, esta suele ser la única forma de acumulación de sus excedentes que, por la precariedad de las tierras de pastoreo, sólo ocasionalmente conducen a procesos significativos de diferenciación en el seno de los ejidos.

Considerados en conjunto los factores hasta aquí mencionados, se llega a la conclusión de que el cuadro sobre la estructura productiva que se deriva del análisis tipológico subestima, en una magnitud no precisable, el grado de concentración real que la caracteriza, en el sentido de que el número de unidades empresariales es probablemente menor que el registrado, y la superficie y otros recursos bajo su control mayores que los sugeridos por los antecedentes de capítulos anteriores.

En el sector ejidal es probable que algunas de las unidades clasificadas como de tipo empresarial correspondan a tierras cedidas en arrendamiento a productores externos y que formen, por lo tanto, parte de unidades de decisión mayores. Finalmente, también es probable que unidades clasificadas dentro de los estratos campesinos mayores contengan unidades de infrasubsistencia no registradas por el censo, cuyo número, sin embargo, no debe ser lo bastante significativo para alterar la imagen burda que la tipología de este sector presenta.

B. LAS FUERZAS DE TRANSFORMACIÓN ESTRUCTURAL

Hasta aquí sólo se han considerado las limitaciones que tiene la tipología como representación adecuada de la estructura productiva, haciendo sólo una referencia indirecta a las fuerzas de la dinámica agraria al mencionar algunos de los principales mecanismos de concentración de recursos. El resto del capítulo presenta un análisis somero de los principales factores y procesos que influyen directamente en los cambios a que ha estado sometida la estructura empresarial del agro.

Debe destacarse el hecho de que, transcurrido más de medio siglo del reparto agrario (que ningún gobierno poscardenista ha dado por oficialmente concluido) haya hoy más trabajadores sin tierra y más campesinos en unidades de infrasubsistencia que al iniciarse la revolución. Es decir, después de que más del 55% de la tierra laborable se ha visto directamente afectado por la reforma y ha recibido el resto su impacto indirecto, el grado de polarización que revela el paisaje social rural no pareciera ser coherente ni con la presencia campesina en la etapa insurreccional, que fue decisiva, ni con la liquidación de la influencia política de la oligarquía terrateniente del porfiriato.

Para fines analíticos, las fuerzas que han influido sobre la estructura agraria pueden dividirse en tres grandes grupos por el ámbito al que pertenecen, distinguiéndose las que se derivarían de la acción del Estado de las que resultarían de la dinámica del mercado y de las que se desprenderían del crecimiento de la población. Aunque entre los ámbitos indicados exista una interdependencia evidente, la especificidad de las reglas que gobiernan a cada uno parecen suficientes para justificar su análisis por separado.

1. El ámbito de la acción del Estado

Desde el punto de vista del impacto que causa en la estructura productiva, la acción del Estado se expresa en dos tipos genéricos de acciones que conviene distinguir; las que causan un efecto directo en el ordenamiento agrario —como la propia reforma agraria y la política de inversión en infraestructura—, y las de estímulo, regulación o control que influyen indirectamente (y en general, por la vía del mercado), en la estructura agraria vigente, como entre otras, las políticas de precios y de crédito.

a/ Lógica y magnitud del reparto
En el capítulo I se destacó que la Constitución de 1917, que había dado lugar al proceso de consolidación de lo que algunos autores

han llamado el "Estado de la Revolución",[12] no se veía libre de ambigüedades en lo que a la transformación de la estructura agraria se refiere, puesto que dejaba abiertas tanto la opción al desarrollo de una agricultura de empresas privadas de tamaño medio como al desarrollo de una agricultura campesina, dependiendo una u otra de la orientación que el Ejecutivo imprimiera a los enormes poderes discrecionales que la Constitución le entregaba. Dichas ambigüedades no eran sino el resultado de que —como señalara Wolf acertadamente— la Revolución mexicana fuera el único movimiento revolucionario de este siglo que no había sido dirigido "por un solo grupo organizado en torno a un programa central"[13] y de que la propia guerra revolucionaria no fuera ganada por una sola fuerza militar bajo un mando único, sino por varios ejércitos, con formas de organización y de combate diferentes —expresiones éstas de las diferentes fuerzas sociales que los respaldaban—, todas las cuales habrían de manifestarse directa o indirectamente en la Asamblea Constituyente de Querétaro.

En este sentido, y como lo destacan varios autores,[14] el reparto vino a ser, más que uno de los elementos de un proyecto de desarrollo económico, una herramienta clave en el proceso de consolidación y sostenimiento del "Estado de la Revolución", o, lo que sería consustancial con ello, de consolidación del poder presidencial a través del efecto que causa en lo que respecta a la alteración o la conservación de la correlación de fuerzas que existe en cada coyuntura.

Al reparto de facto hecho por algunos de los jefes revolucionarios, y cuya cuantía no ha podido ser precisada, sucedió un esfuerzo mas bien modesto de los gobiernos constitucionales anteriores a Cárdenas, fuertemente influidos por la orientación que les imprimiera el presidente Obregón —que describimos en el capítulo I— en el sentido de estimular la formación de un sector privado con empresarios medios y de considerar las tendencias campesinas (ejidales) como un elemento de pacificación más que como una fuente de ingresos suficientes[15] para el sostenimiento familiar o, en el caso de Calles, como tenencias transitorias que sirvieran de "escuela" para alcanzar la condición de "farmers".

Es con la presidencia de Cárdenas (1934-1940) que se inició la reforma agraria en gran escala, formando parte de una política de masas dirigida a fortalecer el poder presidencial, por la vía de ir desmantelando por una parte el poder político de los grandes propie-

---

[12] Termino empleado por A. Córdova para referirse al Estado mexicano posrevolucionario, en particular al que surge después de terminada la etapa insurreccional.

[13] E. Wolf, *Las luchas campesinas en el siglo XX*. México, Siglo XXI, 1976, p. 47.

[14] Véase al respecto el punto 5, a/ del capítulo I.

[15] Véase el capítulo I, punto 6 a/ y b/.

tarios y rompiendo, por otra, con el intento de Calles de mantener, desde fuera de la presidencia, el liderazgo de la situación. En este sentido, Cárdenas vendría a acabar también con la idea precedente del ejido como fuente de ingreso complementaria o como estatus transitorio de futuros pequeños empresarios para concebirlo como "el motor, el factor predominante de la economía agraria [...] proveedor seguro y confiable de todos los productos agrícolas que el país necesitara".[16] Y lo que es más, habría de ser con Cárdenas con el que el ejido se convertiría en "parte integrante del Estado y de la economía pública",[17] creándose el cordón umbilical entre ejidatarios y Poder Público que caracteriza todavía hoy a la institución ejidal. A partir de Cárdenas la distribución de tierras pasaría a formar parte de un ritual difícil de declarar oficialmente concluido.

Los sucesores de Cárdenas, hasta Echeverría (1970-1976), actuaron como si la cuestión agraria a escala nacional hubiera quedado relativamente resuelta gracias a la acción del cardenismo y volvieron a contemplar la agricultura privada como la fuente principal de crecimiento potencial de la oferta agrícola y el sector con mayor capacidad para absorber el progreso técnico. "Sin confesarlo, hubo la tendencia a considerar que el ejido, aun mejorado, no era susceptible de adaptarse rápidamente a las explotaciones modernas de tipo comercial."[18]

La entrega de tierras pasó a relacionarse estrechamente con la necesidad de aplacar demandas políticas para evitar, en lo posible, transformaciones mayores de la estructura agraria. Aunque hubo presidentes poscardenistas (como Díaz Ordaz) que entregaron estadísticamente casi tanta tierra como Cárdenas, si nos fijamos en que sólo una pequeña proporción de ella era tierra laborable confirmaremos el carácter fundamentalmente político de este tipo de reparto.[19] El postulado de Ávila Camacho (1941-1946), de que el futuro de México tendría que basarse "principalmente en la energía vital de la iniciativa privada", y que se "aumentaría la protección de las propiedades agrícolas privadas no sólo para difundir las que ya existen sino para formar otras nuevas en vastas regiones no cultivadas", para echar "los cimientos de la grandeza industrial", habría de constituir la norma por la que se regirían más de tres décadas de política agraria.

Con Echeverría, y pensando en la crisis agrícola que se inició a mediados de los sesenta y en la crisis política a que hizo frente su prede-

---

[16] A. Córdova, *La política...*, *op. cit.*, p. 104.
[17] *Ibid.*
[18] F. Chevalier, "Ejido y estabilidad en México", *Ciencias Políticas y Sociales*, núm. 42, México, 1965, pp. 426 - 427, citado por R. Cordera, *op. cit.*, p. 484.
[19] Véase el cuadro 37.

CUADRO 37

MÉXICO: DISTRIBUCIÓN DE TIERRAS, POR PERIODOS PRESIDENCIALES
(*hectáreas*)

Periodo	Superficie total	Superficie cultivable			Porcentaje cultivable en el total	Arable por beneficiario
		Riego	Temporal	Total		
Precárdenas (1915-1934)	11 244 817	284 342	1 326 219	1 610 561	14.3	1.7
Cárdenas (1934-1940)	18 360 344	957 751	3 339 543	4 297 294	23.4	5.7
Ávila Camacho (1940-1946)	7 242 308	110 361	1 013 364	1 123 725	15.5	9.1
Alemán Valdés (1946-1952)	4 616 352	86 627	714 369	800 996	17.4	7.4
Ruiz Cortines (1952-1958)	6 182 017	130 783	904 882	1 035 665	16.8	4.6
López Mateos (1958-1964)	8 845 814	181 625	1 298 122	1 479 747	16.7	5.1
Díaz Ordaz (1964-1970)	24 729 499	79 945	2 021 589	2 101 534	8.5	5.6
Echeverría (1970-1976)	12 742 744	208 638	717 169	925 807	7.3	4.2

FUENTE: J. L. Zaragoza y R. Macías, *El desarrollo agrario de México y su marco jurídico*, México, Centro Nacional de Investigaciones Agrarias, 1980, cuadro 8-2: Resoluciones presidenciales publicadas, p. 254.

cesor al final de su mandato, se observa un intento de renacimiento
del agrarismo cardenista que se traduce menos en un reparto agrario
cualitativamente distinto al de sus predecesores inmediatos que en un
intento de cambiar, hacia formas cooperativas, la organización de la
producción en los ejidos y de otorgarles un papel significativo en la
producción aumentando de manera apreciable los recursos crediticios y de asistencia técnica que se les destinaban.

Cualquiera que sea el juicio que los logros económicos de los ejidos hayan podido merecer a los analistas, no hay ninguno que niegue
el éxito pleno de los objetivos políticos que impulsaron y sostuvieron
el proceso del reparto. "La reforma agraria como un capítulo más
del programa de reformas sociales y de la línea de masas del Estado
de la Revolución, desde el punto de vista de su política de dominación, es el éxito más brillante de cuantos ha logrado desde 1917, año
de la Constitución. La pacificación de la sociedad rural jamás fue
completa, pero lo que se ha logrado en un país que tenía siglos de in-
surgencia campesina permanente y una auténtica tradición subversi-
va e insurreccional de los trabajadores del campo, no puede dejar de
reconocer como la muestra más evidente del poder colosal que ejerce
el Estado en México."[20]

Cierto autor, analizando las diferentes corrientes que se manifies-
tan a propósito de la cuestión agraria, recuerda que "querer, en
nombre de la productividad, dar más elasticidad al ejido es olvidar el
papel que desempeña en el mantenimiento de la paz social. Despojar
jurídicamente a los ejidatarios por ineficacia significaría aumentar el
número de jornaleros subempleados y, sobre todo, quebrar una de
las bases del régimen."[21]

La larga disquisición anterior ha tendido a demostrar que desde
que se consolidó el proceso revolucionario hasta los años setenta
—con la sola excepción del paréntesis cardenista—, el reparto agrario
generó, en una proporción importante del área afectada, unidades
que desde un principio carecían del tamaño requerido para asegurar
su viabilidad y que, en los casos en que las dotaciones fueron suficientes, no se establecieron las salvaguardias que impidieran, a corto
andar, su transformación en dotaciones minifundiarias.

Lo anterior, por cierto, no debe interpretarse como que la reforma
agraria haya sido un factor de concentración para la estructura sectorial; muy por el contrario, el avance relativo del área ejidal con respecto a la privada, que ha constituido un proceso sistemático aunque
de ritmo variable en las últimas seis décadas, constituye más bien, por

[20] A. Córdova, *op. cit.*, 1974, p. 39
[21] M. Gutelman, *op. cit.*, p. 286, citando a R. Monroy, "La reforme agraire a un
tournant", en *Notes et études documentaire*, París, enero 30, de 1970.

razones obvias, un freno para las tendencias concentradoras que el desarrollo capitalista tiende a imponer en la agricultura.

La menor concentración que se advierte en el sector ejidal comparado con el sector privado, y en particular la menor proporción relativa de unidades "inestables" en el primero que en el segundo,[22] está parcialmente relacionada con el hecho de que, mientras en el sector ejidal las tendencias a la concentración deben transgredir muchas veces disposiciones legales, la subdivisión y la fragmentación en el sector privado no están sometidas a traba alguna.

Aunque sea probable que las estadísticas presentadas subestimen el grado de concentración que existe en el sector ejidal, por las razones indicadas anteriormente, dicha subestimación es sin duda mayor para los estratos altos del sector privado, donde el fenómeno del neolatifundio a que hemos hecho referencia está presente en los hechos aunque no en las estadísticas.

b] *La orientación de otras medidas de impacto estructural*
Además del reparto, que es sin duda la acción estatal de mayor impacto estructural, otra serie de iniciativas y actividades de este ámbito tienen un efecto innegable sobre la estructura tipológica que corresponde destacar:

i] *Otros aspectos de la legislación agraria.* Como contrapartida de la distribución, desde un principio, de parcelas de infrasubsistencia, debe tenerse presente la existencia de disposiciones sobre inafectabilidad y amparo agrario que hacen de las medidas legislativas mismas, si no la causa de una estructura de concentración, por lo menos un freno de la capacidad redistributiva del reparto agrario.

Nos referimos, en general, a los diversos tipos de inafectabilidad agrícola y ganadera que establece el artículo 249 de la Ley federal de reforma agraria al que se hizo referencia en el capítulo I de este estudio.

Según dicho artículo, unidades de 150 hectáreas de riego dedicadas al algodón, o de hasta 300 dedicadas a diversas plantaciones, serían inafectables lo mismo que las requeridas para el mantenimiento de hasta 55 cabezas de ganado mayor. Aunque los límites mencionados, en sí, no puedan dar lugar ni de lejos a explotaciones latifundistas, la combinación de varias de estas unidades (a nombre de diversos propietarios pero constituyendo una sola unidad sustantiva), ha permitido que se establezcan varios de los denominados neolatifundios territoriales.

Estrechamente relacionado con las definiciones de inafectabilidad, pero con cierta dinámica propia, se encuentra el llamado juicio de

---

[22] Véase de nuevo los cuadros 2 y 3.

amparo [23] que, en materia agraria, permite a la persona afectada por un acto expropiatorio suspender temporalmente la acción que el hecho significa e impedir por la vía administrativa el desarrollo del reparto agrario.

Concebida como una medida destinada a dar seguridad y a proteger a las unidades que la Constitución y las leyes definen como pequeños propietarios, su aplicación ha servido, con gran frecuencia, para posponer la acción agraria y prolongar situaciones violatorias de la legislación vigente.

Otro de los fenómenos que permite transgredir el "espíritu" del reparto agrario es la falta de una clara definición de los derechos de usufructo parcelario de la mayoría de los ejidatarios, en vista de que sólo un reducido porcentaje de los mismos ha recibido su certificado de derechos agrarios o sus títulos parcelarios,[24] permitiendo transferencias y subdivisiones de facto que la ley prohíbe pero que no se pueden controlar al ser el único mecanismo de que se dispone para ello, la denominada depuración censal de derechos agrarios, administrativamente confuso y de lenta ejecución.

ii) *La orientación de la inversión pública.* La inversión pública en la agricultura ha representado en las últimas tres décadas entre un 10% y un 15% de la inversión total y se ha dedicado principalmente a crear una infraestructura de riego. A la misma se ha destinado cerca del 90% de los fondos de inversión del periodo indicado, con la sola excepción del sexenio 1970-1976, cuando dicha proporción llegó de todos modos al 73%.[25]

La ampliación del área regada, junto al impacto posterior de la llamada "revolución verde", a la que haremos referencia más adelante, constituyó una de las principales determinantes del dinamismo del que dio muestra la oferta agrícola en las dos décadas y media que sucedieron a la administración cardenista y tuvo un impacto directo e indirecto de gran significación sobre la estructura tipológica.

El impacto directo sería la creación misma del componente más dinámico de los empresarios agrícolas, y el indirecto, el tipo de dinámi-

___

[23] Sobre el contenido y aplicación de los juicios de amparo, véase CEPAL, *La política agrícola en el periodo 1958-1976,* capítulo v (en preparación). M. Gutelman señala, refiriéndose al amparo, que "ha sido tema de serias controversias desde los comienzos de la reforma agraria. Su existencia constituye un indicador precioso del estado de las relaciones de fuerzas entre clases sociales: introducido en 1916, suprimido en 1934, reintroducido en 1947, descartado nuevamente tres años después, luego puesto nuevamente en vigor en forma modificada por el presidente Alemán, sigue siendo hoy uno de los blancos principales del ataque del campesinado" (*op. cit.,* p. 84).

[24] Véase el cuadro AF-35.

[25] Véase CIPAI, *La asignación de recursos públicos a la agricultura en México, 1959-1976* (borrador), México, 1980, capítulo III-3.

ca de mercado a que daría lugar la apertura al riego de vastas extensiones y que abordaremos al referirnos a ese aspecto.

Por lo que respecta al impacto directo de la inversión pública, un estudio reciente [26] en el que se analiza su distribución por regiones, clasificadas en función del grado de desarrollo empresarial, demuestra que ha existido una tendencia marcada y sistemática a lo largo de los tres sexenios considerados (1959-1976) a destinar a las áreas de mayor desarrollo empresarial una proporción de la inversión total muy superior a la superficie de labor de las regiones correspondientes y, por lo tanto, más desproporcionada todavía con relación al número relativo de unidades productivas, puesto que es un hecho que los tamaños medios son mayores en las áreas de predominio empresarial que en las de predominio campesino.

En efecto, según el referido estudio, la región denominada de "agricultura capitalista avanzada"[27] que a lo largo de los sexenios considerados pasó del 9% al 9.6% del área laborable del país, recibió en el primero de dichos sexenios (1958-1964) casi el 30% de la inversión pública agrícola; en el segundo, casi un 28% y en el tercero, cerca de un 20%. En cambio, el quinto de los cinco estratos en que el estudio clasifica a las diversas entidades y que es definido por los autores como de "agricultura campesina predominante",[28] con casi el 36% del área laborable, habría recibido el 23% de la inversión pública agrícola en el primer sexenio, el 17%, en el segundo y de nuevo el 23%, en el tercero.

Si a la concentración por entidades agrupadas agregamos el hecho de que la mayor proporción del riego corresponde a las unidades empresariales (véase de nuevo el cuadro 4), se llega a la conclusión de que, en general, la política de inversión ha tendido a crear y a fortalecer dicho sector, elevando su potencial productivo y distanciándolo del sector campesino predominantemente de temporal.

Sin llegar a contrarrestar la tendencia anterior, pero suavizando sus efectos, deben considerarse las inversiones de riego orientadas específicamente al sector campesino (como, por ejemplo, el programa de obras de riego para el desarrollo rural y las inversiones en riego de algunos de los proyectos de inversión del "Programa de inversiones para el desarrollo rural") y las disposiciones que establecen la exclusividad de asignación a los ejidos de nuevas áreas de irrigación.

Deben señalarse finalmente, con respecto al riego, los efectos sobre la estructura empresarial de las disposiciones por las que se ha regido

---

[26] *Ibid.*, especialmente en capítulo IV.

[27] Esta región incluiría los estados de Sonora, Baja California Norte, Baja California Sur y Sinaloa.

[28] Incluiría once estados: Hidalgo, México, Querétaro, Campeche, Oaxaca, San Luis Potosí, Zacatecas, Tlaxcala, Puebla, Quintana Roo y Guerrero.

el manejo de los distritos hasta un pasado muy reciente (y que lo rige todavía en algunos de ellos) y tienen que ver con los términos por los que se gobierna el reparto del agua disponible. Dicho reparto se ha hecho con un criterio de proporcionalidad a la superficie disponible lo que, a causa de la desigualdad del tamaño de las unidades, se ha traducido en una distribución del agua desigual y, por lo tanto en una subvención mayor, debida a esa causa, de las unidades mayores, reforzándose de esa manera con recursos del Estado el grado de concentración imperante en cada distrito.

iii) *La orientación de la investigación.* La aplicación de los resultados de la investigación científico-técnica, además de haber proporcionado espectaculares aumentos en los rendimientos de algunos productos, ha contribuido, de diversas maneras, a hacer más pronunciada la polarización existente. En primer lugar, porque esos resultados se han concentrado en técnicas que implican el uso intensivo de insumos comparados, así como de la mecanización y el regadío, es decir, han conducido a un tipo de agricultura distinto al de la campesina. En segundo lugar, porque los esfuerzos que se han hecho para desarrollar este tipo de semillas han ido en detrimento de los que se realizaban antes de iniciarse las investigaciones que dieron lugar a la llamada "revolución verde", y tendían a llenar las necesidades de la gran masa de los pequeños cultivadores.[29] En tercer lugar, porque la falta de recursos para la extensión agrícola y crédito hizo inaccesibles, a gran parte del campesinado, los resultados de la investigación científico-técnica, razón por la que les resultaba más conveniente arrendar sus tierras a los que podían hacer uso de dichos resultados que cultivarlas en la forma tradicional en que venían haciéndolo.

Si a lo anterior se agrega la circunstancia de que el riego ha sido fuertemente subvencionado, y que los agricultores no empezaron a hacer un uso generalizado de los adelantos aludidos hasta que el Estado elevó los precios de los productos obtenidos gracias a los mismos, es decir, muchos años después de que las semillas y las técnicas habían sido comprobadas debidamente, tendremos que convenir en que la aplicación del tipo de investigación a la que se destinaron los principales recursos en esta materia tuvo un efecto concentrador.

[29] Cynthia Hewitt, en el detallado análisis que hace sobre los efectos socioeconómicos de la "revolución verde" en México así lo demuestra y, a manera de ejemplo de la orientación de la investigación "prerrevolución verde", señala: "Edmundo Taboada ha resumido la posición de los científicos agrícolas en los años de Cárdenas: La investigación científica debe tomar en cuenta a los hombres que pondrán en práctica sus resultados /.../ Acaso pueda hacerse un descubrimiento en un laboratorio, un invernadero, o una estación experimental, pero la ciencia útil, la ciencia operable y manejable, debe salir de los laboratorios locales de /.../ pequeños cultivadores, ejidatarios y comunidades indígenas" (*op. cit.*, p. 31).

En cierta medida, la reflexión crítica sobre las limitaciones que presentaba la llamada "revolución verde" para llegar a la inmensa mayoría de los productores agrícolas, aconsejó la adopción de un programa —el llamado Plan Puebla— con el propósito explícito de beneficiar a pequeños agricultores que producen a niveles de subsistencia, por métodos tradicionales,[30] para tratar de resolver en esa forma tanto el problema de incrementar la oferta (declinante en términos por habitante) de maíz, como los niveles de ingreso y de nutrición del campesinado.

Aunque sus resultados sean discutibles,[31] en su orientación existen elementos que contrarrestarían las tendencias generadas por proyectos del tipo de los que relacionamos con la "revolución verde" y han permitido consolidar la situación de unidades campesinas que, sin los esfuerzos referidos, habrían visto aumentar su vulnerabilidad y las tendencias a la descomposición.

Una serie de programas y proyectos siguieron al "Plan Puebla" referidos a las áreas de temporal, de una potencialidad productiva relativamente alta que se ciñeron grosso modo a los lineamientos de dicho Plan.[32]

En el capítulo VIII se detallarán algunas de las limitaciones que caracterizaron a estos programas o planes para compararlos con lo que podría ser una orientación alternativa; bastará indicar aquí que tanto por la selección de las áreas (de temporal de alto potencial), como por los criterios que impulsaban la adopción —en el sentido de empezar con unidades apropiadas para proporcionar los mejores resultados en el menor tiempo posible—,[33] estos programas condu-

[30] Centro de Investigación para el Mejoramiento del Maíz y del trigo (CIMMYT), El plan Puebla: siete años de experiencia, 1967-1973, México, 1974, p. 8.

[31] L. Paré, "El plan Puebla: una revolución verde que está muy verde", Cuaderno núm. 2, Chapingo, Depto. de Sociología Rural, 1976.

[32] Nos referimos a los planes diseñados para algunos municipios de Chihuahua, Durango, Michoacán, Nayarit, Tlaxcala, Puebla, Oaxaca y Chiapas, descritos en; Colegio de Posgraduados: Programa Nacional de Desarrollo de las Áreas de Agricultura de Temporal (PRONDAAT), Un enfoque para el desarrollo agrícola en áreas de temporal, Chapingo, México.

[33] A. Pearse, en "Peasant based rural development strategies", United Nations Research Institute in Social Development (UNRISD), 1979, se refiere a esta orientación como "The progressive peasant approach" ("El enfoque de empezar por el campesino progresista"), destacando que su empleo dificulta, hace más lenta, o impide la adopción de innovaciones por los estratos más pobres (que son, por cierto, la mayoría). M. R. Villa Issa, en un estudio para el Centro de Economía Agrícola del Colegio de Posgraduados de Chapingo, trata de explicar la mayor o menor adopción de acuerdo con el tipo de opción de trabajo extraparcelario que pueden tener los miembros activos de la familia campesina y llega a la conclusión de que hay una tendencia menor a la adopción cuando la calificación es mejor y, por lo tanto, son mejores las oportunidades de inserción en el mercado de trabajo. Ello se contrapondría a la tesis de "progresismo"

jeron, con frecuencia, a hacer más profundas las diferencias que ya existían dentro del grupo territorial campesino.

c] *El impacto de algunas medidas de estímulo, regulación de control: crédito y precios*

Las políticas crediticias, de precios, y de comercialización, constituyen elementos que contribuyen a acelerar o a frenar indirectamente las tendencias a la concentración, dependiendo de los criterios que orienten su diseño y de los términos de su aplicación. Sin perjuicio de las consideraciones que sobre estas políticas se presentan en el próximo capítulo parece conveniente destacar aquí los efectos que, en general, han tenido.

i) *El impacto del crédito.* De modo muy directo, la desigual distribución del crédito ha contribuido a sostener la concentración de la estructura agraria, pero, además, y con frecuencia, el crédito entregado a productores de bajos ingresos ha sido tan defectuosamente administrado (retraso en la habilitación, entrega tardía de insumos, mala calidad de éstos, etc.), que los supuestos beneficiarios han terminado los ciclos con deudas que no han podido saldar, han comprometido la propia estabilidad de su unidad productiva y, muchas veces, hasta los medios de producción requeridos para los ciclos futuros. En ocasiones, el crédito se destinó a debilitar las organizaciones campesinas marginando a través de su administración la influencia de líderes independientes, o creando organizaciones usuarias del crédito paralelas y en competencia con la organización formal del ejido o de la comunidad.[34]

En contraste con la tendencia indicada, otras políticas se han encaminado a asignar recursos crediticios cuantiosos al sector campesino a través del denominado "Programa de crédito para productores de bajos recursos". Estos programas, aunque disfrazados de créditos a la producción, y que han acabado convirtiéndose de hecho en subsidios al consumo, reducen, sin embargo, los endeudamientos usurarios, y atenúan la descomposición de la unidad campesina cuando son administrados escrupulosamente por los funcionarios de la banca local. Por otra parte, cuando estos créditos se otorgan en áreas de un potencial productivo relativamente alto, disminuyen las tendencias al arrendamiento a terceros de las parcelas ejidales.

Ha surgido, en años recientes, el Programa de inversión para el desarrollo rural (PIDER) que incluye recursos crediticios tanto para

---

sostenida aquí; sin embargo, aunque la hipótesis pueda ser plausible, su demostración está basada en una muestra muy reducida para permitir una generalización. (*El mercado de trabajo y la adopción de tecnología nueva de producción agrícola: el caso Plan Puebla*, Chapingo, México, Colegio de Posgraduados, 1977.)

[34] A. Warman, *Los campesinos...*, *op. cit.*, 1972, pp. 68-86.

fines productivos como para fines sociales y está orientado al sector campesino de menores ingresos con el propósito de mejorar las condiciones en que deben hacer frente a las tareas productivas. Se trata de una iniciativa muy reciente que impide la evaluación de sus efectos de largo plazo, pero que, por lo menos en su espíritu, está claramente orientada a impedir las tendencias a la descomposición de la agricultura campesina.[35]

ii) *El impacto de las políticas de precios y de comercialización.*[36] Las políticas de regulación de precios encomendadas a la Comisión Nacional de Subsistencias Populares (CONASUPO) han tenido, en general, el doble propósito de asegurar niveles de ingreso y de rentabilidad a los productores primarios y de impedir alzas inmoderadas de los bienes-salario.

Como el maíz es el principal componente de la dieta, urbana y rural (en términos del origen del total de calorías consumidas) y, a su vez, el principal producto de la agricultura campesina, se observa la tendencia a convertir el alza del precio a productores en el sinónimo de una mejoría de la situación en la totalidad de éstos. Los antecedentes que se desprenden de la tipología indican, sin embargo, que alrededor del 33% de los productores son compradores netos de maíz y que, por lo tanto, cada vez que su precio relativo se incrementa, su ingreso real tiende a decrecer.

Si a lo anterior se agrega que la falta de concordancia entre las prácticas de venta campesina y las normas de compra de la entidad estatal, abre paso al pequeño intermediario local, se llega a la conclusión de que el impacto modificador del deterioro campesino que pueden tener los incrementos del precio relativo del maíz tiene que ser apreciablemente menor, cuando existe, que lo que en la fundamentación de dicha política se tiende a sugerir.[37]

2. *El ámbito de las fuerzas del mercado*

En términos muy generales podría decirse que el avance de la agricultura empresarial (tanto en las áreas ejidales como en las privadas)

[35] Para una evaluación del PIDER, véase M. Cornea, "La cuantificación de los efectos de los proyectos: la vigilancia y la evaluación en el proyecto del desarrollo rural PIDER-México", *Documento de trabajo de los servicios del banco mundial*, núm. 332, Washington, 1979; así como las evaluaciones realizadas por el Centro de Investigación para el Desarrollo Rural (CIDFR) de la Secretaría de Programación y Presupuesto.

[36] Un análisis detallado de estas políticas puede verse en CEPAL, *El papel del Estado en la comercialización de granos básicos* (borrador), Proyecto de política agrícola en México, 1980.

[37] En el capítulo IX, se hace referencia al hecho de que los precios relativos de los componentes de la dieta campesina básica tienden rápidamente a apuntarse a las del maíz, conduciendo incluso a un leve deterioro del poder adquisitivo de dicho grano en lo que respecta al resto de los alimentos.

debe atribuirse a un proceso de ocupación o de sometimiento creciente, por distintos procedimientos, de las tierras que tienen mayor potencial productivo a la lógica de la ganancia o del capital, y de una correspondiente reducción, hacia tierras marginales, del sector de la agricultura campesina (tanto privada como ejidal). En este sentido, el incremento de caminos, del riego, de la electrificación, de mejoramientos científico-técnicos que tienden a reducir la marginalidad mercantil de algunas áreas, van abriendo paso al desarrollo de formas capitalistas de producción en las áreas afectadas.

Este desarrollo se ha producido en México en un ambiente de variadas restricciones legales, entre ellas las que limitan la extensión territorial de la propiedad privada y las que prohíben la venta, subdivisión y arrendamiento de las parcelas entregadas en usufructo vitalicio a los beneficiarios de la reforma agraria. Por esa razón, las peculiaridades que presenta en México el proceso de concentración-descomposición no son sino el reflejo de los procesos por los cuales se logra subordinar de hecho a las restricciones jurídico-formales a las "razones de mercado". La compra-venta de propiedades y de parcelas ejidales, las asociaciones entre productores privados y ejidatarios, las diversas formas de financiamiento, precosecha, etc., que se describieron en la sección A de este capítulo, son algunos de los mecanismos ilegales, semilegales o legales, de uso corriente, que contribuyen a que surjan diferencias, muy significativas en algunas regiones, entre la estructura empresarial formal y la estructura real, que son sólo parcialmente reflejadas por las estadísticas oficiales e incluso por nuestra tipología.

Los fenómenos indicados se refieren por lo general a procesos que implican la redefinición del espacio controlado por el sector de agricultura empresarial frente al controlado por el campesinado. A esos fenómenos deben agregarse los que se observan en el ámbito del mercado de trabajo y del mercado de productos que, en términos generales, han sido abordados en el capítulo II al tratarse la forma "abstracta" del tema de la "articulación" de la economía campesina.

La necesidad de disponer de un ingreso monetario, crece a medida que crecen los componentes mercantiles de la reproducción campesina, y la obtención de ese ingreso ya sea en el mercado de trabajo o en el de productos (o en una combinación de ambos) llega a hacerse absolutamente necesaria incluso en los casos en los que el tamaño de la unidad corresponde a los estratos estacionarios y excedentarios. En los estratos menores (infrasubsistencia y subsistencia), la venta de fuerza de trabajo se necesita tanto para obtener el componente monetario del gasto como para alcanzar el nivel absoluto de subsistencia.

En estas condiciones, los términos en que en el mercado se valoren el trabajo y los productos campesinos, pasan a ser determinantes del impacto positivo o negativo que la incorporación al mercado pueda tener en el proceso de reproducción campesina. El intermediarismo, la existencia de oligopsonios locales, y lo que más adelante (capítulo vii) se calificará de "articulación perversa entre el representante campesino y el entorno socioinstitucional", constituyen mecanismos de exacción que constribuyen a acelerar la descomposición campesina. Por contraste, la organización sindical, las uniones de campesinos para la comercialización y otros mecanismos tendientes a elevar el poder de regateo de este sector, constituyen elementos morigeradores de las tendencias a la descomposición y a la polarización.

En este mismo sentido actúa, en el seno de las llamadas comunidades campesinas, toda una compleja red de "relaciones simétricas" entre sus miembros, que contribuye a que sobreviva el conjunto de las unidades familiares en condiciones en que, consideradas aisladamente, no hubieran podido hacerlo. Esta red de intercambios, que ha llevado a algunos autores a considerar la comunidad (más que la familia) como la unidad económica básica en muchas regiones de agricultura campesina,[38] implica ciertos elementos redistributivos y ciertos mecanismos de complementación que frenan, aunque a veces no con demasiado éxito, el impacto desarticulador (o individualizador) del mercado.

Algunos estudios señalan, sin embargo, que el éxito de los mecanismos de defensa descritos suele ser inversamente proporcional a la magnitud de los recursos económicos en juego.[39]

3. El ámbito demográfico

México se caracteriza por ser uno de los países con el más alto crecimiento de población del mundo (3.2% anual); ello ocurre en circunstancias en que la industria es absolutamente incapaz de absorber siquiera el crecimiento vegetativo de las ciudades, conduciendo a un necesario deterioro de la relación hombre/tierra.

Agotadas las fronteras de la expansión "fácil" de la actividad agrícola, como las regiones desérticas del norte transformadas, en áreas de alto potencial con el regadío y trasladada la "frontera" hacia el trópico húmedo (para el que el desarrollo del conocimiento agro-

---

[38] Véase A. Warman, ...Y venimos a contradecir..., op. cit., capítulo v, y G. Esteva, "Una opción campesina para el desarrollo nacional", Comercio Exterior, vol. 27, pp. 573-578, marzo de 1977 y capítulo ii, sección A, inciso 9 de este estudio.

[39] C. Hardy, "La unión de ejidos Emiliano Zapata (perspectivas de una organización independiente)", en E. Astorga y C. Hardy, Organización, lucha y dependencia económica, México, Nueva Imagen, 1978, pp. 79-195.

nómico 'no ha logrado todavía fórmulas de explotación satisfactorias), la aguda presión demográfica de extensas regiones de la meseta central se ha traducido en una incesante subdivisión y fragmentación de predios, ejidales y privados, que ha venido a constituir una de las fuerzas principales de descomposición o, si se prefiere, de crecimiento del estrato de productores de infrasubsistencia.

Cabe destacar, sin embargo, que el crecimiento de la población no es una variable independiente del impacto que el estilo de desarrollo económico y social del país ha tenido en los sectores campesinos. El crecimiento de la familia pareciera estar relacionado en forma compleja pero real con las necesidades de intensificar la actividad familiar que impone lo que Warman ha llamado "la integración asimétrica creciente con el industrialismo moderno". "Puede decirse, en cierto sentido, que el campesino se defiende de la expropiación más intensa por la reproducción. Por supuesto que esta respuesta estratégica a largo plazo se combina con muchas otras, pero a fin de cuentas tiene mucho sentido sugerir que frente a una explotación creciente y una productividad decreciente, la última solución consiste en aumentar el tamaño de la fuerza de trabajo."[40]

De algún modo, la mantención de lazos permanentes entre los inmigrantes y su lugar de origen así como el envío de ingresos que "subvencionan" por así decirlo la unidad familiar, permitiendo su persistencia, sólo vienen a confirmar lo que señala el autor citado sobre la relación que existe entre el tamaño de la familia y las estrategias campesinas para la sobrevivencia.

[40] A. Warman, ...Y venimos a contradecir..., op. cit., p. 304.

VIII. LINEAMIENTOS PARA UN ENFOQUE ALTERNATIVO DEL DESARROLLO RURAL

En este último capítulo se hace un intento por delinear un enfoque de desarrollo rural centrado en el objetivo de dar seguridad alimentaria al sector campesino.[1] Se emplean para ello los antecedentes entregados por la tipología con el propósito de ejemplificar el posible empleo de ésta en el diseño de políticas que tomen muy en consideración tanto la especificidad de lo campesino como la heterogeneidad de las unidades que componen este vasto sector social.

En la primera parte se hacen algunas consideraciones sobre la posibilidad y la necesidad de dar un impulso decisivo al desarrollo de la agricultura campesina, si se quiere impedir que el destino de este sector quede determinado por la evolución incontrarrestada del tipo de tendencias a la descomposición, destacadas en el capítulo anterior. La sección siguiente está destinada a definir el tipo de transformación que es necesario impulsar en el sector campesino, así como a describir las características que dan a dicho sector la capacidad potencial de contribuir de manera más o menos significativa a las tareas de autosustentación y de autosuficiencia alimentaria.

La tercera sección está basada en el estudio tipológico y destinada a caracterizar, desde el punto de vista de su diferente grado de viabilidad, a las unidades productivas que conforman el universo de lo campesino. En la sección final se procede propiamente a delinear las principales medidas que ilustran el enfoque propuesto.

A. CONSIDERACIONES PRELIMINARES

Antes de entrar a considerar los lineamientos generales de la estrategia de desarrollo rural, es conveniente hacer una breve referencia a algunos fenómenos que conducen a poner en cuestión la tesis de que el tipo de desarrollo urbano-industrial que ha caracteri-

---

[1] Por seguridad alimentaria se entiende la posibilidad de tener acceso regular, en el tiempo y en el espacio, a los alimentos esenciales para el desarrollo normal de las potencialidades biológicas del individuo cualquiera que sea su ubicación en la estructura económica y cualquiera su posición social.

zado a México en la segunda posguerra constituye una vía posible y deseable de solución a los problemas del atraso y pobreza rural, y a no suscribir, por lo tanto, el corolario que de dicha tesis se deriva: que el empleo preferente de recursos públicos en el desarrollo urbano-industrial constituiría un mecanismo más efectivo de superación de la pobreza rural que su desvío hacia el desarrollo de la agricultura campesina.

1. El peso del sector campesino

Según los antecedentes entregados en la segunda parte de este documento, el sector campesino está constituido (por lo menos) por 2.2 millones de unidades agrícolas, que involucran de modo directo a más de 12 millones de habitantes y ocupan cerca de 13 millones de hectáreas de equivalente temporal. En términos relativos, este sector constituye aproximadamente el 87% del total de unidades de producción agrícola, ocupa un 57% de la superficie arable y genera algo más del 40% del producto agrícola. (Véase de nuevo el cuadro 14.)

Aparte de la característica común de constituir unidades familiares de producción, entre las que forman el sector campesino existen importantes diferencias desde el punto de vista de su capacidad potencial para proporcionar seguridad alimentaria a sus miembros y de mantener las condiciones de funcionamiento de la unidad productiva en el tiempo.

La enorme cantidad de tierra agrable y el vasto potencial humano que corresponde a este sector son motivos suficientes para justificar la necesidad de crear, por lo menos, condiciones que permitan la autosustentación alimentaria de sus miembros, si es que no se desarrollan las que permitan generar allí excedentes significativos de los productos necesarios para que el país alcance la autosuficiencia de los principales componentes de la alimentación popular.

2. Mercado y seguridad alimentaria campesina

En economías de mercado que se caracterizan por una gran heterogeneidad estructural [2] entre el sector urbano y rural, y dentro de este último por la presencia de un segmento campesino significativo, la mercantilización del proceso de reproducción campesina [3] tiene una

---

[2] Por heterogeneidad estructural se entiende la presencia de unidades de distinto tamaño, que emplean tecnologías diferentes en lo que a productividad y densidad de capital por persona se refiere.

[3] Por reproducción se entiende la capacidad de generar un volumen de producción suficiente para cubrir tanto las necesidades de consumo (alimentario y de otro tipo) de la unidad familiar, como de un fondo de reposición para cubrir la depreciación de los medios de producción y los insumos empleados durante el ciclo productivo.

serie de efectos regresivos, entre otros: el de generar una polarización creciente en este sector; el de contribuir a la descomposición de las relaciones simétricas de la comunidad campesina o *grupo territorial*,[4] y el de favorecer una pérdida del control directo de los campesinos sobre sus condiciones de reproducción, en particular, sobre aquellas que determinan su seguridad alimentaria.

Si este tipo de fenómeno no se toma debidamente en cuenta al efectuarse el diseño de las medidas de política y éstas implican, como ocurre con frecuencia, una intensificación de las relaciones mercantiles, sus resultados serán los de fortalecer la estructura polarizada existente, y contribuir a la destrucción de las relaciones simétricas al interior del grupo territorial. Así suele suceder incluso cuando las medidas que se adoptan tienen el sano propósito de favorecer a los sectores más pobres del campesinado, como lo demuestran una serie de experiencias concretas, indiscutibles desde el punto de vista de las intenciones de sus impulsores.[5]

Investigaciones sobre nutrición llevadas a cabo en diversas partes del mundo (entre ellas en México) permiten sostener la hipótesis de que existe una relación directa entre el mejoramiento de la producción y la productividad *en bienes de autoconsumo del sector campesino* y el mejoramiento del nivel nutricional, hecho que no sucede cuando los incrementos se producen en *cultivos comerciales*, aunque los mismos sean efectuados también por unidades campesinas. Por otra parte, y sobre todo en el caso de los granos, parece existir una relación inversa entre su contenido proteico y el rendimiento por hectárea.[6]

3. *El desarrollo urbano-industrial como "solución" del problema campesino*

Las características que ha tenido *hasta ahora* el desarrollo urbano-industrial hacen muy improbable (por no decir francamente imposible) que el problema de los pobres del campo se resuelva haciéndolos, partícipes de tareas productivas en aquel sector.

Subrayamos el *hasta ahora* porque es posible imaginar que un cambio significativo en el "estilo" de crecimiento urbano-industrial,

---

[4] Sobre este concepto véase el capítulo II, punto 9.
[5] Véanse al respecto algunas evaluaciones del "Plan Puebla...", *op. cit.*; del "Plan Chontalpa", D. Barkin, *Desarrollo regional y reorganización campesina*, México, Nueva Imagen; 1978; así como, Comisión del Plan Nacional Hidráulico (SARH)) *Estudios socioeconómicos de Zapotal, Tesechoacán y Tacotalpan* (fotocopia, 1976) y Centro de Investigación del Desarrollo Rural (CIDER-SPP). Diversas evaluaciones del Programa de Inversiones PIDER para el periodo 1978-1980.
[6] A. Pearse, "Peasant based rural development strategies", *op. cit.* Más allá del crédito específico que se da en las citas directas de este documento, su lectura ha sido de enorme utilidad en la elaboración de este capítulo.

respecto de que ha caracterizado a la economía mexicana de la segunda posguerra, pudiera exhibir una capacidad de absorción productiva del subempleo urbano y rural cualitativamente distinta a la historia.

La comprobación de que la importancia relativa de la población rural ha ido disminuyendo aceleradamente en las últimas décadas no "demuestra" que el problema de la pobreza agrícola pueda resolverse a base del desarrollo de actividades urbanas, como tiende a sostenerse con frecuencia.[7]

Lo que debiera plantearse no es si la población económicamente activa (PEA) agrícola habrá de seguir disminuyendo o no en términos relativos (o incluso en términos absolutos, lo cual es menos probable en un futuro significativo para la política económica) sino si los términos en que esa disminución se ha venido produciendo son deseables socialmente, o no.

Para tratar de aclarar lo anterior supongamos que de aquí al año 2000 la población total crecerá a una tasa de 3.2%, que el crecimiento de la ocupación en el agro sólo alcanzará para dar trabajo a su actual PEA, que se acepta como crecimiento deseable de la ocupación, en el sector comercio y de servicios, una tasa equivalente a la del crecimiento general de la población y que no hay incrementos de productividad por ocupado en la industria. En tales condiciones, la absorción del excedente de población rural por el resto de los sectores de la población económicamente activa exigiría que el crecimiento del producto de dichos sectores se aproximara al 20% acumulativo anual de aquí al año 2000.

A la imposibilidad de absorber productivamente la migración rural debe agregarse que en muchos casos ese éxodo priva al campo de sus mejores elementos y que ellos, con frecuencia, lejos de poder expresar el potencial que significan en sus ocupaciones urbanas se suman al enorme contingente de ocupados ocasionales que viven en condiciones muchas veces peores que las de los rurales pobres, y con todos los costos individuales y sociales que implica la desvinculación de su ambiente familiar y la ruptura de los lazos que les ligaban a su grupo territorial.

4. Energía y sistema alimentario

La tendencia a la "urbanización" de los patrones de consumo alimentario y a la disminución creciente de la proporción de dicho consumo que se cubre con producción propia en el sector campesino, genera tensiones, dentro del conjunto del sistema alimentario, que pueden llegar a ser insostenibles.

[7] E. Flores, *Vieja revolución, nuevos problemas, op. cit.*

Un sencillo ejercicio de especulación cuantitativa sobre uno de los problemas' que la tendencia mencionada genera puede ilustrar este aspecto, por ejemplo, el de los subsidios crecientes de energía que requiere un sistema alimentario que se "moderniza".

Por un cálculo de la relación existente entre energía empleada (como insumo) y energía generada (como alimento) en el sistema alimentario de los Estados Unidos [8] se estableció que dicha relación era, en 1970, del orden de 9 calorías insumidas por 1 caloría alimentaria generada. Se incluyó en ese cálculo todo el consumo energético empleado tanto en la producción primaria como en la elaboración, empaque, transporte, distribución, conservación y preparación de los alimentos.[9] Una relación semejante implicaría en México el empleo de más de 1.4 millones de barriles de petróleo diarios para satisfacer —a nivel norteamericano— el consumo alimentario de la población actual (1980).

Si reducimos el nivel de consumo a las 2 500 calorías (en vez de las 3 200 que implica la estimación anterior) se requeriría, de todos modos, más de un millón de barriles diarios para satisfacerlo.

Si en una aproximación más "realista" suponemos, a) que la población rural participa en un sistema en el que las relaciones son de 0.3 calorías insumidas por cada caloría alimentaria generada (nivel que corresponde aproximadamente a los requerimientos intermedios entre los del maíz con bajo uso de insumos y sin mecanizar y los de la producción de proteínas animales con métodos semiextensivos); b) que para la mitad de la población urbana dicha relación es de 3:1; c) que para el resto de la población urbana la relación es semejante a la norteamericana (9:1), y d) que se mantiene en 2 500 calorías por persona al día el consumo promedio de los tres sectores, incluso en estas condiciones los requerimientos de petróleo para la alimentación llegarían a casi medio millón de barriles diarios que equivalen, aproximadamente, al 60% del consumo interno actual.

5. Los excedentes del petróleo y la cuestión alimentaria

La disponibilidad en el futuro inmediato y mediato de excedentes cuantiosos derivados de la producción y exportación de petróleo proporciona, sin duda, una gran flexibilidad a los términos en que se

---

[8] J.S. y C.E. Steinhart, "Energy use in the American food systems", en *Science*, vol. 184, abril de 1974, pp. 307-315.

[9] Según la estimación indicada, un 24% del consumo de energía corresponde a la actividad primaria, un 39%, al procesamiento industrial y a otras actividades que siguen a la cosecha, y un 37%, a las actividades de transporte, conservación, transformación y consumo doméstico.

puede abordar el problema alimentario aunque entraña asimismo peligros muy reales que es necesario tener presentes.

La mayor flexibilidad se debe, en primer lugar, a la posibilidad de dedicar una parte de los excedentes señalados a actividades que tengan plazos medios y largos de maduración, como los que se requieren para la transformación de la agricultura campesina en un sector capaz de absorber productivamente a su población, de autosustentarse y de generar excedentes significativos de bienes alimentarios esenciales. En segundo lugar, a que la disponibilidad de esos excedentes permite una flexibilidad mayor para evaluar, en cada caso, la conveniencia o inconveniencia de estimular la producción para el mercado interno frente a la de exportación —teniendo presentes consideraciones más amplias (y de más largo plazo) sobre el impacto de una u otra opción— que la que podría derivarse de una situación de gran estrechez de balanza de pagos en la que las exportaciones agrícolas tuvieran una importancia decisiva.

A lo anterior se agrega, reforzando los grados de libertad, el debilitamiento objetivo de un poder de regateo pronunciado (por recursos, concesiones, etc.) de un sector agroexportador cuyo "rol social" ha venido perdiendo su importancia relativa como consecuencia de las divisas del petróleo.

Entre los peligros a que puede dar lugar la bonanza petrolera figuran algunos de carácter general, que no corresponde considerar aquí, y se relacionan con las poderosas tendencias al desequilibrio a que suele dar lugar una emergencia más o menos súbita de recursos tan cuantiosos. Estos desequilibrios suelen derivarse de las fuertes presiones ejercidas desde los diversos sectores sociales (incluido el propio aparato público) por el uso de los nuevos recursos y de cambios no deseables en los parámetros de conducta de los agentes económicos, difíciles de revertir o controlar.

Tres tipos de peligros afectan específicamente en cualquier caso a la cuestión agroalimentaria.

En primer lugar, la tendencia a pretender "resolver" el problema alimentario de los sectores más pobres (incluidos los pobres rurales) a base de medidas asistenciales con cargo a los excedentes petroleros; es decir, de elevar la capacidad de consumo inmediato de dichos sectores sin incrementar su capacidad productiva. Nos referimos al peligro de posponer los cambios necesarios y de no adoptar medidas con un largo período de maduración en el sector de la agricultura temporalera ante la posibilidad de recurrir al expediente fácil pero engañoso de cerrar con importaciones la brecha creciente entre la demanda y la oferta interna de bienes básicos.

En segundo lugar, el de pensar que, con cargo a los excedentes del petróleo, se puede "modernizar" a ritmo acelerado el conjunto de la agricultura recurriendo a la incorporación masiva de maquinarias e insumos industriales sin considerar, por una parte, la forma en que puede afectar esa estrategia a la ocupación y al ingreso de la mayoría de los campesinos y, por otra, que los recursos netos sobrantes resultan extremadamente reducidos una vez financiados el servicio de la deuda externa, las demandas de expansión programadas en el propio sector petrolero y petroquímico y, en general, las implicadas en el plan industrial

En tercer lugar, el de pensar que los excedentes del petróleo permiten transferir áreas de producción agrícola de exportación a la producción de granos básicos como forma de contribuir a una política de autosuficiencia alimentaria, acogiendo los planteamientos de quienes sostienen que la política oficial destinada a promover la agroexportación ha ido en desmedro de la producción para el mercado interno y que cabría, por lo tanto, revertir dicha tendencia. Estos planteamientos tienen más de emotividad que de sustancia económica por varias razones: primera, porque al contrario de lo que afirman quienes lo sostienen, el área de distritos de riego dedicada a los productos llamados de exportación ha ido disminuyendo sistemáticamente entre los sexenios 1953-1958 y 1971-1976 mientras el área dedicada a cultivos para el mercado interno en los mismos distritos ha crecido sistemática y significativamente en los periodos señalados.[10] Segunda, porque incluso si se dedicara a la producción de maíz, por ejemplo, toda el área ocupada por los cultivos efectivamente exportados en los últimos años (270 000 hectáreas en promedio para el periodo 1975-1979), sólo se agregaría alrededor de un 6% a la disponibilidad de dicho grano y en cambio se dejarían de ocupar casi 14 millones de jornadas/año, a causa de la enorme diferencia de intensidad de uso de mano de obra entre los cultivos de exportación y el del grano indicado. Tercera, porque las necesidades previsibles de divisas para el futuro mediano estarán todavía lejos de poder satisfacerse por completo con las generadas por la exportación petrolera.

6. Otras consideraciones sobre la autosuficiencia alimentaria

Más que una evaluación económica del significado de la autosuficiencia, que escapa al propósito de estas páginas, se pretende destacar solamente algunos acontecimientos del pasado reciente que confirman la necesidad de reducir la dependencia externa de alimentos básicos a ciertos márgenes mínimos de tolerancia, en primer lugar, por el hecho de que la oferta mundial de granos básicos es una oferta oli-

[10] CEPAL, *Evolución de la producción agropecuaria en el periodo 1941-1976*, borrador Proyecto de política agrícola.

gopsónica tanto en términos de los países en que se origina como de las empresas que la controlan. En segundo, porque los precios de los granos han perdido la estabilidad (e incluso las tendencias a la baja) que caracterizaron al comercio mundial en la década de los sesenta.[11] En tercer lugar, por haber quedado establecida de palabra y de hecho, la posibilidad de recurrir al embargo alimentario como arma de presión política. En cuarto, porque el recurso a la importación masiva de alimentos genera grandes tensiones en el sistema de desembarco, transporte y distribución de alimentos a las zonas deficitarias ya que, incluso habiendo recursos para adquirirlos, no se pueden hacer llegar siempre donde hacen falta.[12]

B. LA SECUENCIA DE TRANSFORMACIÓN Y EL SUJETO DE CAMBIO

La sola magnitud que representa el sector campesino que no logra, o logra apenas, obtener su subsistencia alimentaria de sus recursos productivos (casi 1.9 millones de familias con más de 10 millones de personas), da idea de la gravedad del problema a que nos estamos refiriendo y de las extraordinarias dificultades que entraña su solución.

Las dificultades de una estrategia de desarrollo rural no se encuentran en su formulación sino, sobre todo, en su ejecución, y no porque se presenten obstáculos técnicos insalvables para llevarla a cabo —que no los hay— sino porque se le oponen trabas de carácter fundamentalmente político, es decir, relacionadas con la mayor o menor posibilidad de un cambio de actitud que permite la evolución de la correlación de fuerzas políticas y de la estructura de poder.

Huelga reiterar que no existen soluciones simples o mágicas, ni de plazos cortos para el problema en su conjunto y que, salvo la opción asistencial o la represiva (o cualquiera combinación de ellas), ambas contra la dignidad del hombre, cualquiera que tienda a favorecer al campesinado habrá de exigir la enorme voluntad, la audacia y el valor político que se necesita para emplear a fondo las disposiciones constitucionales y legales vigentes en el reordenamiento de la estructura de la propiedad: en la rectificación del curso de los flujos de recursos complementarios a la tierra y al trabajo; en la mejora de las relaciones del campesinado con el aparato institucional y, sobre todo, en permitir e impulsar la movilización de los sectores sociales in-

[11] Varios artículos de *International Organization*, vol. 32, núm. 3, University of Wisconsin Press, 1978.

[12] CEPAL, *El papel del Estado en la comercialización de granos básicos*, borrador, Proyecto de política agrícola de México.

volucrados en torno a objetivos ligados directamente a resolver los problemas que afectan sus condiciones de vida y de trabajo

1. *Una secuencia dinámica* [13]

Las medidas que más adelante se formulan tenderían a generar, en cada una de las áreas seleccionadas para su aplicación, lo que podría denominarse *una secuencia dinámica de cambio destinada a lograr la autosustentación productiva del sector campesino en la que participe activamente la gran mayoría de las unidades de dicho sector y cuyo objetivo básico sea el mejoramiento de las condiciones de vida de la población que lo constituye.*

Se hace hincapié en el concepto de *secuencia* para subrayar la necesidad de establecer un ordenamiento temporal del conjunto de acciones que asegure que la precedencia de unas medidas sobre otras ha sido debidamente contemplada en el diseño de la estrategia.

El concepto de *autosustentación* supone que los beneficiarios habrán de ir adquiriendo, a medida que se desarrolle el proceso, un conocimiento y un control creciente de los elementos de los que depende la producción y la apropiación de sus resultados. El control a que se hace referencia es de particular importancia en lo que se refiere a la innovación tecnológica, a los recursos financieros y a las condiciones de intercambio. En otras palabras, lo mismo el tipo de tecnología a que deberá incorporarse para alcanzar el potencial productivo existente como las implicaciones sociales que resultan de su incorporación, deberán estar al alcance de la gran mayoría de las unidades productivas del área de que se trate y ser controlables por ellas.

La intensificación de las relaciones mercantiles, o si se quiere, los intercambios con el exterior que se derivarían de la incorporación de insumos obtenidos fuera de la parcela y el incremento de las ventas, no podrían hacerse a cambio de que los beneficiarios perdiesen el control de sus condiciones de producción (y de vida). Por el contrario, tendrían que contribuir a fortalecer ese control en los términos en que se indica más adelante.

Se ha destacado la condición de que participe *la mayoría de los productores* para explicitar las diferencias entre una estrategia como la que aquí se intenta delinear y las que se basan en el "efecto demostración" de los campesinos "progresistas o innovadores". Este tipo de productores son, con frecuencia, los que disponen de una dotación de recursos muy superior a la de la mayoría y están, por lo tanto, en condiciones de afrontar riesgos y —por su mayor conocimiento y sus

[13] A. Pearse, "Peasant based...", *op. cit.*, p. 2, menciona por primera vez y especifica el concepto de secuencia de cambio.

mayores contactos con el exterior— de presentar a menor plazo aumentos en la producción y en la productividad. Sin embargo, la generalización de las prácticas adoptadas en esa forma suele verse, por lo general, condenada al fracaso por el sesgo introducido al inicio de su implementación.

Esta clase de orientación conduce, además, a profundizar más rápidamente las diferencias en las áreas donde se pone en práctica, disminuyendo de esa manera la posibilidad de que otras unidades (las que tienen menos recursos) introduzcan las innovaciones que hicieron posible el enriquecimiento de los campesinos "progresistas".[14] En cambio, de lo que aquí se sugiere se desprende la necesidad de contar con un diseño pensado para las unidades de menores recursos que se muestran dispuestas a "innovar", puesto que la adopción por unidades de este tipo de los cambios que se aconsejen tendrá mayor impacto sobre la mayoría de las unidades que su adopción por los más ricos.

Se ha destacado como objetivo de la acción *el mejoramiento de las condiciones de producción y de vida* de las familias a que se hace referencia, para adoptar ese criterio de evaluación con respecto a cada una de las acciones que se piensan emprender.

Hay amplia evidencia, como indicamos anteriormente, para afirmar que no siempre los aumentos del valor de la producción de las unidades campesinas se traducen en mejoramientos del nivel nutricional de los que la logran, bien porque se obtienen a costa de la producción de cultivos de autoconsumo o bien porque dichos incrementos se traducen en transferencias mayores a los intermediarios que las que se producirían a base de cultivos básicos, cuyos canales comerciales son más conocidos por el campesino. Asimismo, los cambios en los patrones de cultivo que aumentan la varianza de los resultados esperados aunque mejoren sus niveles promedios, pueden no ser deseables si, en los ciclos que presenten resultados adversos conducen a situaciones extremas que no siempre son recuperables en los ciclos de bonanza, como el endeudamiento, la pérdida de medios de producción, la desnutrición en etapas críticas del crecimiento de los hijos, etcétera.

2. *Especificidad del sujeto*

En el capítulo donde se comparan la forma campesina y la forma empresarial de producción [15] se ponen de relieve algunas circunstan-

[14] A. Pearse, "Peasant based..." *op. cit.*, pp. 5-7.
[15] Véase el capítulo II. Las afirmaciones que se hacen en este punto están fundamentadas en términos teóricos en dicho capítulo.

cias que conviene recordar ahora porque, además de las consideraciones anteriores, fundamentan el propósito de dirigir específicamente al sector campesino los esfuerzos que tiendan a reducir a márgenes aceptables la dependencia alimentaria, y en particular la referente a granos básicos y a otros alimentos esenciales.

Entre estas circunstancias estaría, en primer lugar, la de que, en igualdad de condiciones, el sector campesino se muestra dispuesto a entregar al resto de la sociedad los productos de su actividad a precios inferiores a los exigidos por los productores capitalistas por la sencilla razón de que la unidad campesina, para emprender una actividad determinada no necesita asegurarse de una tasa de ganancia mayor o igual a la tasa de retorno esperada de otras actividades alternativas.

En segundo lugar, el sector campesino se encuentra en condiciones de valorizar (es decir, de emplear en tareas socialmente productivas) recursos que para la agricultura empresarial son marginales o simplemente no se conciben como tales (tierras marginales, fuerza de trabajo intransferible, medios de producción de bajo costo aunque también de ínfima productividad, etcétera). .

En tercer lugar, los subsidios de energía (a los que hicimos mención en párrafos anteriores) que requiere la agricultura campesina para su funcionamiento son significativamente menores a los que necesita directa e indirectamente la agricultura empresarial,[16] incluso si se intensifica el uso de insumos a los niveles requeridos para incrementar el potencial productivo de las unidades que denominamos "inestables" y para incrementar los excedentes transferibles del sector campesino al resto de la economía.

En cuarto lugar, porque el grado de intensificación potencialmente alcanzable en el uso de mano de obra es mayor en las unidades campesinas que en las empresariales y conduce, en igualdad de otros recursos, a generar un producto mayor por persona *ocupable* (aunque —lo cual es socialmente menos importante— sea menor por persona *ocupada efectivamente*).

El hecho de que estas potencialidades no se manifiesten, o lo hagan sólo de un modo parcial e ineficiente, es una consecuencia de la peculiar articulación entre este sector y el resto de la economía y de la sociedad; en particular, de la posición que ocupa el campesino en el mercado (considerado en términos genéricos) y del tipo de relaciones que suele establecer con ellos el aparato institucional público.

[16] Directamente en el proceso productivo e indirectamente en los patrones de demanda y de consumo que se derivan de los ingresos generados en una u otra forma de producción.

C. HETEROGENEIDAD DE LAS UNIDADES PRODUCTIVAS

El punto de partida en el diseño de una estrategia concebida para proporcionar seguridad alimentaria al sector campesino debe ser la caracterización de la heterogeneidad de las unidades productivas, empleando aquellos elementos estructurales que se consideran determinantes de la capacidad de lograr la seguridad alimentaria perseguida.

Se trata de una condición necesaria para que las políticas tengan el mayor grado de especificidad posible en lo que a los sujetos a que van destinadas se refiere, para que puedan integrarse en programas coherentes de alcance local y se pueda generar cierta comunidad de intereses entre los sujetos de dichos programas. Esta comunidad de intereses es indispensable para que algunos de los componentes claves de la estrategia puedan tener viabilidad.

Como señalamos anteriormente, un primer elemento de diferenciación es el carácter campesino de las unidades de que se trata, con todas las implicaciones en cuanto a su conducta como productores que de dicha condición se derivan y que hemos mencionado anteriormente.

De este primer criterio se desprende que las respuestas que podrían esperarse de determinados tipos de política (precios, créditos, insumos, etc.) habrían de ser diferentes a las que se obtendrían de esas mismas medidas del sector empresarial. No se trataría sólo de diferencias cuantitativas (es decir, derivadas de la escala de operaciones) sino de diferencias cualitativas (es decir, referidas a la "lógica interna de manejo")[17]. En ello se funda la necesidad de diseñar una estrategia específica para el sector campesino, diferente en aspectos importantes a lo que pueda diseñarse para la agricultura empresarial. Distinción más sustantiva, sin duda, que la que suele hacerse entre el sector ejidal y el sector privado.

Esta separación bimodal entre empresarios y campesinos es, sin embargo, insuficiente para alcanzar la especificidad deseada en el diseño del conjunto de políticas que componen la estrategia alimentaria, puesto que en el seno mismo del sector campesino, se advierten todavía diferencias importantes en lo que respecta a su potencial para lograr la seguridad alimentaria a partir de los recursos de que dispone.

En la segunda parte del estudio y a modo de diagnóstico de la estructura productiva hemos distinguido las siguientes categorías dentro del sector campesino:

[17] El significado del concepto "lógica interna de manejo" está desarrollado con detalle en el capítulo II.

1] *Unidades de infrasubsistencia*, con tierra de labor insuficiente para generar el producto necesario para satisfacer las necesidades de consumo alimentario de una familia promedio. Constituyen este estrato 1.4 millones de unidades de las que el 65% son parcelas ejidales;

2] *Unidades de subsistencia*, con tierras de labor que proporcionan más de lo necesario para la alimentación y llegan, en el límite superior, a cubrir con su producto las necesidades totales de consumo de la familia. Están constituidas por unas 400 000 unidades, de las que el 81% son parcelas ejidales;

3] *Unidades estacionarias*, con una superficie de labor que les permite generar un producto equivalente tanto a las necesidades de consumo, como a las de un fondo de reposición para sostener en el tiempo el proceso productivo, y

4] *Unidades excedentarias*, con una superficie de labor mayor que la anterior. A este estrato campesino corresponderían cerca de 210 000 unidades productivas, de las que casi el 70% son ejidales. (Véase de nuevo el cuadro 2.)

Para efectos del diseño de políticas parecería convincente, sin embargo, una reagrupación de las categorías anteriores atendiendo a las características, plazos y objetivos que tendrían en cada caso, las políticas a aplicar. En este sentido, los plazos genéricos requeridos para alcanzar la autosustentación alimentaria con la producción de la unidad podrían emplearse como criterio de reagrupación en los términos que, a título ilustrativo, se indican a continuación.

1. *Autosustentación alimentaria y tipos de unidades campesinas*

Un primer grupo estaría constituido por unidades con un grado de fragmentación tal que los recursos que controlan (en particular la tierra de labor) están apreciablemente por debajo de los mínimos requeridos para alcanzar, por lo menos, una producción equivalente a las necesidades alimentarias básicas de una familia, *incluso si se les incorpora la mejor de las opciones técnicas disponibles o posibles*. Se trataría de unidades para las que la seguridad alimentaria no se podría alcanzar a base de medidas agrícolas (ni siquiera a un largo plazo razonable), y con respecto a las cuales sería preciso encontrar opciones de ocupación extraparcelaria para complementar significativamente su ingreso agrícola. A falta de un término más sintético denominaríamos a este grupo como *campesinos sin potencial de autosustentación alimentaria* (SPA).

La mayor o menor amplitud con la que, en términos operativos, se defina la magnitud de este sector habría de depender de los recursos de que se dispusiera para impulsar el desarrollo general del sector campesino a largo plazo (de 10 a 20 años). Cuanto menores sean los recursos previsibles, mayor tendrá que ser el número de las unidades que se incluyan en esta categoría y viceversa.

Lo anterior es así, sobre todo si entre otros objetivos de política figura el de impedir que unidades potencialmente viables en la actualidad lleguen a dejar de serlo a causa de los procesos de descomposición a que la agricultura campesina se ve sometida actualmente, porque ello implicaría concentrar los recursos generadores de capacidad productiva en estratos campesinos con cierta posibilidad de autosustentación.

Un segundo grupo —que denominaremos unidades *autosustentables a largo plazo* (ALP)— estaría constituido por aquellas unidades en que el logro de la seguridad alimentaria implicaría la elevación significativa de los rendimientos a partir de: 1) la adaptación y especificación para las condiciones ecológicas locales, de normas técnicas generales (fórmulas de fertilización, densidades de siembra, semillas de mayor potencial, etc.); 2) el desarrollo de una infraestructura adecuada, y 3) medidas de reorganización parcelaria y de dotaciones complementarias. En general, medidas cuyo plazo de maduración es bastante largo.

Un tercer grupo estaría constituido por las que denominaremos *unidades autosustentables a corto plazo* (ACP) e incluiría a todas aquellas que con una política de insumos y de financiamiento apropiada, y con la aplicación de opciones tecnológicas conocidas y de eficacia demostrada, estarían en condiciones de superar el umbral de una producción regular de autosostenimiento al cabo de dos, tres o cuatro ciclos agrícolas.

Finalmente, un cuarto grupo, que denominaremos *unidades mercantiles estables* (UME) —pues en contraste con las tres categorías anteriores no se encontrarán en un proceso de descomposición aunque no mediara acción pública alguna— estaría constituido por aquellas que obtienen regularmente una producción que supere la requerida para el sostenimiento de la familia y de la unidad productiva.

Si los recursos previsibles fueran en extremo reducidos, podrían asimilarse las categorías del diagnóstico a las categorías indicadas en los párrafos anteriores en los siguientes términos: asimilar la categoría de infrasubsistencia a la SPA; la de subsistencia a la de ALP; la de estacionarias a la de ACP, y la de campesinos excedentarios a la de UME.

De este criterio quedarían excluidas, sin embargo, las políticas viabilizadoras de un número tan grande de campesinos (1.4 millones), que podría resultar socialmente insostenible. Para morigerar la presión social se tendería a la adopción, con relación a este sector, de medidas de tipo asistencial pero cuyo costo aún siendo menor que el de la viabilización de algunas de las unidades que la conforman sólo generaría resultados efímeros y volvería a plantear el problema, probablemente más agravado, en periodos posteriores.

La adopción del criterio mencionado implicaría, por otra parte, desaprovechar recursos de algunas unidades cuyo tamaño, en otros contextos socioculturales (el Asia, por ejemplo) y con intensidades de explotación desconocidas en México (2 000 a 3 000 jornadas/hombre/año), han demostrado, superar incluso los requerimientos mínimos de sostenimiento familiar.

Un criterio más razonable podría ser considerar para la definición del límite inferior los antecedentes sobre rendimientos potenciales en áreas de temporal estimados empíricamente por el Sistema Alimentario Mexicano (SAM) [18] e incluir en la categoría de potencialmente viables a las unidades cuyas superficies permitieran alcanzar el rango' de las 3.5 - 4 toneladas de equivalente maíz, con los rendimientos potenciales estimados por el SAM.[19]

Si, con el carácter de aproximación burda al criterio anterior, sólo excluimos las unidades con menos de 2 hectáreas de equivalente temporal, quedarán fuera de la acción directa de la estrategia de viabilización agropecuaria algo menos de 940 00unidades. No debe descartarse la posibilidad de que, estimuladas por las políticas de desarrollo rural a que hacemos referencia más adelante, algunas de estas unidades fragmentadas se agrupasen en una unidad, para convertirse en unidades elegibles para la aplicación de dichas políticas.

Debe tenerse presente, sin embargo, que no es fácil una reducción mucho mayor del grupo de las unidades SPA, puesto que casi 250 000 de las mismas tienen una superficie inferior a la media hectárea y otras 310 000 entre media y una hectárea. (Véase de nuevo el cuadro 9.)

Con respecto a las que se han denominado "unidades con potencial" (grupos ALP, ACP, y UME) los antecedentes obtenidos en la tipología aconsejan ampliar su número más allá de los límites de lo que operacionalmente se ha definido como el sector de campesinos excedentarios, para incorporar también una parte de las denominadas unidades transicionales en vista de que entre la fracción inferior de este estrato y los campesinos excedentarios existen las suficientes semejanzas para hacerles objeto de una misma política.

Los resultados de la aplicación de los criterios sugeridos a la información entregada por el análisis tipológico aparecen detallados para cada una de las entidades federativas en el cuadro 38.

El grupo SPA (sin potencial de autosustentación) estaría constituido

[18] Véase el cuadro AF-36
[19] Este nivel se consideró en los estudios previos a la construcción de la tipología, como el umbral de la subsistencia. Para la estimación de dicho valor, véase el capítulo III y el Apéndice metodológico, en CEPAL/SARH, op. cit.

por las unidades de infrasubsistencia que tienen menos de 2 hectáreas de equivalente temporal. El grupo ALP (unidades potencialmente autosustentables a largo plazo), estaría constituido por las de infrasubsistencia que tienen más de 2 hectáreas y por las unidades de subsistencia. El grupo ACP (autosustentables a corto plazo) coincidiría con el que al efectuar la caracterización hemos denominado *unidades estacionarias*, y el grupo UME (*unidades mercantiles estables*) incluiría la totalidad de las unidades excedentarias y las unidades transicionales con menos de 12 hectáreas de equivalente temporal que, suponemos, son las que se aproximan más a las de tipo campesino.

Para completar el cuadro de características desde el punto de vista de los sujetos de política agrícola, se tendrían que agregar las 109 000 unidades cuasi empresariales (unidades transicionales de más de 12 hectáreas de equivalente temporal) y las 47 000 empresas agrícolas de distinto tamaño que, en rigor, deberían ser objeto de un conjunto integrado de políticas más o menos convencionales de estímulo, regulación y control (precios, crédito, tributación) y que, por lo tanto, quedarían excluidas de los lineamientos planteados en las páginas que siguen.

2. *Grados de viabilidad y especificidad de objetivos*

Los objetivos a alcanzar con la adopción de una estrategia de desarrollo rural serán, por cierto, diferentes para los distintos grupos mencionados por lo que, aunque sea en términos muy generales, convendrá subrayar estas diferencias.

Para los grupos SPA y ALP la seguridad alimentaria es un problema a resolver. En el caso del grupo SPA ello tendría que lograrse a base de políticas en las que se señalase alta prioridad a la creación de oportunidades de empleo rural extraparcelario y al establecimiento de organizaciones de tipo sindical que se dedicasen a fortalecer su capacidad de negociación. No debería descontarse, sin embargo, que algunas de las unidades de que se trata, podrían pasar a formar parte del grupo ALP por la vía de la integración o compactación parcelaria, estimulada por las políticas destinadas a beneficiar a las unidades de tipo ALP. Para quienes esta opción no fuere factible, cabría pensar en la formación de empresas de trabajadores que emprendiesen colectivamente la oferta de sus servicios en actividades de tipo artesanal, de construcción, de infraestructura, etcétera.

Para el grupo ALP el objetivo inicial sería frenar las tendencias a la descomposición de la unidad productiva (es decir, a su transformación en unidades del grupo SPA incrementando los niveles de producción y de productividad hasta alcanzar, por lo menos, la auto-

CUADRO 38

MÉXICO: TIPO DE PRODUCTORES SEGÚN CAPACIDAD DE AUTOSUSTENTACIÓN ALIMENTARIA

Entidad federativai	Total	SPA a	ALP b	ACP c	UME d	Subtotal	Empre-sarios plenos
Total	2 557 070	935 965	900 932	165 805	398 072	2 400 774	156 296
Aguascalientes	15 151	2 772	9 910	813	1 094	14 589	562
Baja California Norte	10 068	40	358	153	3 492	4 043	6 025
Baja California Sur	1 748	202	543	98	256	1 099	649
Campeche	19 728	4 452	11 696	900	1 953	19 001	727
Coahuila	45 348	5 104	16 969	3 906	16 679	42 658	2 690
Chiapas	130 604	26 090	53 246	14 236	27 622	121 194	9 410
Colima	9 592	141	1 437	678	3 452	5 708	3 884
Chihuahua	68 793	15 578	32 522	7 594	9 219	64 913	3 880
Distrito Federal	17 874	16 127	862	77	703	17 769	105
Durango	72 930	14 941	42 836	2 920	10 624	71 321	1 609
Guanajuato	114 544	9 148	42 371	24 808	29 697	106 024	8 520
Guerrero	107 328	40 006	47 722	3 584	13 500	104 812	2 516
Hidalgo	137 744	76 526	47 867	3 105	8 103	135 601	2 143
Jalisco	111 474	4 812	29 154	18 729	42 474	95 169	16 305
México	233 876	168 961	49 803	1 792	11 255	231 811	2 065
Michoacán	136 354	17 724	66 128	14 312	28 666	126 830	9 524
Morelos	34 224	5 222	12 133	3 237	9 398	29 990	4 234
Nayarit	38 225	994	8 580	2 590	12 775	24 939	13 286
Nuevo León	34 953	13 540	14 176	2 819	2 979	33 514	1 439
Oaxaca	213 297	153 877	37 333	2 834	14 270	208 314	4 983
Puebla	231 262	131 006	80 582	4 267	12 839	228 694	2 568
Querétaro	33 758	14 542	16 108	1 052	1 652	33 354	404
Quintana Roo	9 306	7 309	1 331	35	539	9 214	92
San Luis Potosí	101 672	50 528	39 924	2 460	7 061	99 973	1 699
Sinaloa	65 512	4 938	20 644	5 146	20 848	51 576	13 936
Sonora	29 224	2 115	5 862	1 785	10 464	20 226	8 998
Tabasco	50 992	5 816	18 158	7 548	16 689	48 211	2 781
Tamaulipas	58 940	7 490	22 658	6 533	13 972	50 653	8 287
Tlaxcala	74 130	47 062	20 405	3 468	2 513	73 448	682
Veracruz	212 354	41 954	75 160	20 267	55 361	192 742	19 612
Yucatán	38 804	21 719	13 051	709	2 529	38 008	796
Zacatecas	97 261	25 229	61 403	3 350	5 394	95 376	1 885

FUENTE: CEPAL, sobre la base de un reprocesamiento de *V censos agrícola-ganadero y ejidal, 1970.*

a SPA = unidades sin potencial de autosustentación alimentaria.
b ALP = unidades autosustentables a largo plazo.
c ACP = unidades autosustentables a corto plazo
d UME = unidades mercantiles estables.

sustentación de la familia y de la unidad productiva, es decir, niveles
de producción, en términos de toneladas de equivalente-maíz que
proporcionarán el consumo esencial de la familia y permitieran la
formación de un fondo de reposición).[20] En los grupos ACP y UME podría suponerse que la seguridad
alimentaria habría sido alcanzada e incluso, sobre todo en el grupo
UME, ⟨rebasada, tomando además en cuenta las variaciones estacionales a las que los rendimientos están sujetos.

Los objetivos para estos grupos deben consistir, por lo tanto, en
incrementar la capacidad de producción de excedentes alimentarios
para el mercado interno contribuyendo en esa forma a reforzar la
política nacional de autosuficiencia alimentaria.

En síntesis, a las diferencias estructurales que existen entre los productores campesinos, corresponden diferencias de objetivos a alcanzar en plazos también diferentes y a base de medidas que, formando
parte de un tronco estratégico común (el que se propone la seguridad
alimentaria del conjunto) habrían de tener presentes las diferencias
indicadas.

Al hablar de "medidas diferenciadas", más que al enfoque (o si se
quiere a la "filosofía") o a los principios generales que deben guiar la
estrategia, nos referimos a la jerarquía, ordenamiento temporal, pro-
fundidad y viabilidad de las políticas de diversa clase que habría que
adoptar en cada caso. Se presentarán, por esta razón, algunas consideraciones generales sobre la orientación de los diversos tipos de acciones que se precisaría poner en juego para alcanzar el objetivo per-
seguido, especificando en cada caso las particularidades o el papel
que representarían dichas políticas con respecto a los grupos considerados.

D. PRINCIPALES COMPONENTES DE UNA ESTRATEGIA

Hemos señalado en la sección anterior que la estrategia propuesta
tendería a generar lo que llamamos una *secuencia dinámica de cambio* a
cuyas características principales ya nos hemos referido. Corresponde,
a continuación, precisar algunos de los principales componentes de
esta estrategia que, huelga señalarlo, al ser imposible que surja es-
pontáneamente exigiría una activa participación del Estado que permita y facilite la expresión de las potencialidades del campesinado [21]

---

[20] Véase en el capítulo III, punto 3, c, la definición de las unidades estacionarias.

[21] La segunda postularía la necesidad y admitiría la posibilidad de una transformación radical del conjunto del sistema a partir de avances en la organización y en la participación de diversos sectores de base, dado el carácter contradictorio que caracteriza
generalmente a toda estructura de poder.

Definida en términos muy sintéticos, la intervención del Estado debería ser:

a] Diferenciada, en cuanto a los distintos tipos de sujetos a quienes iría orientada;

b] Desconcentrada y descentralizada, en lo que respecta a las atribuciones a nivel local de las instituciones;

c] Integrada a nivel local, en lo que se refiere a los efectos de las acciones de diverso origen institucional;

d] Participativa, a la escala microrregional, por lo que hace a la intervención de los productores en las decisiones e iniciativas que afecten de modo directo a sus condiciones de trabajo y de vida;

e] Orientada, como primer objetivo, a alcanzar la seguridad alimentaria de los sujetos de la política de que se trate, y

f] Autosustentada, en cuanto al control de los productores de los recursos necesarios para generar dicha seguridad alimentaria.

El significado de cada una de las características indicadas se comprenderá mejor cuando se explique en qué consistirían en cada una de las líneas de acción que constituyen la estrategia.

El conjunto de políticas se dirige esencialmente a lo que hemos denominado la *localidad de desarrollo rural* (LDR) y que corresponde, *grosso modo*, a lo que en otro capítulo definimos como *grupo territorial*, una vez que se ha procurado hacer lo más homogéneo posible dicho grupo en la forma que se detalla más adelante, es decir, después de haberse establecido las condiciones para que el grupo territorial haya pasado a ser efectivamente una *comunidad*.

1. *Participación y control*

Dos elementos claves e interdependientes —para la tarea de movilizar el potencial humano de producción y de creación que encierra ese vasto sector— son la participación del sector campesino en las decisiones locales que afectan a sus condiciones de vida y de trabajo y el control autónomo de sus condiciones de producción. Estos dos elementos (participación y control) deben reflejarse en cada una de las líneas de acción a las que haremos referencia para que constituyan efectivamente acciones movilizadoras.

Sin perjuicio de que el significado de ambos conceptos (participación y control) vaya comprendiéndose mejor cuando se expliquen sus implicaciones con relación a las líneas de política, debe señalarse desde ahora que estamos lejos de considerar que la "participación" se exprese a través de reglas más o menos detalladas que conduzcan a incluir a "representantes" de los grupos de que se trata en comisiones o comités en determinados ámbitos burocráticos, cercanos o lejanos del lugar en que se encuentre el grupo, ni tampoco en la formalidad de que se convoquen ciertas asambleas por los funcionarios de campo de determinadas instituciones públicas para "decidir" algunos asuntos de interés mutuo.

Por "participación" entendemos más bien una práctica continua que sería la expresión real de poder de los sujetos sobre las condicionantes del proceso de trabajo y del destino de sus resultados. Conviene tener presente que de una vasta experiencia en programas de desarrollo rural ha podido desprenderse que las acciones o políticas públicas (o no participativas) requieren mayor cantidad de recursos, más personal y con mayor calificación, para obtener resultados inferiores a los que se lograrían movilizando el potencial local y delegando en sus órganos colectivos, o en miembros representativos de la comunidad, muchas de las funciones burocráticas.

El establecimiento de un proceso participativo no es, por cierto, una tarea simple para la que existan fórmulas infalibles, sobre todo cuando tiene que llevarse a cabo en un ambiente de evidentes (y fundamentadas) desconfianzas acumuladas a través del tiempo.

Para que la participación no se convierta en un postulado puramente demagógico —si es que no es una tarea imposible— es necesario que se den, por lo menos, algunas condiciones; las principales podrían ser la reducción de la extrema heterogeneidad en el grupo territorial (LDR) y la descentralización o desconcentración de la ejecución pública o, si se quiere, de la capacidad operativa institucional.

Se trata de condiciones difíciles de llenar por la gran cantidad de intereses creados que necesitan salvarse, pero indispensables para que la estrategia en conjunto adquiera sentido sustantivo, y la política agrícola no tenga que volverse cada vez más vertical y autoritaria, con todo lo que esto implica.

2. Homogeneización de las unidades productivas

La disminución de la heterogeneidad estructural de las unidades que integran una LDR constituye uno de los primeros propósitos de la estrategia. No se pretendería con ello que las unidades productivas (ejidales y privadas) llegasen a disponer de una cantidad idéntica de recursos; sólo se aspiraría a que las diferencias entre las unidades mayores y menores se redujeran lo bastante para evitar que se acelerase el proceso de concentración o se reforzase la concentración existente, como consecuencia (no deseada) de la acción del Estado y de la acción (necesaria) de las fuerzas del mercado.

Los rangos aceptables entre las unidades mayores y las menores no podrían determinarse genéricamente, se tendrían que definir de una manera más o menos empírica y casuística para cada LDR.

A título de criterio general, y sólo con ánimo ilustrativo, podría considerarse que el tamaño mínimo correspondería, *grosso modo*, a lo que hemos definido como unidades ALP, y el máximo al estrato formado por campesinos excedentarios y unidades transicionales con 12 hectáreas de equivalente temporal (grupo UME). Alternativamente, se podría definir este último estrato como el compuesto por las unidades cuyos requerimientos de trabajo asalariado no fuesen mayores (o sólo superasen en un porcentaje establecido) que las aportaciones directas del productor y su familia.

La uniformación no implicaría que de un área geográfica determinada se tuviesen que eliminar las unidades que se encontrasen por encima o por debajo de los límites fijados para cada estrato porque, aunque sería lo ideal, en muchos lugares ello sería utópico. De lo que se trataría es de que *el grupo sujeto de la estrategia* no incluyera unidades que rebasasen los límites tolerables por las distorsiones que el hecho produciría en la dinámica esperada.[22]

La contigüidad geográfica de los beneficiarios es una condición que facilitaría notablemente la acción, pero no sería absolutamente indispensable en la medida en que, en general, se supone que la producción habría de seguir efectuándose al nivel de las unidades familiares.

Consideramos que este proceso de uniformación podría lograrse incluso sin modificaciones legales significativas si se aplicasen con decisión, reglamentos y leyes vigentes como las que permiten la depuración censal, la redistribución de los latifundios simulados, la consolidación de parcelas y propiedades fragmentadas y el traslado a actividades agrícolas de tierras que, siendo apropiadas para ello, se dedican actualmente al pastoreo.

3. *Descentralización, desconcentración y control local*

La centralización y la extrema verticalidad de las decisiones administrativas, así como la concentración geográfica de los recursos humanos y materiales, son rasgos característicos del aparato público que tiene a su cargo las tareas agropecuarias.

En la medida en que la idea de autoridad se entiende como sinónimo de concentración de recursos y decisiones, las iniciativas de desconcentración que surjan de las cúspides burocráticas serán ejercicios formales sin implicaciones sustantivas. Igualmente formales serán los

[22] En Asia, algunos autores señalan que relaciones de: 1:4 y 1:5 no son incompatibles con el desarrollo de políticas que exijan la movilización de una misma dirección del conjunto de la aldea o del grupo territorial. Véase M, Lipton. "Towards theory of land reform". *Agrarian Reform and Agrarian Reformism*, editado por D. Lehman Faber. Londres, 1974, pp. 269-316.

intentos de coordinación en niveles altos y medios de los aparatos institucionales desde el punto de vista de los efectos de su acción en el terreno, en la medida en que no se atenúe la extrema verticalidad en el seno de cada institución y que conduce a que los responsables de aplicar las medidas se vean más obligados a servir los intereses institucionales (manteniéndose leales a sus superiores) que a subordinar dichos intereses al servicio de los supuestos beneficiarios de las acciones locales.

Resultará imposible llevar a cabo la participación, en los términos descritos más arriba, sin que instancias locales del aparato institucional dispongan de un mínimo de poder de decisión sobre el uso de los recursos públicos asignados a una localidad determinada.[23]

Si la voluntad política de cambio existe, deberá expresarse, por lo menos, en una delegación del control y la asignación de los recursos locales —dentro de los marcos generales que fije el interés nacional— a las instancias de base, como punto de partida de un proceso gradual pero sustantivo de desconcentración y de descentralización. Este cambio en la estructura del aparato institucional tendrá que iniciarse por una modificación de las relaciones entre el personal de campo de las instituciones y los intermediarios (representantes u "hombres-nexo") del grupo campesino con el aparato público.

Esta relación constituye un *eslabón crítico* de la vinculación entre los campesinos y el Estado en el proceso de impulsar el tipo de desarrollo rural a que se aspira.

La tergiversación de los objetivos de la política mejor intencionada se derivan con gran frecuencia de una especie de "articulación perversa de roles" entre el representante de las instituciones y el de los campesinos.[24] Este tipo de distribución no debe atribuirse sólo a for-

[23] El Banco Mundial señala esta necesidad en unos términos con los que no podemos menos que coincidir: "Se subraya la importancia de la coordinación a escala local a causa de que cada vez hay más pruebas de que los programas multisectoriales pueden llevarse a cabo más eficazmente mediante un incremento considerable de la descentralización. El control local proporciona la flexibilidad necesaria para la adecuada integración y sincronización de las actividades, así como para la modificación de los programas, a fin de ajustarse a nuevas circunstancias. El control local, en vez de centralizado, contribuye mucho a la participación de la comunidad, que es esencial para un proceso de desarrollo sostenido. Una ventaja especial estriba en que suele facilitar la conciliación de la forma en que los problemas de la comunidad son percibidos por sus habitantes y por los funcionarios locales." (Banco Mundial, *Desarrollo rural*, documento de política sectorial, 1975, p. 8.)

[24] A. Pearse, "Peasant based...", *op. cit.*, p. 23. El autor llama a esta articulación *el* "nexo compactado" (compacted nexus) que define como "los arreglos, que en beneficio personal, se dan entre el representante de las agencias de gobierno y el líder de la aldea. Ambos individuos deben cumplir una función de nexo para aquellos en cuya representación actúan, pero 'compactan' sus roles para subvertir sus funciones legítimas en beneficio personal".

mas abiertas o encubiertas de corrupción pecuniaria; se debe muchas veces a cuestiones más sutiles y complejas que se relacionan con los criterios de evaluación a que la labor de cada uno de esos sujetos se ve sometida y que raras veces tienen que ver con el grado en que han sido alcanzados los propósitos de beneficio colectivo a nivel local.[25] Lo anterior ocurre tanto en situaciones en las que la aplicación de políticas concebidas a nivel central suponen un conflicto con intereses creados locales (a veces hasta al nivel de un ejido) como en aquellas en las que el interés institucional, por ajustarse formalmente a normas abstractas y generales, se traduce en un apoyo a los productores mejor dotados de recursos o en la imposición de formas ineficientes (desde el punto de vista de los intereses campesinos) en el uso de recursos. Existen numerosos ejemplos de políticas concebidas (bien o mal) para beneficiar a sectores campesinos medios y pobres que se han visto desvirtuadas por fenómenos como los que acaban de señalarse.[26]

Cambiar el carácter de este eslabón decisivo requiere, por una parte, que se capacite a los productores para que puedan participar en los términos que se describen en el punto siguiente, y hacer que sus intereses de grupo sean lo bastante homogéneos para que el interés colectivo por conseguir una resolución determinada pese más que la tentación individual de cambiar esa resolución por otra en beneficio personal o en el de un grupo reducido.[27]

[25] Lo anterior no implica, ni por asomo, que deban atribuirse a esta instancia los defectos o desviaciones del conjunto del aparato burocrático o de sus niveles intermedios o superiores; por el contrario, precisamente dichas desviaciones son las que con frecuencia refuerzan los fenómenos de "articulación perversa" a que hicimos referencia. Si hemos puesto el acento en este eslabón es porque se trata tanto del que pone en contacto inmediato con los productores, como porque se estima que su modificación puede constituir el punto de partida de una eventual transformación gradual del conjunto.

[26] Véanse los documentos citados en la nota 5. A los ejemplos señalados en ellos se puede agregar lo que les ocurrió a los promotores de la Subsecretaría de Organización de la Reforma Agraria encargados de impulsar la organización ejidal colectiva y las uniones de ejidos en el periodo 1974-1976. Cuando estos funcionarios actuaban con lealtad hacia los sectores menos privilegiados, se generaban presiones que en muchos casos determinaron su expulsión del área (caso Nayarit). En otros casos, cuando el Estado abandonó la política de promoción, algunos de estos funcionarios fueron contratados por los propios campesinos (caso Unión de Ejidos Emiliano Zapata en Morelos). Otro ejemplo lo constituye la aplicación del llamado crédito a productores de bajos ingresos (véase el estudio de A. Schejtman et. al., *Crédito a productores de bajos ingresos en ejidos de temporal: estudios del caso del noroeste de Guanajuato*, Proyecto FAO/SRA/MEX/ 74/006, 1976, fotocopia). Otro más, la cancelación de algunos proyectos piloto del Programa de Desarrollo Integral del Trópico Húmedo (PRODERITH) CNPA. SARH en el trópico húmedo. Los ejemplos anteriores son una gama amplia de diversas manifestaciones del fenómeno aludido.

[27] A. Pearse, "Peasant based...", *op. cit.* p. 20

En el ámbito del sector público, el cambio del tipo de articulación descrito requiere la incorporación a estas tareas de funcionarios altamente motivados y con vocación de servicio. Estas cualidades no dependen sólo del método de selección, dependen también de la forma en que se apliquen sistemas apropiados para evaluar comportamientos y de estímulos materiales adecuados.[28]

Los procedimientos para la evaluación, para ser efectivos, no podrían ser de carácter burocrático, como los que se utilizan para estimar el cumplimiento cuantitativo y formal de ciertas tareas en términos de número de formularios llenados, número de créditos otorgados, cantidades de fertilizantes entregadas, etcétera.

Dichos procedimientos tendrían que consistir en una combinación de la participación de los beneficiarios de su acción en la calificación del desempeño de los funcionarios (a base, por ejemplo, de un sistema de evaluación con votación secreta), con una estimación de resultados "objetivos" en términos del mejoramiento de las condiciones de vida y de trabajo de los productores de que se tratase.

Iniciadas las tareas de homogeneización (que podrían constituir en algunas localidades un primer impulso movilizador) y alcanzado el mínimo de descentralización administrativa a que hicimos referencia, existirían las condiciones para llevar a cabo las medidas que a continuación se esbozan.

---

[28] Cabe destacar que existen, por lo menos cuatro actitudes o posiciones sobre la posibilidad de transformar las relaciones básicas entre el aparato institucional y los campesinos: la primera, que podemos denominar *conformista* (o "panglosiana"), es la que considera que las relaciones son básicamente satisfactorias y que, a lo sumo, necesitan correcciones marginales, pero en ningún caso una transformación de fondo. La segunda, que sería el polo opuesto a la anterior y que podríamos llamar *absolutismo radical* (o del catastrofismo utopista) es la que considera que el tipo de eslabonamiento de base al que hemos hecho referencia formaría parte de un conjunto más complejo de encadenamientos a los que el poder estatal y central estaría indisolublemente ligado, y que no sería posible su alteración en los términos aquí planteados porque pondrían en peligro todo el andamiaje del poder y, por lo tanto, las condiciones de reproducción del conjunto del sistema. Parafraseando a otros autores, quienes sostienen esta posición considerarían que, como para poder hacer algo (cambiar la relación institución-campesinado) sería necesario hacerlo todo (la revolución total), no habría que hacer nada hasta que hubieran madurado las condiciones para poder hacerlo todo.

Entre las dos posiciones extremas anteriores podrían señalarse otras dos que, aunque significativamente distintas en sus proyecciones estratégicas, podrían coincidir tácticamente en la necesidad y posibilidad de modificar las relaciones de que se trata.

La primera constituiría una especie de *continuismo reformador* y partiría del supuesto de que el nivel y el grado de tensiones que genera el actual sistema de relaciones entre las instituciones y los campesinos requiere ser modificado significativamente para poder garantizar la estabilidad y la continuidad de las condiciones de reproducción del sistema.

4. Política de capacitación: su enfoque y objetivos

En términos generales, la capacitación debería orientarse al desarrollo progresivo de las organizaciones de las "unidades locales de desarrollo rural" (ULDR), en particular de los órganos destinados a funciones de tipo colectivo o cooperativo, como el crédito, la comercialización, la transformación de algunos de sus productos, la adquisición de artículos de consumo esencial, el desarrollo de infraestructura productiva y social, la gestación de proyectos de inversión y, en general, la negociación de la ULDR con el "entorno socioinstitucional".[29]

Entendida así la capacitación, constituiría el elemento inicial para impulsar una dinámica de cambio y para hacer viables las unidades productivas al nivel de la ULDR. Por lo tanto, esa capacitación no podría lograrse a base de enfoques tradicionales en los que los capacitados constituyen un grupo reducido (líderes reales o potenciales) que recibe pasivamente conocimientos específicos de diverso tipo en cursos realizados en los lugares donde son reunidos, como las "centrales de capacitación campesina" por ejemplo.

La capacitación que interesa tendría que considerarse un proceso continuo que iría incorporando progresivamente a todos los miembros de la ULDR, y en el que *se aprendería a organizar organizando*, es decir, convirtiendo el proceso de aprendizaje mismo en un primer ejercicio de participación y de gestación de los organismos a que hicimos referencia anteriormente. Para ello, la ULDR tendría que disponer de su propia unidad de capacitación, que constituiría uno de los primeros organismos de función colectiva y sería autogestionada por los miembros que en cada ciclo de capacitación pasasen por ella.[30]

Con excepción del aprendizaje y de la práctica de principios básicos de organización, el contenido de los cursos (en particular los de tipo técnico) iría siendo definido por los propios capacitados en función de los problemas concretos a los que tanto la unidad de capacitación —que bien diseñada podría constituir, en algunos aspec-

---

[29] Entendemos por entorno socioinstitucional los elementos ajenos al grupo territorial con los que éste tiene contacto inmediato y que influyen significativamente en sus condiciones de producción y reproducción. Se incluyen aquí los diversos tipos de intermediarios, las instituciones públicas y privadas locales, así como el mercado en su asepción más amplia.

[30] Un punto de partida para el desarrollo del sistema de referencia está constituido por el aplicado en el programa de cooperativas agrícolas de la OIT en Honduras (PROCARA). Véase al respecto C. Santos de Morais, *Laboratorios de capacitación en organización*. El sistema desarrollado por PROCARA requeriría de modificaciones para adaptarse a una estructura en la que los productores estarían constituidos por unidades familiares y no por empresas colectivas.

tos, una reducción a escala de la propia ULDR— como la ULDR habría de hacer frente.

Lo anterior supone que la capacitación apuntaría a dos objetivos básicos: 1) generar entre los miembros de la ULDR *la capacidad para autodiagnosticar su realidad socioproductiva*, es decir, para conocer la potencialidad de los recursos con que estaría dotada y los obstáculos de diverso orden (internos y externos, técnicos, socioinstitucionales) que impidieran la realización de esta potencialidad, y 2) generar capacidad de creación de los órganos de gestión autónoma de las funciones y de las demandas colectivas de los campesinos de la ULDR frente al entorno socioinstitucional, por aproximaciones sucesivas de ensayo-error-autocrítica, ensayo, etcétera.

Para las unidades de los grupos ALP y ACP, la capacitación constituiría el punto de partida de un proceso de fortalecimiento simultáneo de su economía y de su capacidad de negociación con el entorno socioinstitucional, al hallarse ambos fenómenos estrechamente relacionados.

Para el grupo UME la capacitación podría efectuarse o desarrollarse al mismo tiempo que la gestación de formas directas de organización de su capacidad negociadora. puesto que siendo sus economías relativamente más fuertes que las de los grupos anteriores, la potencialidad de su fuerza negociadora podría verse inhibida por la falta de una instancia que aglutinase a los productores de este grupo para enfrentar colectivamente sus relaciones con entidades de mayor poder relativo que el de cada uno de ellos considerado aisladamente.[31]

5. *Investigación y desarrollo científico tecnológico*

La investigación y la difusión del conocimiento tecnológico existente formarían parte importante de la tarea de dar viabilidad a las unidades de los grupos ALP y ACP de transformar las unidades del grupo UME en proveedoras regulares de parte significativa de los requerimientos internos de alimentos básicos. Para que la investigación pudiera representar el papel indicado, sería indispensable una transformación radical de los términos en que la misma ha venido efectuándose hasta el presente.

Varios autores han subrayado que, como contrapartida al desarrollo espectacular experimentado por los rendimientos de ciertos cultivos en ciertas áreas —derivados de lo que se ha dado en llamar "la re-

---

[31] Los planteamientos de Gustavo Esteva sobre negociaciones o desarrollo de contratos colectivos de tipo mercantil constituyen un ejemplo del tipo de iniciativas aplicables a unidades de este grupo, como medidas iniciales de un proceso de cambio similar al planteado en páginas anteriores *(op. cit.,* 1979, p. 245).

volución verde"—, se han intensificado los procesos de concentración en la estructura agraria, fenómeno que puede atribuirse a no haberse considerado en el diseño de la estrategia aludida el impacto socioeconómico de la utilización de los paquetes tecnológicos exigidos por las variedades de semillas de alto rendimiento.

En cierta medida, la instauración del Plan Puebla y de los planes que, a su imagen y semejanza, se llevaron a la práctica después en otras regiones a través del Programa Nacional de Desarrollo Agrícola de Áreas de Temporal (PRONDAAT), fue el resultado de una reflexión crítica sobre las limitaciones del enfoque implícito que se le dio a "la revolución verde" y de la necesidad de encontrar un enfoque específico para la agricultura campesina de temporal.[32]

Aunque se trató de un viraje hacia la dirección correcta —tanto por haberse desechado el propósito de la "aplicabilidad universal" (o de neutralidad de la escala de producción) de los resultados de investigaciones del tipo de las señaladas, como por haberse tomado en cuenta las características socioeconómicas del tipo de usuario potencial en el diseño de la estrategia de investigación— ese cambio de dirección fue sólo parcial; en primer lugar porque los recursos destinados a ese tipo de investigación quedaban todavía por debajo, en términos relativos, de la participación territorial de la agricultura campesina y de temporal y, en segundo lugar, porque el nuevo enfoque conservaba todavía algo del sesgo productivista y tecnocrático del enfoque tradicional.

Este segundo aspecto es el que nos parece conveniente comentar brevemente para proponer una alternativa que permita salvar los inconvenientes señalados.

El PRONDAAT tal vez constituya la mejor aproximación a lo que nos parece que debiera ser un programa de investigación para la agricultura campesina de temporal. En primer lugar, porque dicho proyecto se basó en el estudio de las prácticas agrícolas que se acostumbraban en las áreas a desarrollar para que las alternativas técnicas sugeridas constituyeran respuestas asequibles (es decir, fácilmente asimilables para los productores de la localidad) capaces de superar las dificultades con las que se había tropezado, y no saltos tecnológicos de alto riesgo. En segundo lugar, porque los cultivos objeto de la investigación fueron los tradicionalmente cultivados por los campesinos (maíz y frijol, solos y asociados). En tercer lugar, porque los experimentos se efectuaron en las parcelas de algunos productores de la microrregión objeto del estudio y, finalmente, porque a esta escala (la de la localidad) se intentaron integrar los factores de mayor influencia en los

[32] Colegio de Posgraduados, Chapingo, *PRONDAAT: un enfoque para el desarrollo agrícola en áreas de temporal.* Chapingo, México, 1976.

resultados productivos, evitando el carácter fragmentario de reco-
mendaciones resultantes del análisis separado de los elementos que
influyen en los rendimientos.

En cambio, se advierten en el enfoque mencionado las siguientes
insuficiencias: en primer lugar, cierta incomprensión de las reglas
que gobiernan la lógica de manejo de las unidades campesinas o, si se
quiere, una subestimación de la necesidad de estudiarlas e integrarlas
al desarrollo de las alternativas tecnológicas. Lo anterior se comprueba tanto en la caracterización que de estas unidades hacen los documentos del PRONDAAT como en la falta de este tema (o más bien en su
presencia parcial) en los cursos de capacitación impartidos a los técnicos e investigadores de los programas indicados.[33]

En segundo lugar, los beneficiarios potenciales sólo participaron
de una manera pasiva en la definición tanto de lo que se debía investigar como de los procedimientos a aplicar (específicamente en los
experimentos) y en la forma de difundirlos entre ellos. Se prestó mucha más atención a los problemas de coordinación entre instituciones
o entre funcionarios con distintas responsabilidades de campo, que
entre éstos y los campesinos.[34]

En tercer lugar, a pesar de las definiciones formales del enfoque,
no parece haberse hecho un esfuerzo claro para asimilar (o entender)
los términos en que los campesinos de las áreas a las que se destinaron estos planes recibieron los recursos con los que contaban ni,
por lo tanto, para traducir la gran especificidad del conocimiento
empírico de los campesinos (sobre suelos, semillas, prácticas de manejo, etc.) a conceptos generales de tipo más abstracto y técnico que
permitieran tender el necesario puente de comunicación y de enriquecimiento entre investigadores y campesinos.

En el enfoque alternativo se propone la transformación del sistema
de desarrollo de tecnología agropecuaria a partir de la base, en un
proceso de adaptación progresiva de las instancias regionales y de los
institutos nacionales a.las necesidades de las unidades mismas de producción primaria.

Lo anterior implica convertir las tareas de creación y de adaptación
tecnológica en tareas de participación y de movilización de los
usuarios potenciales, efectuando en masa la investigación experimental y la evaluación de las prácticas de cultivo alternativas en un área
determinada.

Al nivel de las ULDR tendría que efectuarse el impulso inicial de un
proceso como el propuesto, creándose las condiciones institucionales
mínimas indispensables para estos efectos e incorporándose al tipo

---

[33] *Ibíd.*, p. 3 y sección VI.
[34] *Ibíd.*, pp. II - 15, II-16, II-26 y IV-2.

de capacitación descrito en el punto anterior la enseñanza y la práctica de los rudimentos del método experimental.

A título de ejemplo de una posible secuencia —más que como la propuesta de una pauta de evolución necesaria— que exprese en términos concretos lo indicado más arriba, se podría imaginar la creación, en cada ULDR, de una unidad de desarrollo y adaptación local de tecnología apropiada (por brevedad la denominaremos UTL). Sería la unidad encargada de organizar y evaluar las experiencias de prácticas alternativas de cultivo a nivel de las ULDR, contando para ello con la asesoría constante de personal calificado de los organismos de investigación-extensión de la región ecológica correspondiente.

Los maestros y alumnos de las escuelas rurales ubicadas en las áreas de las ULDR, así como las escuelas técnicas agropecuarias (ETAS), habrían de formar parte de la UTL para incorporar, como práctica regular de sus alumnos, la participación en la actividad experimental local. De este modo se podría transformar la educación rural en un instrumento de apoyo al campo en vez de constituirse como sucede en un primer paso de preparación para emigrar.

El asesor técnico de la UTL sería el catalizador de esta actividad en la localidad y constituiría, por lo tanto, una pieza clave de la vinculación de los productores con el sistema de investigación agrícola. Como señalamos en párrafos anteriores, tendría que tratarse de una persona con mucho interés en su trabajo y con la capacidad necesaria, en primer lugar, para comprender la lógica por la que se rigen las decisiones económicas de los campesinos de las ULDR (es decir, las decisiones sobre qué producir, cómo producir, cuánto producir y qué destino dar al productor de ingresos generados) y, en segundo lugar, de establecer la comunicación entre la percepción campesina de los recursos locales (y de los fenómenos que afectan a la actividad productiva) y las disciplinas científico-técnicas.[35]

La experimentación tendría presentes diversos problemas, como por ejemplo los que se presentan con motivo del manejo del agua y los suelos, el uso de abonos naturales, fertilizantes químicos y semillas mejoradas, las densidades de siembra, las asociaciones de cultivos, la integración en diversas formas de la actividad agrícola y pecuaria, las prácticas alternativas de control de plagas y malezas, etcétera.

Se analizarían los resultados de cada ciclo experimental en asambleas técnicas de agricultores organizadas por la UTL al nivel de las ULDR, para hallar las causas de las diferencias que se encontrasen y

[35] Se trata de desarrollar lo que I. Sachs denomina la "investigación etnobiológica" o, si se prefiere, "etnoagropecuaria". Véase W. H. Matthews, "Environment and styles of development", en *Outer limits and human needs*, Uppsala, Dag Hammarskjold Foundation, 1976, p. 52.

poder ir recurriendo a la tecnología que mejor se adaptase a lo que
un autor ha llamado "la idiosincrasia de su medio ambiente".[36]
Las demandas de asistencia técnica especializada (es decir, las relacionadas con los problemas que no lograran resolverse entre el asesor técnico y la UTL) se pasarían de la UTL a los centros regionales o,
de existir, a otras asistencias intermedias.

La conclusión de las reuniones de evaluación que se celebrasen al
nivel de ULDR, así como los problemas que se hubiesen encontrado y
los resultados obtenidos de la adopción de determinadas recomenda-
ciones, se trasladarían a reuniones regionales de la UTL —verdaderas
Asambleas Regionales de Experiencias Tecnológicas Compartidas— que patro-
cinarían los centros regionales y que serían los encargados de sintetizar los resultados en términos de sistemas agrícolas diferenciados
para las diversas regiones. Cada ciclo experimental (que coincidiría,
en general, con los ciclos agrícolas) determinaría avances en la precisión de dichos sistemas hasta alcanzar la especificidad deseada.

Los centros regionales trasladarían a los institutos centrales de investigación especializada, de la más alta excelencia científica posible,
las demandas de investigación en orden de importancia que se rela-
cionaran con los problemas que quedasen fuera de su competencia o
debieran abordarse a nivel nacional.

En síntesis, el estímulo y el desarrollo de la UTL habrían de generar
demandas que irían transformando el contenido y el método de trabajo de los centros regionales y esta transformación, a su vez, trasla-
daría nuevas solicitudes de los centros regionales a los institutos nacionales especializados, que irían organizando progresivamente sus
programas, por lo menos parcialmente, en función de estas demandas.

Legitimada esta cadena de transmisión, sería perfectamente posible que fueran presentándose iniciativas a nivel de los institutos y/o
de los centros regionales que hicieran el recorrido inverso hasta su
adopción, a título experimental (o como práctica corriente), por los
productores, sin necesidad de que esta iniciativa hubiera sido directamente motivada por demandas de la base.

La legitimidad de la relación entre investigadores y productores así
lograda es la que permite que estos últimos adopten iniciativas origi-
nadas en una visión más amplia de los intereses nacionales que la susceptible de percibirse al nivel de las unidades de base.

La iniciativa local debe recibir estímulos materiales y morales, que
constituyan un reconocimiento social y público de las aportaciones
individuales y de las aportaciones de la UTL. En las reuniones de
evaluación (tanto locales como regionales) se premiarían y desta-

[36] A. Pearse, "Peasant based...", *op. cit.*, p. 2.

carían las aportaciones aludidas, estimulándose de esa manera la emulación entre los productores de cada ULDR y entre las localidades o la UTL.

La tecnología que se genere o adopte por un procedimiento como el descrito, incluso en los casos en que implique la incorporación de un volumen creciente de elementos externos (insumos industriales e implementos de mayor complicación técnica), habrá de ser de fácil adopción y control para los usuarios, es decir, una "tecnología apropiada" en el sentido que a dicho término debiera darse.

Cabe destacar, finalmente, que habrían de presentarse algunas diferencias en cuanto a la función que el desarrollo tecnológico significaría para los distintos tipos de unidades. En los grupos ALP y ACP, la adopción de cambios en las condiciones en que se desarrolla el proceso productivo sería decisiva para detener las tendencias a la descomposición de las unidades productivas y para darles viabilidad como unidades autosustentadoras de la seguridad alimentaria de sus dependientes. El énfasis deberá ponerse en el desarrollo de alternativas que permitan el incremento de la productividad de la tierra disponible, sin un incremento de los insumos de origen externo que vaya más allá de los márgenes que permitan las condiciones de control y autosustentación, del proceso productivo a que nos hemos referido anteriormente. Implicaría este propósito el desarrollo, sobre todo, de obras de infraestructura —recurriendo a un uso muy intensivo de mano de obra— destinadas a la captación, conservación y manejo del agua, por lo menos para disponer de riego complementario o de auxilio para proporcionar mayor flexibilidad al uso del suelo y utilizar con mayor eficiencia los insumos complementarios. En este mismo sentido cabe considerar el desarrollo de obras de mejoramiento de los suelos destinadas a aumentar la eficiencia del uso del agua y a impedir la erosión y otros procesos de deterioro.

Por lo que a insumos se refiere, habría de favorecerse la experimentación con fuentes de nutrientes y sistemas de control de malezas y plagas, que fueran alternativas al uso intensivo de fertilizantes, pesticidas y herbicidas químicos de origen industrial.

En cuanto a las semillas tendría que fomentarse la selección de variedades locales o la posibilidad de producir localmente variedades de otros lugares, frente a alternativas que requirieran su importación permanente (por ejemplo, de híbridos).

Con relación a los implementos y la maquinaria, convendría estimular la creación y adaptación de instrumentos adecuados a la escala de las unidades familiares, y la formación de talleres locales para fabricarlos y repararlos.

No se trataría de convertir a este sector en una especie de "museo tecnológico", sino de reducir la dependencia de insumos externos a proporciones tolerables a base de establecer "fuentes propias competitivas, no sólo en el plano comercial y técnico, sino, sobre todo, en el terreno social y cultural", por lo menos hasta que se cimentara la capacidad de supervivencia independiente de estas unidades.[37]

El grupo UME, debidamente organizado para hacerse cargo de sus negociaciones con el entorno socioinstitucional, podría recurrir desde el comienzo del proceso a una cantidad mayor de insumos importados y asimilar modificaciones basadas en la intensificación del empleo de fertilizantes químicos, semillas mejoradas (incluidos los híbridos, que deban importarse cada ciclo) y patrones más mercantiles de uso del suelo. El énfasis inicial en materia de inversiones podría ponerse en el mejoramiento de las condiciones de acopio, conservación, transporte y, eventualmente, de transformación industrial de los excedentes comercializables.

6. *Política de crédito y seguro agrícola*

En un sentido formal, la política de concesión de crédito a productores de bajos ingresos, del pasado reciente se aproximaría al tipo de políticas diferenciadas por tipo de productor que se proponen en este documento, puesto que en la política referida se contemplan normas de excepción —en cuanto a tasas de interés, plazos, garantías, etc.— para productores que, *grosso modo*, se parecieran a los campesinos del sector ejidal.

En un estudio detallado sobre los términos en que se aplicó esta política en una zona temporalera, se demuestra, sin embargo, que su diseño e implementación estuvieron lejos de corresponder a un enfoque como el propuesto y se explica, de paso, el hecho paradójico (pero políticamente significativo) de que un crédito entregado en términos francamente concesionales pueda convertirse en una fuente de tensiones entre la institución que lo otorga (BANRURAL) y los beneficiarios.[38]

Entre los problemas expuestos por el estudio, y que es oportuno destacar aquí, estarían los siguientes:

a] Los créditos otorgados sólo tuvieron efectos marginales o imperceptibles en los niveles de producción, a pesar de los esfuerzos que se hicieron para dar fundamento económico a su otorgamiento y para supervisar —hasta en detalles mínimos— su asignación. De hecho, los créditos se transformaron en simples subsidios al consumo y, como tales, en subsidios ineficientes y regresivos; como lo anterior puede atribuirse a la forma en que se establecen los programas de

[37] A. Pearse, "Peasant based...", *op. cit.*, p. 54.
[38] A. Schejtman, *op. cit.*

créditos de las sucursales bancarias y en que operan con los beneficiarios, valdría la pena explicar brevemente estas circunstancias.

La sucursal bancaria se ve forzada a colocar los recursos recibidos
para un ciclo determinado si quieren disponer de un volumen mayor
en el ciclo siguiente; para ello hace una campaña de "promoción"
durante la que la potencialidad agroeconómica de los usuarios no es
analizada con exactitud. Cuando es muy baja (y no puede por lo tanto, aprovechar productivamente el crédito) en los expedientes de solicitud se anotan antecedentes en los que se sobreestima dicha potencialidad para "justificar" la capacidad de pago del usuario.

Iniciado el ejercicio, se regula lo otorgado de un modo bastante
arbitrario para aproximarlo a lo que será la capacidad real de pago
del usuario a la luz de la evolución del cultivo. Este procedimiento
conduce a otorgar créditos mayores (incluso por hectárea) a las unidades más grandes. Sin embargo, como los resultados obtenidos
siempre quedan muy por debajo de los calculados en los expedientes,
se produce una colusión tácita o explícita (es decir, acordada de antemano), entre los campesinos y los funcionarios de la banca para lograr que la aseguradora declare el siniestro parcial o total de los cultivos acreditados (aun cuando los rendimientos correspondan a los
promedios históricos) y el banco recupere, por esta vía, todo o parte
de lo anticipado.

Los adelantos recibidos se destinan, en realidad, a adquirir bienes
de consumo, y resulta que quienes más reciben son los que menos lo
necesitan.

Si se trata de subsidiar el consumo (pues éste es el resultado final de
esta compleja y ficticia operación de crédito a la producción), sería
mucho más sencillo hacerlo directamente y en especie y se evitarían
de esa forma el engorroso procedimiento de enfrentar a dos instituciones (la banca y el seguro, con sus respectivas exigencias de papeles,
trámites y controles), las transferencias de la conversión del dinero en
maíz, frijol y otros bienes esenciales, y se podría dar más a los más ne-
cesitados y no a la inversa, como ocurre con este subsidio camuflado.
Por otra parte, se suprimirían las situaciones tensas entre la banca, la
aseguradora y los beneficiarios de este tipo de subsidios.

b] Cada operación de crédito se vio acompañada por una compleja
y voluminosa documentación en cada una de sus etapas, hasta el
punto de que algunas de las llamadas "ministraciones" —que es el
término usado para designar cada desembolso—, tuvieron un costo
de operación superior al monto de lo desembolsado. Esta documentación imposibilita el control por los usuarios de la evolución de las
operaciones. Raras veces sabe el campesino cuándo debe, por qué
concepto, cuánto le ha sido acreditado, etc. A lo anterior se une la
absoluta anarquía de los registros característicos de las sociedades lo-

cales de crédito, que les impiden fiscalizar la evolución de su situación con el banco e informar debidamente a sus socios, así como la inefectividad de las asambleas de balance (en los ejidos) que los beneficiarios —cuando asisten— no pueden convertir en una instancia real de evaluación y control por carecer del mínimo de información que el ejercicio de estas funciones requeriría.

Con el seguro agrícola se presentan fenómenos semejantes pues, más allá de extender la cobertura a las áreas de mayor riesgo (agricultores de bajos ingresos en tierras temporaleras), no se advierte otro elemento de adaptación del sistema a la especificidad de los usuarios: más allá de la eficiencia mayor o menor con que cumple su cometido, el sistema de seguros está concebido para servir a unidades económicamente viables que se guían por el tipo de cálculo económico característico de empresas sometidas en grado significativo a las leyes del mercado.[39] En este sentido, el sistema actual no parece contener elementos que permitan convertirlo en un instrumento que contribuya al desarrollo de unidades productivas autosustentables.

A esta limitación de la concepción misma del seguro que reciben los productores de bajos ingresos, se agregan las derivadas de su operación, caracterizada por atrasos en la verificación del brote o "previa", y por atrasos en la verificación de las denuncias por siniestros. En el primer caso (previa), el atraso se traduce en un incremento del riesgo ante la posibilidad de que el cultivo quede por debajo de las normas mínimas que el seguro establece.[40] En el segundo (verificación del siniestro), en que el abandono de las labores de un cultivo que, por heladas o sequías, no va a proporcionar cosecha alguna, da lugar a que el crecimiento posterior de maleza se presente como prueba del abandono de la parcela, con la pérdida consecuente de la prima. Este tipo de atraso conduce también a dejar de recoger la escasa cosecha que hubiera podido obtenerse y a correr el riesgo de que se deteriore para demostrar que se efectuaron las labores requeridas.

En el enfoque aquí presentado se supone un rediseño del sistema existente, también, como en los casos anteriores, a partir de la base, es decir, a partir de la relación entre la oficina local del banco (sucursal B ó A), el inspector de campo, el inspector de la aseguradora y los usuarios del crédito, que tenga los rasgos generales que a continuación se describen. En primer lugar, el diseño de políticas diferenciales debe ir mucho más allá de la simple diferenciación entre produc-

[39] *Ibid.*, p. 20.

[40] El inspector del seguro debe presentarse a los tres días de anunciados los brotes y si el porcentaje de los mismos pasa del 75% de la siembra, el cultivo pasa a ser asegurable; sin embargo, el atraso en verificar los brotes y la consiguiente negación de recursos para continuar las labores puede conducir a un descenso de dicha norma y al no aseguramiento del cultivo.

tores de bajos ingresos y del resto, adoptando una clasificación del tipo propuesto en este documento con base en la viabilidad potencial de los usuarios.[41] En segundo lugar, las diferencias no pueden reducirse a diferencias de tasas, plazos y garantías, sino a una verdadera estrategia donde se combinen capacitación y crédito de avío y refaccionario de distintas maneras y para distintos objetivos con relación a cada grupo.

Por ejemplo, para el grupo ALP los términos concesionarios deberían ser los máximos posibles. La mayor parte de los recursos se deberían destinar a créditos refaccionarios para poder elevar el potencial productivo de las unidades, incluyendo entre los mismos créditos para las actividades de innovación y experimentación tecnológica de la UTL y de las parcelas experimentales a que hicimos referencia en secciones anteriores.

Puede pensarse también en la formación, a base de crédito, de reservas colectivas de granos controladas por órganos *ad hoc* de la LDR y vinculadas a programas de inversión en infraestructura productiva y social.

El crédito de avío debe estar estrechamente vinculado al refaccionario y su orientación debe tender a la capacitación, es decir, a la formación de usuarios que puedan ser sujetos de crédito con propósitos económicos. En este sentido, se deberían financiar las actividades productivas de las unidades de capacitación de las ULDR y entregar asistencia técnica sobre la operación del crédito a cada uno de los cursos que dicha unidad realizase.

Para el grupo ACP los principios serían esencialmente los mismos, aunque los términos podrían ser relativamente menos concesionales que para el grupo ALP y contener la relación refaccionario-avío una mayor proporción relativa del segundo tipo de crédito.

Por otra parte, a las funciones antes señaladas para el crédito de avío se podrían agregar otras que por su forma de operación (aunque no por sus condiciones) se pareciesen más a créditos corrientes de producción, cuando existiera la posibilidad de efectuar con éxito cultivos mercantiles.

El grupo UME debería estar, teóricamente, en condiciones de

[41] Estos criterios de carácter general deberían plantearse como normas a las sucursales, que serían las encargadas de darles contenido específico y local; es decir, una sucursal (A ó B) donde se llenasen las condiciones concretas de producción en el área de su competencia, debería tener la capacidad y la autoridad para establecer el contenido concreto, en su área, de la norma general de definición de las categorías de usuarios: En otras palabras, mientras la norma general define lo que debe entenderse por *productor del grupo UP, por ejemplo, y la política que en esos corresponde, la sucursal establecería las hectáreas de labor de la UIDR de su competencia que correspondería a dicha norma.*

operar con créditos en términos similares o parecidos a los que la política general de crédito pudiera ofrecer a las empresa agrícolas. Las tasas preferenciales tendrían que estar estrechamente relacionadas más con los deseos de la autoridad de estimular ciertos cultivos o de evitar precios de mercado mayores que los que políticas generales considerasen aceptables que con el propósito de hacer posible la sustentación de estas unidades. Incluirlas en los grupos anteriores y permitir por esta vía que se adscribieran a la sistemática condonación de carteras vencidas o al "pago", por el seguro, de los adeudos, sería desvirtuar todo el sistema crediticio y alimentar las fuentes de su corrupción e ineficacia. El grupo SPA no sería sujeto de crédito agrícola bajo ninguna de las modalidades aquí descritas. Si por razones de política general se estimase necesario incrementar el poder adquisitivo de este grupo durante cierto periodo o incrementar directamente su acceso a los alimentos esenciales, podrían estudiarse diversas modalidades de créditos subsidiados al consumo, o de ventas a precios subsidiados de bienes esenciales en un mercado de acceso restringido y controlable, al que nos referiremos más adelante.[42]

Si los recursos disponibles para atender este sector no fueran demasiado escasos, cabría la posibilidad de buscar fórmulas que, aprovechando esta enorme fuerza de trabajo, creasen fuentes de ingreso permanente, como podrían serlo empresas autogestionadas de trabajadores para la producción artesanal, para la fabricación de medios de producción para tecnologías simples y de bajo costo al nivel de la ULDR, etc. Se podría incluso pensar en la creación de empresas o brigadas de servicios que se contratasen con carácter colectivo para la realización de ciertas tareas (construcción de infraestructuras, por ejemplo).

En estos casos, la colectividad así formada podría recibir créditos refaccionarios y de avío a cambio de programas de producción o de contratos de servicios.

Se podría pensar también en la posibilidad de emplear el crédito como un elemento de estímulo para la integración o consolidación de parcelas que permitiesen dar a varias unidades del grupo SPA características semejantes a las del grupo ALP y adscribirlas de esa manera a las políticas establecidas para este último grupo.

Además de la nueva definición expuesta para establecer los criterios de elegibilidad de los usuarios y las condiciones de acceso al crédito, se precisaría romper con la extrema verticalidad de la relación banco (o aseguradora)-campesinos en la que el primero convierte el monopolio crediticio en una herramienta para definir qué

----

[42] Véase el punto 7, "Política de precios y de comercialización."

sembrar, cómo y cuándo hacerlo, e incluso hasta el destino que se le debe dar a lo producido.

De acuerdo con el enfoque sugerido, habría que dar mayor participación en las operaciones crediticias a base, por ejemplo, de modificaciones como las siguientes:

a] Cambiar el llamado sistema de "promoción" de crédito por una creación de capacidad de demandas justificadas de los usuarios; en esta forma serían ellos los que definirían tanto el monto como el para qué lo necesitarían, y sus demandas serían el punto de partida de los programas locales, regionales y, por agregación, nacionales. Ello no impediría que se mantuvieran ciertos márgenes en cuanto a lo que podría otorgar una sucursal en función de las disponibilidades que la política monetaria y crediticia nacional estimasen conveniente. Esto supondría introducir en el sistema de capacitación propuesto la enseñanza y la práctica de técnicas simples de programación contable de las unidades productivas y de los órganos de la ULDR que pudieran constituirse en sujetos de crédito.

b] Simplificar al máximo las operaciones, en particular la de supervisión, delegándolas en miembros elegidos por los usuarios al nivel de la ULDR y en una especie de órgano ad hoc, que podría ser un comité local de crédito (CLC) formado por personas debidamente capacitadas por el procedimiento propuesto para estos efectos. El CLC podría sustituir buena parte de las funciones de control de los inspectores de campo, permitiendo que éstos se dedicasen más bien a las funciones de asesoría del tipo de las descritas cuando nos referimos a la UTL.

c] Dejar a la elección de los usuarios tanto las fuentes de adquisición de sus insumos como los compradores de sus excedentes comercializables, haciendo del banco y de los organismos oficiales una alternativa competitiva, entre otras, y no una instancia de venta obligada, salvo en los casos en que algún tipo de emergencia nacional exigiera hacerlo.

d] Modificar los registros contables referentes a las operaciones de crédito, y en particular los que dificultaran a los usuarios mismos mantenerse al corriente de la evolución de las operaciones. Nos referimos específicamente a la documentación de solicitud, aprobación, ejercicio (o "ministración") y los recibos de pago.

e] Establecer sistemas de evaluación sobre el desempeño de los funcionarios de campo, de la banca y de la aseguradora, así como de las sucursales, por el CLC, a base del voto secreto de sus miembros, instituyendo sistemas de estímulo material a partir de dichas evaluaciones combinadas con otros indicadores de eficiencia (resultado en cuanto a la superficie sembrada, resultado en cuanto a la productividad, recuperación real, etcétera).

7. *Política de precios y comercialización*

Como el resto de las acciones consideradas hasta aquí, la política de precios y comercialización habría de diseñarse también de acuerdo con el tipo de productor al que fuera dirigida y con el tipo de respuesta o de evolución que se esperaría de cada uno de ellos. Cabe, sin embargo, destacar que la posibilidad de manejar precios diferenciales de productos y de insumos para los diversos grupos exige complicados sistemas de control para evitar que los beneficios deseados se trasladasen de un grupo a otro, si esos sistemas fueran de carácter burocrático. La complejidad del sistema de controles (y su ineficiencia) serán mayores cuanto mayores sean las diferencias que se quieren establecer entre los precios que afecten a los distintos grupos y los precios de mercado.

Otra restricción a la que se vería sometida la política de precios, en particular la de productos típicos de la economía campesina —que son, a su vez, parte sustantiva de la canasta de bienes-salario— sería precisamente la que impone una política de contenciones salariales. La relación salarios-precios impide revisiones lo bastante drásticas (o saltos cualitativos), en la relación de precios de los granos básicos con el resto de los bienes, para lograr por este camino "simple" hacer económicamente posibles unidades como las de los grupos ALP, y ACP.[43]

A la restricción anterior habría que agregar que por lo menos 950 000 unidades campesinas, es decir, el 43% de su totalidad, son, según nuestras estimaciones, compradores netos de maíz (y probablemente también de frijol y de otros elementos básicos) por lo que un alza en el precio de este producto reduciría sus ingresos reales y agudizaría su precaria situación.

En términos generales, cabría pensar en la necesidad de establecer una política de precios y de comercialización orientada a mejorar los términos de intercambio de la economía campesina.

En condiciones de mercado libre, la menguada capacidad de regateo que tienen las unidades campesinas, unida a su disposición a producir a precios más bajos de los que una empresa capitalista exigiría para hacerlo, han conducido a que —independientemente de lo que

---

[43] Una prueba de la rapidez con que se ajustan los precios y de la dificultad de sostener un diferencial de precios relativos, la ofrece la comparación entre el costo de la dieta campesina básica estimada para la definición de los estratos campesinos para el periodo 1966-1970 (véase el Apéndice metodológico de tipología en CFPAL/SARH, *op. cit*), con el que tiene actualmente (1980). Ese costo fue para el periodo 1966-1970 de 3.8 toneladas de maíz al año por familia y pasó a 4.02 toneladas de maíz al año, a pesar de que el primer periodo estuvo caracterizado por un sostenimiento sin modificaciones del precio del maíz y de que a partir de 1973 dicho precio ha subido sistemáticamente.

pueda ocurrir con la relación de precios agrícolas/otros precios— los que obtiene el campesino por sus productos en los mercados locales implican generalmente una transferencia a terceros de toda o de buena parte de la mejoría en los precios relativos que la (fluctuante) política oficial puede haber pretendido generar.

Los mecanismos para interrumpir esta tendencia no son en absoluto, simples de establecer y el que aquí se sugiere a título de ejemplo sólo es uno entre otros más o menos radicales que apuntan en el sentido indicado y cuya eficacia o viabilidad tendrían que medirse en la práctica antes de su aprobación.

Se trata fundamentalmente de la creación de un mecanismo que permitiera una *desvinculación selectiva* de las ULDR de los mercados locales, en un conjunto reducido pero decisivo de bienes de consumo esencial y de recursos productivos. La creación de centrales de comercialización local de propósitos múltiples y de tipo autogestionario (CCL) al nivel de las ULDR, podría llenar este propósito. Actuarían como unidades de compra de los productos de los miembros y de venta a los mismos de insumos y de bienes de consumo esencial a *precios administrativos*, es decir, fijados en función del tipo de política de ingreso que se quisiera desarrollar en una región determinada.

La CCL podría fijar precios superiores a los del mercado para los productos que obtuvieran las unidades campesinas adscritas a ella, y venderles a éstas insumos y un número reducido —pero de peso relativo importante en el gasto— de productos de consumo esencial a precios más bajos que los del mercado, siempre y cuando se pudieran fijar, en cada caso y para cada unidad familiar, volúmenes máximos de compra y de venta a dicho precio, y asegurarse de que sólo podrían comprar y vender en la central las familias adscritas a ella y los miembros de la ULDR. En otras palabras, se trataría de crear un *mercado de acceso restringido y controlado* para los productores campesinos de un área determinada en una forma que garantizase que el proceso de viabilización no habría de verse frustrado por relaciones de mercado adversas que impidieran la retención por los productores de los incrementos de producción y de productividad que el desarrollo de sus potencialidades fuera generando.[44]

La CCL recibiría del (o los) organismos estatales correspondientes (CONASUPO, FERTIMEX, PRONASE, etc.) los productos e insumos destinados a sus miembros, y les entregaría la producción acordada a los precios administrativos que la política adoptada aconsejase.

Tanto el volumen máximo de insumos y de productos de consumo

---

[44] Por lo que a compras se refiere, este mecanismo se parecería a las tiendas que algunas dependencias del Estado tienen para sus funcionarios salvo en el hecho de fijar niveles máximos de compra por familia y en el de ser muy riguroso en el permiso de acceso a este mercado.

como el volumen máximo de acopio que la empresa estatal entregaría y adquiriría, respectivamente, a precios subsidiados, serían fijados y establecidos de antemano con la Central con arreglo a criterios generales de política nacional.

En otras palabras, cada unidad familiar podría disponer de una parte alícuota de los insumos controlados, proporcional a las hectáreas que cultivase, y a una parte alícuota de los bienes de consumo recibidos por la Central, proporcional a los consumidores que de dicha unidad dependieran.

Del mismo modo, la unidad familiar podría colocar a precios subvencionados una parte alícuota del volumen de compra pactado con la empresa estatal, proporcional a la superficie de cultivos que dependiera de ella.

No debe perderse de vista el hecho de que, en la medida en que el acceso a los beneficios de este sistema estuviera relacionado con la residencia de la unidad familiar, en el área de la central a la que perteneciera, y de que dichos derechos se perderían con la emigración, este mecanismo se convertiría en un poderoso elemento para que la población se mantuviera en la localidad y por lo tanto sería un freno para las tendencias migratorias.

En las localidades de desarrollo rural donde predominaran las unidades del grupo ALP, los volúmenes pactados entre la central y la empresa estatal procurarían cubrir el 100% de las necesidades de consumo (de la canasta de consumo básico) así como el 100% del producto potencial estimado para cada ciclo. En las que predominase el grupo ACP, dicho porcentaje podría reducirse, y en las del grupo UME la central podría no asumir el carácter de *mercado de acceso restringido* y privilegiado, para convertirse más bien en una verdadera cooperativa mercantil que operaría con relativa fuerza en el mercado libre, sin más subvenciones en los precios que las otorgadas en general a la producción de determinados productos y al empleo de ciertos insumos.

Por otra parte, la CCL podría ser la unidad que administrase y regulara la reserva colectiva de granos de la ULDR a que nos referimos en la sección relativa al crédito.

La Unidad de Capacitación de la ULDR debería incluir entre los temas de sus cursos y de sus prácticas las enseñanzas necesarias para la formación y funcionamiento de una central del tipo descrito y para el control, por la base, del desarrollo de sus funciones.

8. *El papel potencial de la agroindustria*

Se han dejado para el final las consideraciones sobre el papel que le cabría a la agroindustria sólo porque su integración como elemento de la estrategia de desarrollo de las ULDR supone un cierto grado de avance en la conformación de dichas unidades y de sus órganos autogestionarios, sin embargo, el componente agroindustrial puede ser decisivo —por las razones que se indican más adelante— para la consolidación de los avances que con el enfoque propuesto, pudieran alcanzarse y para el desarrollo de una capacidad competitiva en un mercado interno (y eventualmente externo).

Cabe aclarar desde ya que al contrario de lo que comúnmente se piensa, la contribución de la agroindustria en la absorción significativa de empleo es bastante reducida como lo comprueban, por una parte, la experiencia de países que, como la China, han elevado a niveles extremos la "ruralización" no sólo de la industria paraagrícola propiamente dicha, sino incluso la de industrias pesadas como la siderúrgica y el cemento, sin haber logrado más que un impacto marginal en la absorción del empleo rural. En segundo lugar, la agroindustria es una de las ramas de transformación que exige el más alto nivel de inversión por puesto de trabajo creado; de hecho, supera prácticamente a casi todas las demás ramas industriales.[45]

No es por lo tanto en razón de la ocupación generada en lo que debe justificarse el impulso a la agroindustria, sino más bien en las posibilidades que ofrece de elevar el valor agregado producido en la ULDR, de impulsar en dichas localidades la integración de tecnologías simples o tradicionales en la producción agrícola (con una alta absorción de mano de obra) a sistemas de procesamiento de alta tecnología que, aunque por sí mismos no absorben mano de obra en forma significativa, permiten elevar la valoración de la absorbida por la actividad primaria.[46]

La selección de una actividad intensiva en trabajo como eje de la actividad de las unidades individuales integrada a procesos colectivos de transformación, intensivos en capital, puede dar al producto final una gran competitividad en los mercados nacionales e internacionales.

[45] Desafortunadamente no se ha dispuesto de información de este tipo sobre México; sin embargo, estimaciones hechas en Alemania Federal, por ejemplo, muestran que las inversiones por puesto de trabajo creado en la agroindustria es 4% más alta que en la industria metalúrgica, 27% más alta que en la industria minera, 65% más alta que en la automotriz, y 260% más alta que en la de bienes de capital. (Véase NAFINSA/ONUDI, *México: una estrategia para desarrollar los bienes de capital,* México 1977, p. 247.

[46] Ejemplo espectacular de este tipo de integración es el de la Cooperativa Lechera Amul en la India, que partió con "unos cientos de litros colectados de 8 sociedades para, 25 años después, constituirse en un verdadero gigante industrial que colecta 600 000 litros diarios, tiene 240 000 miembros y abarca 840 sociedades aldeanas". (Véase *Development dialogue,* 1967, p. 24. En el mismo sentido, véanse los planteamientos de la obra de I. Sachs, *op. cit.,* p. 57.)

Por otra parte, la agroindustria puede convertirse en un elemento integrador u ordenador de la actividad primaria facilitando la planificación de dichas actividades en el área que constituye su fuente de alimentación directa e indirecta, incluso en los casos en que dicha agroindustria se reduzca a plantas de desgrane, molienda, etc., de productos agrícolas.

Para que la función referida a la agroindustria se cumpla a cabalidad, y en concordancia con el enfoque general de la estrategia aquí delineada, las unidades o plantas industriales deberían pertenecer (por lo menos parcialmente) a la comunidad o ULDR en que estuviesen localizadas; su consejo de administración debería estar compuesto y dirigido asimismo por miembros de la misma.

En este sentido, la Unidad Agroindustrial Local (UAL) sería también una unidad autónoma (o, de tratarse de una propiedad mixta, semiautónoma) del mismo carácter que las centrales de comercialización y los diversos tipos de empresas u organismos que la ULDR fuera creando a medida que se desarrollara. Al igual que en otros casos, la capacidad de gestión de la UAL debería formar parte del proceso de capacitación a que se hizo referencia en páginas anteriores.

APÉNDICE ESTADÍSTICO*

* El material estadístico generado como parte del estudio tipológico, supera, con largueza, al que se consideró conveniente incluir en el texto como parte de un análisis agregado de la estructura productiva. Se ha creído conveniente, sin embargo, la inclusión de un apéndice estadístico bastante generoso que permita —a quienes busquen una visión más desagregada en términos de regiones o de tipo de tenencia, de la tipología aquí propuesta— disponer de la información necesaria para ello. Cabe agregar, por otra parte, que existe una publicación conjunta de la CEPAL con la Secretaría de Agricultura y Recursos Hidráulicos (Comisión del Plan Nacional Hidráulico) que incluye las tabulaciones originales a nivel de entidad federativa, de todo el material generado en el estudio de la tipología. (Véase CEPAL SARH, *Tipos de productores rurales, reprocesamiento analítico del V censo agropecuario,* CPNH , México, 1981.)

CUADRO AE. 1

MÉXICO: ESTRATIFICACIÓN DE PARCELAS. APLICACIÓN DEL MÉTODO CDIA DEL CENTRO DE INVESTIGACIONES AGRARIAS A LA INFORMACIÓN DEL CENSO DE 1971(¹)ª

(miles)

Estratos de valores de producción		Ejidos		Parcelas (número)ᶜ	Logaritmo del límite inferior de la columna 1	Logaritmo de la columna 3
Ejidos (1)	Parcelasᵇ (2)	Número (3)	Número acumulado (4)	(5)	(6)	(7)
Total		22 692				
Valores directos						
Hasta 1		1 413	22 692			3 0579
De 1 a 5		306	21 279		0	3 0434
De 5.1 a 25		1 361	20 973		1 6094	2 9763
De 25.1 a 50		1 810	19 612		3 2189	2 8795
De 50.1 a 100		3 159	17 802		3 9120	2 6842
De 100.1 a 500		9 313	14 643		4 6052	1 6739
De 500.1 a 1 000		2 695	5 330		6 2146	0 9700
De 1 000.1 a 2 000		2 635	2 635		6 908	−1 1178
Más de 2 000ᵈ			0 327		7 6009	
Valores calculados ᵉ						
De 0 a 81.4	De 0 a 1	6 517	22 692	530 484		
De 81.5 a 407.1	De 1.1 a 5	8 478	16 175	690 109		
De 407.2 a 2 035.5	De 5.1 a 25	7 362	7 697	599 267		
De 2 035.6 a 4 071.0	De 25.1 a 50	0 314	0 335	25 560		
De 4 071.1 a 8 142.0	De 50.1 a 100	0 020	0 021	1 628		
8 142.1 o mas	Más de 100	0 001	0 001	0 081		

ª Las columnas fueron construidas siguiendo las indicaciones del Apéndice III-2, *Estructura agraria y desarrollo agrícola de México*, op. cit., pp. 1 089-1 091.

ᵇ Los tres últimos estratos se agregaron para conformar la categoría multifamiliar mediana, pues según el método CDIA no habían existido ejidatarios en el estrato multifamiliar grande.

ᶜ El número de parcelas corresponde a multiplicar el número de ejidos por el número de ejidatarios promedio (81.4).

ᵈ El valor de la frecuencia de más de 2 000 fue obtenido por extrapolación del mismo modo que lo hizo el CDIA para los datos de 1960.

ᵉ Las marcas de clase de los ejidos son ligeramente distintas a las del estudio *Estructura agraria y desarrollo agrícola de México*, op. cit., pues el número de ejidatario por ejido resultó de 81.4 y no de 80 como en 1960. De ahí que para el estrato de 0 a 1 000 correspondan ejidos con valor de producción de 0 a 81 400; para el estrato de 1 001 a 5 000 corresponden ejidos de 8 140 a 407.1, y así sucesivamente.

CUADRO AE-2

MÉXICO: SECTOR EJIDAL. TIPO DE PRODUCTORES AGRÍCOLAS POR ENTIDAD FEDERATIVA

(porcentajes)

	Total de productores	Campesinos				Productores transicionales	Empresarios		
		Infra-subsistencia	Subsistencia	Estacionarios	Excedentarios		Pequeños	Medianos	Grandes
Total	1 763 933	52.3	19.0	7.5	8.1	12.2	0.8	0.1	...
Aguascalientes	12 248	68.1	21.9	5.0	0.3	4.6	0.1	...	—
Baja California Norte	6 669	0.7	2.1	1.4	32.8	50.2	11.8	0.9	0.1
Baja California Sur	692	34.0	26.6	7.9	7.9	22.7	0.7	0.2	—
Campeche	18 106	60.8	23.7	4.5	5.2	5.5	0.3	...	—
Coahuila	40 434	27.7	24.3	8.8	3.1	35.1	0.9	0.1	...
Chiapas	106 984	34.2	30.2	11.9	12.3	10.3	0.9	0.2	...
Colima	8 214	7.6	8.8	7.7	34.3	37.9	3.0	0.5	0.2
Chihuahua	50 751	52.1	29.6	10.0	2.4	5.7	0.2	...	...
Distrito Federal	11 151	96.9	0.1	0.2	...	2.8	—	—	—
Durango	62 154	63.2	19.0	3.2	0.4	13.9	0.3	...	...
Guanajuato	76 560	13.1	27.1	27.6	22.8	9.2	0.2	...	...
Guerrero	87 306	67.1	15.5	3.3	2.9	11.0	0.2	...	...
Hidalgo	84 272	79.8	14.4	2.4	0.6	2.8	...	...	...
Jalisco	77 661	7.6	21.9	18.7	27.7	23.7	0.4	...	...
México	154 052	89.3	6.3	0.6	0.3	3.5	...	...	...
Michoacán	101 172	24.6	34.9	12.1	7.0	19.4	1.6	0.3	0.1
Morelos	27 698	26.3	20.9	10.8	7.0	34.0	0.9	0.1	...

Nayarit	35 595	8.9	15.5	6.9	11.8	48.6	7.3	0.8	0.2
Nuevo León	21 625	76.7	10.7	9.3	3.0	0.3	…	—	—
Oaxaca	123 504	79.5	9.2	1.6	1.5	6.4	1.1	0.5	0.2
Puebla	108 172	74.1	18.7	1.8	0.5	4.8	0.1	…	…
Querétaro	23 742	68.5	23.8	3.0	2.4	2.3	…	—	…
Quintana Roo	8 896	92.4	2.0	0.2	0.1	5.2	0.1	—	—
San Luis Potosí	86 586	78.4	12.5	2.2	0.7	6.0	0.2	…	—
Sinaloa	58 880	19.1	20.9	8.2	23.9	24.9	2.8	0.1	0.1
Sonora	20 276	12.6	14.7	5.5	39.0	24.8	2.8	0.6	…
Tabasco	29 148	16.9	26.0	20.5	33.2	3.1	0.2	0.1	…
Tamaulipas	43 890	31.8	25.9	11.7	17.2	11.1	2.0	0.2	0.1
Tlaxcala	30 510	62.1	23.7	9.8	0.1	4.2	0.1	…	…
Veracruz	146 750	32.1	18.5	11.4	14.3	22.5	1.0	0.2	…
Yucatán	32 527	88.6	6.2	1.3	0.6	3.3	…	—	—
Zacatecas	67 708	71.2	24.5	2.0	0.6	1.7	…	…	…

FUENTE: CEPAL, sobre la base de un reprocesamiento de *V censos agrícola-ganadero y ejidal, 1970.* Dirección General de Estadística, Secretaría de Industria y Comercio, 1975.

CUADRO AE-3

MÉXICO: SECTOR PRIVADO. TIPO DE PRODUCTORES AGRÍCOLAS POR ENTIDAD FEDERATIVA

(porcentajes)

	Total de productores	Campesinos				Productores transicionales	Empresarios		
		Infra-subsistencia	Subsistencia	Estacionarios	Excedentarios		Pequeños	Medianos	Grandes
Total	*793 137*	*63.1*	*10.1*	*4.3*	*8.4*	*10.3*	*1.9*	*0.9*	*1.0*
Aguascalientes	2 903	42.9	14.4	6.8	7.8	15.7	5.8	2.6	4.0
Baja California Norte	3 399	3.2	2.9	1.8	36.2	40.2	9.9	4.1	1.7
Baja California Sur	1 056	21.1	9.8	4.1	9.8	9.8	5.4	10.3	29.7
Campeche	1 622	39.3	13.2	5.1	15.0	14.0	5.6	3.9	3.9
Coahuila	4 914	11.3	9.8	7.3	23.6	26.9	9.9	4.8	6.4
Chiapas	23 620	30.1	14.0	6.4	17.0	21.5	5.4	2.4	3.2
Colima	1 378	9.6	6.8	3.6	12.8	27.0	14.5	12.5	13.2
Chihuahua	18 042	22.8	13.9	14.1	23.4	17.2	4.9	2.2	1.5
Distrito Federal	6 723	88.5	3.2	0.9	0.9	5.6	0.6	0.1	0.2
Durango	10 776	43.4	19.0	8.5	11.2	12.5	2.8	1.3	1.3
Guanajuato	37 984	32.6	22.0	9.7	23.3	7.4	2.1	1.2	1.7
Guerrero	20 022	65.0	13.2	3.5	4.4	12.8	0.7	0.2	0.2
Hidalgo	53 472	77.7	6.5	2.0	2.1	10.1	0.9	0.4	0.3
Jalisco	33 813	18.0	14.8	12.4	30.4	19.4	3.2	1.0	0.8
México	79 824	85.7	4.0	1.0	1.2	7.0	0.6	0.3	0.2
Michoacán	35 182	50.2	17.1	5.9	10.0	13.8	1.6	0.7	0.7

Morelos	6 526	51.8	13.8	3.9	5.4	21.8	2.1	0.6	0.6
Nayarit	2 630	16.5	17.9	5.3	20.2	22.6	9.2	4.5	3.8
Nuevo León	13 328	49.8	16.2	6.1	14.3	9.3	2.6	1.1	0.6
Oaxaca	89 793	86.5	4.5	1.0	0.9	5.9	0.6	0.3	0.3
Puebla	123 090	84.4	5.9	1.9	1.8	5.2	0.4	0.2	0.2
Querétaro	10 016	76.7	10.6	3.4	3.4	4.1	0.6	0.3	0.9
Quintana Roo	410	47.8	10.2	4.2	4.2	26.6	4.6	1.7	0.7
San Luis Potosí	15 086	65.2	12.9	3.5	4.7	9.5	2.4	1.0	0.8
Sinaloa	6 632	18.0	12.2	5.0	18.8	23.1	8.3	6.5	8.1
Sonora	8 948	16.0	11.2	7.4	24.0	14.9	8.5	6.9	1.1
Tabasco	21 844	36.7	15.8	7.2	20.8	15.4	2.5	1.0	0.6
Tamaulipas	15 050	15.8	16.1	9.4	23.8	21.6	7.8	3.6	1.9
Tlaxcala	43 620	89.9	4.7	1.1	1.0	2.5	0.4	0.3	0.1
Veracruz	65 604	54.5	10.8	5.4	10.1	14.3	2.6	1.3	1.0
Yucatán	6 277	50.2	12.4	4.5	6.3	18.7	2.9	1.7	3.3
Zacatecas	29 553	53.5	20.4	6.8	9.2	8.3	1.1	0.3	0.4

FUENTE: CEPAL, sobre la base de un reprocesamiento de *V censos agrícola-ganadero y ejidal, 1970.*

CUADRO AE-4

	Total					Productores	
	Productores		Superficie				
	Número	Porcentaje	Miles de ha. de equivalente temporal	Porcentaje	Promedio (ha)	Número	Porcentaje
Total	489 727		3875.1		7.9	376 037	
Productores agrícolas	479 897	100.0	3557.9	100.0	7.4	373 148	100.0
Campesinos	419 961	87.5	2156.5	60.6	5.1	334 240	89.5
Infrasubsistencia	267 578	55.7	537.9	15.1	2.0	223 547	59.9
Subsistencia	95 320	19.9	571.9	16.1	6.0	77 730	20.8
Estacionarios	29 582	6.2	295.8	8.3	10.0	20 988	5.6
Excedentarios	27 481	5.7	750.9	21.1	27.3	11 975	3.2
Productores transicionales	51 061	10.6	671.1	18.9	13.2	36 938	9.9
Empresarios	8 875	1.9	729.7	20.5	82.2	1 970	0.6
Pequeños	5 609	1.2	297.2	8.3	53.0	1 735	0.5
Medianos	1 886	0.4	202.9	5.7	107.6	166	0.1
Grandes	1 380	0.3	229.6	6.5	166.4	69	
Productores pecuarios	9 830	100.0	317.2	100.0	32.3	2 889	100.0
Pequeños	4 544	46.2	54.6	17.2	12.0	2 247	77.8
Medianos	3 938	40.1	114.3	36.0	29.0	629	21.8
Grandes	1 348	13.7	148.3	46.8	110.0	13	0.4

FUENTE: CEPAL, sobre la base de un reprocesamiento de V censos agrícola-ganadero y ejidal, 1970.

Ejidal			Tipo de tenencia		Privado		
Superficie				Productores	Superficie		
Miles de ha de equivalente temporal	Porcentaje	Promedio (ha)	Número	Porcentaje	Miles ae ha de equivalente temporal	Porcentaje	Promediu (ha)
1 649.2		4.4	113 690		2 225.9		19.6
1 631.7	100.0	4.3	106 749	100.0	1 926.2	100.0	18.0
1 351.5	82.8	4.0	85 721	80.4	805.0	41.8	9.4
457.1	28.0	2.0	44 031	41.3	80.8	4.2	1.8
466.4	28.6	6.0	17 590	16.5	105.5	5.5	6.0
209.9	12.9	10.0	8 594	8.1	85.9	4.4	10.0
218.1	13.3	18.2	15 506	14.5	532.8	27.7	34.4
254.7	15.6	6.9	14 123	13.2	417.0	21.6	29.5
25.5	1.6	12.9	6 905	6.4	704.2	36.6	102.0
22.4	1.4	12.9	3 874	3.6	274.8	14.3	70.9
2.1	0.1	12.7	1 720	1.6	200.8	10.4	116.7
1.0	0.1	14.5	1 311	1.2	228.6	11.9	174.4
17.5	100.0	6.1	6 941	100.0	299.7	100.0	43.2
12.9	73.7	5.7	2 297	33.1	41.7	13.9	18.2
4.5	25.7	7.2	3 309	47.7	109.8	36.6	33.2
0.1	0.6	7.7	1 335	19.2	148.2	49.5	111.0

CUADRO AE-5
ÉXICO: REGIÓN PACÍFICO NORTE. NÚMERO DE PRODUCTORES Y SUPERFICIE TOTAL Y MEDIA, POR TIPO DE TENENCIA

	Total					Productores	
	Productores		Superficie				
	Número	%	Miles de ha de equivalente temporal	%	Promedio (ha)	Número	%
Total	148 165		4 775.5		32.2	123 749	
Productores agrícolas	144 777	100.0	4 653.1	100.0	32.1	122 112	100.0
Campesinos	87 710	60.6	1 420.5	30.5	16.2	75 331	61.7
Infrasubsistencia	20 655	14.3	45.4	1.0	2.2	17 264	14.1
Subsistencia	23 621	16.3	141.8	3.0	6.0	21 134	17.3
Estacionarios	9 772	6.7	97.7	2.1	10.0	8 534	7.0
Excedentarios	33 662	23.3	1 135.6	24.4	33.7	28 399	23.3
Productores transicionales	45 391	31.4	1 385.6	29.8	30.5	40 462	33.1
Empresarios	11 676	8.0	1 847.0	39.7	158.2	6 319	5.2
Pequeños	7 574	5.2	518.7	11.1	68.5	5 624	4.6
Medianos	1 981	1.3	420.9	9.1	212.5	568	0.5
Grandes	2 121	1.5	907.4	19.5	427.8	127	0.1
Productores pecuarios	3 388	100.0	122.4	100.0	36.1	1 637	100.0
Pequeños	1 387	40.9	23.4	19.1	16.9	1 015	62.0
Medianos	1 498	44.2	47.7	39.0	31.8	581	35.5
Grandes	503	14.9	51.3	41.9	102.0	41	2.5

FUENTE: CEPAL, sobre la base de un reprocesamiento de V censos agrícola-ganadero y ejidal, 1970.

			Tipo de tenencia				
Ejidal					Privado		
Superficie					Superficie		
Miles de ha de equivalente temporal	%	Promedio (ha)	Productores		Miles de ha de equivalente temporal	%	Promedio (ha)
			Número	%			
2 375.8		19.2	24 416		2 399.7		98.3
2 350.5	100.0	19.2	22 665	100.0	2 302.6	100.0	101.6
1 064.2	45.3	14.1	12 379	54.7.	356.3	15.5	28.8
38.5	1.7	2.2	3 391	15.0	6.9	0.3	2.0
126.9	5.4	6.0	2 487	11.0	14.9	0.7	6.0
85.3	3.6	10.0	1 238	5.5	12.4	0.5	10.0
813.5	34.6	28.6	5 263	23.2	322.1	14.0	61.2
1 047.7	44.6.	25.9	4 929	21.7	337.9	14.7	68.6
238.6	10.1	37.8	5 357	23.6	1 608.4	69.8	300.2
207.6	8.8	36.9	1 950	8.6	311.1	13.5	159.5
26.7	1.1	47.0	1 413	6.2	394.2	17.1	279.0
4.3	0.2	33.9	1 994	8.8	903.1	39.2	452.9
25.3	100.0	15.5	1 751	100.0	97.1	100.0	55.5
13.4	53.0	13.2	372	21.2	10.0	10.3	26.9
10.9	43.1	18.8	917	52.4	36.8	37.9	40.1
1.0	3.9	24.4	462	26.4	50.3	51.8	108.9

CUADRO AE-6

MÉXICO. REGIÓN CENTRO. NÚMERO DE UNIDADES Y SUPERFICIE POR TIPO DE TENENCIA

| | Total | | | | | Productores | |
| | Productores | | Superficie | | | | |
	Número	%	Miles de ha de equivalente temporal	%	Promedio (ha)	Número	%
Total	1 152 656		7 809.8		6.8	711 586	
Productores agrícolas	1 140 391	100.0	7 461.1	100.0	6.5	707 238	100.0
Campesinos	1 023 561	89.7	4 976.0	66.7	4.9	634 182	89.7
Infrasubsistencia	694 919	60.9	1 097.0	14.7	1.6	387 407	54.8
Subsistencia	174 306	15.3	1 045.8	14.0	6.0	136 400	19.3
Estacionarios	75 660	6.6	756.6	10.2	10.0	60 143	8.5
Excedentarios	78 676	6.9	2 076.6	27.8	26.4	50 232	7.1
Productores Transicionales	105 291	9.2	1 557.5	20.9	14.8	70 014	9.9
Empresarios	11 539	1.1	927.6	12.4	80.4	3 042	0.4
Pequeños	6 961	0.6	351.8	4.7	50.5	2 481	0.4
Medianos	2 387	0.3	206.7	2.8	86.6	423	–
Grandes	2 191	0.2	369.1	4.9	168.5	138	–
Productores pecuarios	12 265	100.0	348.7	100.0	28.4	4 348	100.0
Pequeños	7 490	61.0	87.7	25.2	11.7	3 631	83.5
Medianos	3 981	32.5.	159.8	45.8	40.1	711	16.4
Grandes	794	6.5	101.2	29.0	127.5	6	0.1

FUENTE: CEPAL, sobre la base de un reprocesamiento de *V censos agrícola-ganadero y ejidal, 1970.*

Tipo de tenencia							
Ejidal				Privado			
Superficie			Productores		Superficie		
Miles de ha de equivalente temporal	%	Promedio (ha)	Número	%	Miles de ha de equivalente temporal	%	Promedio (ha)
3 977.9		5.6	441 070		3 831.9		8.7
3 938.8	100.0	5.6	433 153	100.0	3 522.3	100.0	8.1
3 134.7	79.6	4.9	389 379	90.0	1 841.3	52.3	4.7
677.8	17.2	1.7	307 512	71.0	419.2	11.9	1.4
818.4	20.8	6.0	37 906	8.8	227.4	6.5	6.0
601.4	15.3	10.0	15 517	3.6	155.2	4.4	10.0
1 037.1	26.3	20.6	28 444	6.6	1 039.5	29.5	36.5
755.8	19.2	10.8	35 277	8.1	801.7	22.8	22.7
48.3	1.2	15.9	8 497	1.9	879.3	24.9	103.5
38.2	0.9	15.4	4 480	1.0	313.6	8.9	70.0
7.3	0.2	17.3	1 964	0.4	199.4	5.6	101.5
2.8	0.1	20.3	2 053	0.5	366.3	10.4	178.4
39.1	100.0	9.0	7 917	100.0	309.6	100.0	39.1
28.9	73.9	8.0	3 859	48.7	58.8	19.0	15.2
10.0	25.6	14.1	3 270	41.3	149.8	48.4	45.8
0.2	0.5	33.3	788	10.0	101.0	32.6	128.2

CUADRO AE-7

MÉXICO : REGIÓN GOLFO. NÚMERO DE UNIDADES Y SUPERFICIE POR TIPO DE TENENCIA

	Productores		Total Superficie Millas de ha de equivalente temporal		Promedio (ha)	Productores	
	Número	%		%		Número	%
Total	342 654		4 912.3		14.3	238 469	
Productores agrícolas	131 184	100.0	3 717.9	100.0	11.2	285 427	100.0
Campesinos	273 770	82.7	2 298.3	61.8	8.4	197 079	93.7
Infrasubsistencia	147 910	44.7	281.2	7.6	1.9	100 134	42.5
Subsistencia	52 736	15.9	316.4	8.5	6.0	41 133	17.5
Estacionarios	29 459	8.9	294.6	7.9	10.0	23 961	10.2
Excedentarios	43 665	13.2	1 406.1	37.8	32.2	31 851	19.5
Productores transicionales	50 631	15.3	806.1	21.7	15.9	36 360	15.4
Empresarios	6 783	2.0	613.5	16.5	90.4	1 968	0.9
Pequeños	4 153	1.2	239.7	6.4	57.7	1 631	0.7
Medianos	1 493	0.5	169.4	4.6	113.5	272	0.1
Grandes	1 137	0.3	204.4	5.5	179.8	85	0.1
Productores pecuarios	11 470	100.0	1 194.4	100.0	704.1	3 042	100.0
Pequeños	4 734	41.3	106.9	8.9	22.4	2 509	82.5
Medianos	5 625	49.0	659.6	55.2	117.3	507	16.7
Grandes	1 111	9.7	428.9	35.9	386.0	26	0.8

FUENTE: CEPAL, sobre la base de un reprocesamiento de *V censos agrícola-ganadero y ejidal, 1970.*

				Tipo de tenencia			
Ejidal					Privado		
Superficie			Productores		Superficie		
Miles de ha de equivalente temporal	%	Promedio (ha)	Número	%	Miles de ha de equivalente temporal	%	Promedio (ha)
2 037.7		8.5	104 185		2 874.6		27.6
1 988.3	100.0	8.4	95 757	100.0	1 729.6	100.0	18.1
1 506.3	75.7	7.6	78 891	80.1	792.0	45.8	10.3
200.2	10.1	2.0	47 776	49.9	81.0	4.7	1.7
246.8	12.4	6.0	11 603	12.1	69.6	4.0	6.0
239.6	12.0	10.0	5 408	5.8	55.0	3.2	10.0
819.7	41.2	25.7	11 814	12.3	586.4	33.9	49.6
446.9	22.5	12.3	14 271	14.9	359.2	20.8	25.2
35.1	1.8	17.7	4 795	5.0	578.4	33.4	120.6
29.1	1.5	17.8	2 522	2.6	210.6	12.2	83.5
4.8	0.2	17.ˈ	1 221	1.3	164.6	9.5	134.8
1.2	0.1	1ˈ4.	1 052	1.1	203.2	11.7	193.2
49.4	100.0	16.2	8 428	100.0	1 145.0	100.0	135.9
34.9	70.7	13.9	2 225	26.4	71.0	6.2	31.9
13.9	28.1	27.4	5 118	60.7	645.7	56.4	126.2
0.6	1.2	23.1	1 085	12.9	428.3	37.4.	394.7

CUADRO AE-8

MÉXICO: REGIÓN PACÍFICO SUR. NÚMERO DE UNIDADES Y SUPERFICIE POR TIPO DE TENENCIA

	Total				Productores	
	Productores		Superficie			
			Miles de ha de		Promedio		
	Número	%	equivalente temporal	%	(ha)	Número	%
Total	467 329		3 289.5		7.0	328 097.	
Productores agrícolas	460 821	100.0	2 901.9	100.0	6.3	326 008	100.0
Campesinos	407 404	88.4	1 808.5	62.3	4.4	290 389	89.1
Infrasubsistencia	291 834	63.3	435.3	15.0	1.5	193 942	59.5
Subsistencia	68 018	14.8	408.1	14.1	6.0	57 910	17.8
Estacionarios	21 332	4.6	213.4	7.3	10.0	18 205	5.6
Excedentarios	26 220	5.7	751.7	25.9	28.7	20 332	6.2
Productores transicionales	44 995	9.8	571.9	19.7	12.7	31 695	9.7
Empresarios	8 422	1.8	521.5	18.0	61.9	3 924	1.2
Pequeños	4 874	1.1	187.2	6.5	38.4	2 732	0.8
Medianos	1 959	0.4	120.3	4.1	61.4	875	0.3
Grandes	1 589	0.3	214.0	7.4	134.7	317	0.1
Productos pecuarios	6 508	100.0	387.6	100.0	59.6	2 089	100.0
Pequeños	3 026	46.5	45.6	11.8	15.1	1 670	79.9
Medianos.	2 939	45.2	215.6	55.6	73.4	399	19.1
Grandes	543	8.3	126.2	32.6	232.4	20	1.0

FUENTE: CEPAL, sobre la base de un reprocesamiento de V censos agrícola-ganadero y ejidal, 1970.

Tipo de tenencia							
Ejidal			Privado				
Superficie					Superficie		
Miles de ha de equivalente temporal	%	Promedio (ha)	Productores		Miles de ha de equivalente temporal	%	Promed (ha)
			Número	%			
1 726.0		5.3	139 232		1 563.5		11.2
1 701.2	100.0	5.2	134 813	100.0	1 200.7	100.0	8.9
1 337.1	78.6	4.6	117 015	86.8	471.4	39.3	4.0
307.5	18.1	1.6	97 892	72.6	127.8	10.7	1.3
347.5	20.4	6.0	10 108	7.5	60.6	5.0	6.0
182.1	10.7	10.0	3 127	2.3	31.3	2.6	10.0
500.0	29.4	24.6	5 888	4.4	251.7	21.0	42.7
316.2	18.6	10.0	13 300	9.9	255.7	21.3	19.2
47.9	2.8	12.2	4 498	3.3	473.6	39.4	105.3
33.5	2.0	12.3	2 142	1.6	153.7	12.8	71.8
10.9	0.6	12.5	1 084	0.8	109.4	9.1	100.9
3.5	0.2	11.0	1 272	0.9	210.5	17.5	165.5
24.8	100.0	11.9	4 419	100.0	362.8	100.0	82.1
17.6	71.0	10.5	1 356	30.7	28.2	7.8	20.8
6.8	27.4	17.0	2 540	57.5	208.8	57.5	82.2
0.4	1.6	20.0	523	11.8	125.8	34.7	240.5

MÉXICO: SECTOR EJIDAL. DISTRIBUCIÓN DE LA SUPERFICIE DE LABOR[a]

(porcentajes)

	0.1-0.5	0.51-1.0	1.1-2.0	2.1-3.0	3.1-4.0	4.1-5.0	5.1-10.0	10.1-25.0	25.1-50.0	50.1-100.0	100.1-200.0	Más de 200.0
Total	*5.3*	*10.9*	*15.8*	*12.1*	*12.5*	*7.0*	*27.1*	*8.4*	*0.4*	*0.1*	...	...
Campesinos												
Infrasubsistencia	10.1	20.5	27.9	18.3	10.4	4.6	8.2	—	—	—	—	—
Subsistencia	—	0.2	1.4	6.5	26.0	15.4	47.3	3.2	—	—	—	—
Estacionarios	—	—	0.2	1.7	4.8	5.6	74.1	13.6	—	—	—	—
Excedentarios	—	—	—	0.1	3.4	2.3	37.5	52.4	3.5	0.6	0.1	0.1
Productores transicionales	*0.2*	*1.4*	*7.7*	*8.7*	*15.1*	*8.4*	*39.2*	*18.3*	*0.9*	*0.1*	...	...
Empresarios												
Pequeñas	0.1	0.2	1.2	2.1	7.2	5.0	47.6	33.8	2.7	0.1	...	...
Medianos	0.5	1.2	1.1	3.0	4.1	2.7	39.0	44.0	4.1	0.1	0.2	—
Grandes	0.5	4.5	6.9	6.5	5.0	4.9	34.5	31.4	4.6	1.2	—	—

FUENTE: CEPAL, sobre la base de un reprocesamiento de V censos agrícola-ganadero y ejidal, 1970.

[a] Clasificada en grupos de acuerdo con el número de hectáreas de equivalente temporal.

CUADRO AE-10

MÉXICO: SECTOR PRIVADO. DISTRIBUCIÓN DE LA SUPERFICIE DE LABOR*

(porcentajes)

	Total	0.1-0.5	0.51-1.0	1.1-2.0	2.1-3.0	3.1-4.0	4.1-5.0	5.1-10.0	10.1-25.0	25.1-50.0	50.1-100.0	100.1-200.0	Más de 200.0
Total	*100.0*	*19.4*	*15.7*	*15.5*	*8.8*	*6.4*	*4.4*	*12.1*	*9.3*	*4.1*	*2.4*	*1.0*	*0.5*
Campesinos													
Infrasubsistencia	100.0	30.5	24.5	23.5	11.4	5.4	2.6	2.1	–	–	–	–	–
Subsistencia	100.0	–	0.1	2.6	6.7	20.5	16.8	45.1	8.2	–	–	–	–
Estacionarios	100.0	–	–	0.1	2.1	1.8	6.6	57.4	32.0	...	–	–	–
Excedentarios	100.0	–	–	–'	...	0.7	0.8	14.4	47.4	23.5	9.2	2.8	1.2
Productores Transicionales	*100.0*	*1.4*	*3.0·*	*7.5*	*7.6*	*7.4*	*6.2*	*22.0*	*24.0*	*12.0*	*6.2*	*2.2*	*0.5*
Empresarios													
Pequeños	100.0	0.3	0.7	1.0	1.1	1.6.	1.6	9.8	24.1	24.5	21.4	10.5	3.4
Medianos	100.0	0.2	0.4	0.6	1.0	1.2	0.9	4.5	14.3	23.0	30.4	16.0	7.5
Grandes	100.0	0.5	0.4	1.0	0.7	0.6	0.4	2.2	6.3	14.7	30.6	23.5	19.1

FUENTE: CEPAL, sobre la base de un reprocesamiento de V censos agrícola-ganadero y ejidal, 1970.

* Clasificada en grupos de acuerdo con el número de hectáreas de equivalente temporal.

CUADRO AE- 11

MÉXICO : NÚMERO DE TRACTORES

(porcentajes)

	Total de productores	Sin tractores	Número de tractores			
			1	2	3	4 o más
Total	2 557 070	97.6	2.0	0.3	0.1	...
Campesinos						
Infrasubsistencia	1 422 896	99.7	0.3	—	—	—
Subsistencia	414 001	98.8	1.1	0.1	—	—
Estacionarios	165 805	97.6	2.3	0.1	—	—
Excedentarios	209 704	94.1	5.3	0.5	0.1	—
Productores transicionales	297 367	93.5	5.6	0.7	0.1	0.1
Empresarios						
Pequeños	29 173	73.3	20.2	4.8	1.2	0.5
Medianos	9 706	54.3	27.0	12.3	4.1	2.3
Grandes	8 418	39.1	24.3	16.6	9.2	10.8

FUENTE: CEPAL, sobre la base de un reprocesamiento de *V censos agrícola-ganadero y ejidal,* 1970.

CUADRO AE-12

MÉXICO: SECTOR EJIDAL. VALOR DE LOS ANIMALES DE CRIANZA,ₐ POR ESTRATO DE VALOR

(porcentajes)

	Sin ani-males	*Equivalente novillos*					
		0.1-1.0	*1.1-2.0*	*2.1-5.0*	*5.1-10.0*	*10.1-50.0*	*Más de 50.0*
Total	*62.1*	*8.8*	*5.7*	*9.2*	*6.3*	*7.1*	*0.8*
Campesinos							
Infrasubsistencia	67.0	8.7	5.6	8.4	5.0	4.8	0.5
Subsistencia	56.7	9.6	6.5	10.7	7.4	8.2	0.9
Estacionarios	51.3	9.3	6.5	11.5	9.0	11.3	1.1
Excedentarios	50.2	8.5	6.1	10.6	9.1	13.8	1.7
Productores transicionales	64.0	8.0	4.7	8.0	6.4	8.2	0.7
Empresarios							
Pequeños	63.7	7.0	3.8	7.2	5.1	10.8	2.4
Medianos	60.6	9.0	2.4	7.7	5.3	10.7	4.3
Grandes	54.5	13.9	1.9	8.8	7.6	8.5	4.8

FUENTE: CEPAL, sobre la base de un reprocesamiento de *V censos agrícola-ganadero y ejidal,* 1970.
ᵃ *Incluye a los trabajadores empleados en el ciclo de primavera-verano y en el de invierno.*

CUADRO AE-13

MÉXICO : SECTOR PRIVADO. VALOR DE LOS ANIMALES DE CRIANZA, POR ESTRATO DE VALOR

(porcentajes)

	Sin animales	Equivalente novillos					
		0.1-1.0	1.1-2.0	2.1-5.0	5.1-10.0	10.1-50.0	Más de 50.0
Total	67.4	5.1	3.6	6.2	5.1	9.4	3.2
Campesinos							
Infrasubsistencia	76.1	6.0	4.0	5.9	3.7	3.8	0.5
Subsistencia	56.9	5.1	4.1	8.8	8.4	14.1	2.6
Estacionario	49.4	4.4	3.7	9.2	9.8	19.3	4.2
Excedentarios	40.9	2.8	2.6	6.4	8.8	28.7	9.8
Productores							
transicionales	57.9	3.5	2.6	5.6	6.3	17.5	6.6
Empresarios							
Pequeños	51.7	1.7	1.3	3.2	3.8	16.0	22.3
Medianos	53.3	1.9	1.1	2.4	2.8	12.1	26.4
Grandes	58.5	1.5	1.2	1.8	2.1	8.5	26.4

FUENTE: CEPAL, sobre la base de un reprocesamiento de *V censos agrícola-ganadero y ejidal,* *1970.*

CUADRO AE-14

MÉXICO : SECTOR EJIDAL. NÚMERO DE VACAS DE VIENTRE

(porcentajes)

	Sin animales	1	2-5	6-10	11-30	Más de 30
			Vacas de vientre			
Total	*80.6*	*6.2*	*9.5*	*2.4*	*1.1*	*0.2*
Campesinos						
Infrasubsistencia	84.5	5.8	7.3	1.6	0.7	0.1
Subsistencia	77.4	7.3	11.2	2.7	1.2	0.2
Estacionarios	71.8	8.1	14.3	4.0	1.5	0.3
Excedentarios	70.1	7.1	14.9	5.0	2.6	0.3
Productores transicionales	81.4	5.0	9.6	2.8	1.1	0.1
Empresarios						
Pequeños	80.0	3.9	9.0	3.9	2.7	0.5
Medianos	78.3	2.8	9.4	4.0	4.4	1.1
Grandes	76.8	5.6	8.5	4.3	3.7	1.1

FUENTE: CEPAL, sobre la base de un reprocesamiento de *V censos agrícola-ganadero y ejidal, 1970.*

CUADRO AE- 15

MÉXICO : SECTOR PRIVADO. NÚMERO DE VACAS DE VIENTRE

(porcentajes)

	Sin animales	Vacas de vientre				
		1	2-5	6-10	11-30	Más de 30
Total	*79.8*	*4.3*	*8.7*	*3.7*	*2.6*	*0.9*
Campesinos						
Infrasubsistencia	88.1	4.3	5.6	1.3	0.6	0.1
Subsistencia	70.1	6.1	15.0	5.4	2.8	0.6
Estacionarios	62.0	6.0	18.3	8.1	4.6	1.0
Excedentarios	52.8	4.4	17.9	12.5	9.8	2.6
Productores						
transicionales	71.9	3.3	11.6	6.8	5.4	1.0
Empresarios						
Pequeños	67.8	1.9	7.1	7.0	11.1	5.1
Medianos	68.8	1.1	5.2	4.3	11.1	9.5
Grandes	72.2	1.0	3.6	2.9	7.7	12.6

FUENTE: CEPAL, sobre la base de un reprocesamiento de *V censos agrícola-ganadero y ejidal, 1970.*

CUADRO AE-16

MÉXICO: NÚMERO DE TRABAJADORES EMPLEADOS EN LA COSECHA[a]

(porcentajes)

	Sin jorna-leros	Trabajadores empleados							
		1	2-5	6-10	11-30	31-50	51-100	101-500	Más de 500
Total	17.6	18.3	41.1	12.5	8.1	1.3	0.8	0.3	...
Campesinos									
Infrasubsistencia	21.4	24.3	41.6	8.4	3.9	0.3	0.1	...	...
Subsistencia	15.3	15.6	46.9	13.5	7.2	1.0	0.4	0.1	...
Estacionarios	15.2	12.5	44.9	16.7	8.6	1.5	0.5	0.1	...
Excedentarios	17.7	10.7	41.4	16.9	10.5	1.7	0.9	0.2	...
Productores transicionales	5.3	4.6	33.3	24.7	23.4	4.7	3.0	1.0	...
Empresarios									
Pequeños	8.0	1.6	15.0	21.6	33.0	10.2	7.0	3.2	0.4
Medianos	9.6	1.0	9.4	18.4	33.2	11.9	10.9	5.1	0.5
Grandes	8.1	1.2	5.9	7.9	25.7	15.0	18.3	15.7	2.2

FUENTE: CDIA, sobre la base de un reprocesamiento de V Censos Agrícola-Ganadero y Ejidal, 1970.

[a] Incluye a los trabajadores empleados en el ciclo de primavera-verano y en el de invierno.

CUADRO AE-17

MÉXICO: DISTRIBUCIÓN DE LOS PRODUCTORES SEGÚN LA PARTICIPACIÓN RELATIVA DE LA
PRODUCCIÓN AGRÍCOLA SOBRE LA TOTAL

(porcentajes)

	Total de productores		Porcentaje agrícola				
		0	*1- 20*	*21- 40*	*41- 60*	*61- 80*	*81- 100*
Total	*2 557 070*	*13.6*	*1.8*	*2.9*	*4.9*	*9.2*	*67.6*
Campesinos							
Infrasubsistencia	1 422 896	15.8	2.3	3.5	5.2	8.8	64.4
Subsistencia	414 001	13.5	1.8	3.0	5.0	10.1	66.6
Estacionarios	165 805	13.7	1.7	3.1	5.4	10.6	65.5
Excedentarios	209 704	16.2	2.0	3.2	5.3	10.2	63.1
Productores transicionales	297 367	2.8	0.1	0.2	3.1	8.6	85.2
Empresarios							
Pequeños	29 173	4.6	0.1	0.2	3.0	7.3	84.8
Medianos	9 706	5.0	0.1	0.1	3.5	9.0	82.3
Grandes	8 418	4.0	0.4	0.3	4.2	8.4	82.7

FUENTE: CEPAL, sobre la base de un reprocesamiento de *V censos agrícola-ganadero y ejidal, 1970.*

CUADRO AE- 18

MÉXICO : IMPORTANCIA RELATIVA DE LOS PRINCIPALES CULTIVOS

	Superficie			Valor		
	1970	1975	1979	1970	1975	1979
Total	100.0	100.0	100.0	100.0	100.0	100.0
Maíz	50.3	43.2	39.7	24.2	21.0	17.2
Frijol	11.8	11.3	7.8	5.2	7.2	3.0
Trigo	6.0	5.0	4.0	6.8	6.4	4.2
Forrajeras[a]	8.4	11.6	11.4	9.6	15.9	9.1
Oleaginosas[b]	3.1	3.7	5.0	2.7	3.2	3.0
Caña	3.7	3.2	3.2	7.1	5.5	5.7
Algodón	2.8	1.5	2.4	6.6	3.3	5.9
Café	2.2	2.4	2.2	5.3	4.2	6.6
Arroz	1.0	1.7	1.1	1.5	2.7	1.2
Jitomate	0.4	0.4	0.4	3.3	3.5	3.0
Tabaco	0.3	0.3	0.3	0.1	1.0	1.1
Subtotal	90.0	84.3	77.5	72.4	73.9	60.0

FUENTE: Secretaría de Agricultura y Recursos Hidráulicos, Dirección General de Economía Agrícola, Consumos aparentes.
[a] Incluye sorgo, cebada forrajera, alfalfa, y garbanzo forrajero.
[b] Incluye cártamo y ajonjolí.

CUADRO AE-19

MÉXICO: SECTOR EJIDAL. NÚMERO DE PRODUCTORES DE CULTIVOS BÁSICOS

	Maíz			Frijol			Trigo			Arroz		
	Miles	% del estrato	% del total	Miles	% del estrato	% del total	Miles	% del estrato	% del total	Miles	% del estrato	% del total
Total	*1 130.7*	*64.1*	*100.0*	*239.0*	*13.6*	*100.0*	*57.5*	*3.3*	*100.0*	*33.9*	*1.9*	*100.0*
Campesinos												
Infrasubsistencia	577.2	62.6	51.1	93.5	10.1	39.1	12.7	1.4	22.1	5.1	0.6	15.0
Subsistencia	238.6	71.4	21.1	62.5	18.7	26.2	13.5	4.0	23.4	5.7	1.7	16.8
Estacionarios	95.1	72.2	8.4	25.9	19.7	10.9	5.9	4.5	10.2	4.2	3.2	12.4
Excedentarios	92.5	64.8	8.2	25.0	17.5	10.5	12.0	8.4	20.9	8.6	6.0	25.4
Productores transicionales	120.1	55.7	10.6	29.5	13.7	12.3	12.7	5.9	22.1	9.2	4.3	27.1
Empresarios												
Pequeños	5.5	39.1	0.5	2.2	15.7	0.9	0.6	4.0	1.0	0.8	6.0	2.4
Medianos	1.2	50.0	0.1	0.3	11.1	0.1	0.1	4.3	0.2	0.2	7.2	0.6
Grandes	0.5	62.1	—	0.1	17.3	—	—	3.8	0.1	0.1	12.2	0.3

FUENTE: CEPAL, sobre la base de un reprocesamiento de V censos agrícola-ganadero y ejidal, 1970.

CUADRO AE-20

MÉXICO: SECTOR PRIVADO NÚMERO DE PRODUCTORES DE CULTIVOS BÁSICOS

	Maíz			Frijol			Trigo			Arroz		
	Miles	% del estrato	% del total	Miles	% del estrato	% del total	Miles	% del estrato	% del Total	Miles	% del estrato	% del Total
Total	561.2	70.9	100.0	107.4	13.6	100.0	23.4	3.0	100.0	7.2	0.9	100.0
Campesinos												
Infrasubsistencia	368.1	73.5	65.6	49.6	9.9	46.2	7.3	1.5	31.2	0.9	0.2	12.5
Subsistencia	57.6	72.0	10.3	16.9	21.1	15.7	2.1	2.6	9.0	0.7	0.9	9.7
Estacionarios	23.8	70.1	4.2	8.2	24.2	7.6	1.1	3.2	4.7	0.5	1.5	6.9
Excedentarios	43.2	64.5	7.7	16.2	24.2	15.1	3.5	5.2	14.9	1.7	2.6	23.6
Productores transicionales	54.7	66.7	9.7	13.0	15.8	12.1	4.4	5.4	18.8	2.2	2.7	30.6
Empresarios												
Pequeños	8.2	54.5	1.5	2.0	13.4	1.9	1.8	12.1	7.7	0.5	3.2	6.9
Medianos	2.9	39.6	0.5	0.8	10.9	0.7	1.4	18.7	6.0	0.3	4.5	4.2
Grandes	2.7	35.6	0.5	0.7	9.2	0.7	1.8	24.1	7.7	0.4	5.7	5.6

FUENTE: CEPAL, sobre la base de un reprocesamiento de V censos agrícola-ganadero y ejidal, 1970.

CUADRO AE-21
MÉXICO: PRODUCTORES QUE SEMBRARON MAÍZ MEJORADO POR REGIÓN Y TIPO DE TENENCIA
(Porcentajes)

	Total	Campesinos				Productores transicionales	Empresarios		
		Infra-subsistencia	Subsistencia	Estacionarios	Excedentarios		Pequeños	Medianos	Grandes
Total nacional	3.4	1.3	3.7	5.8	7.1	8.5	7.8	7.9	7.1
Región Norte	1.6	0.4	1.1	2.7	5.8	4.5	9.3	12.1	8.6
Región Pacífico Norte	7.3	8.6	5.6	7.1	5.3	9.2	7.4	7.1	3.7
Región Centro	3.3	0.8	4.1	7.2	8.6	10.9	8.5	8.8	12.5
Región Golfo	3.8	1.5	4.3	5.0	6.3	6.7	7.4	4.1	3.4
Región Pacífico Sur	3.9	2.4	4.8	5.5	7.6	8.7	6.0	6.4	5.7
Total sector ejidal	4.0	1.6	4.0	6.5	8.5	9.7	7.3	6.7	8.4
Región Norte	1.1	0.4	1.1	2.8	5.2	2.3	1.6	—	13.0
Región Pacífico Norte	7.9	9.8	5.8	8.3	5.6	9.7	8.3	12.3	12.6
Región Centro	4.4	2.9	4.6	8.2	11.6	14.1	9.1	9.0	13.0
Región Golfo	4.5	1.8	4.8	5.5	7.5	7.9	10.1	5.5	3.5
Región Pacífico Sur	4.9	3.4	5.3	5.8	8.5	10.4	5.5	3.7	5.0
Total sector privado	1.9	0.6	2.2	3.0	4.1	5.4	8.3	8.3	7.0
Región Norte	3.6	0.5	1.1	2.3	6.2	10.3	12.7	13.3	8.3
Región Pacífico Norte	3.8	2.5	3.7	4.6	3.2	4.3	4.8	5.0	3.2
Región Centro	1.5	0.5	2.5	3.2	3.4	4.6	8.1	8.8	12.5
Región Golfo	2.0	0.8	2.5	2.8	3.2	3.6	5.7	3.8	3.4
Región Pacífico Sur	1.6	0.6	2.2	3.9	4.4	4.8	6.6	8.6	5.8

FUENTE: CEPAL, sobre la base de un reprocesamiento de V censos agrícola-ganadero y ejidal, 1970.

CUADRO AE-22

MÉXICO: PRODUCTORES QUE SEMBRARON FRIJOL, POR REGIÓN[a]

(porcentajes)

	Total	Campesinos				Produc-tores transi-cionales	Empresarios		
		Infra-subsis-tencia	Subsis-tencia	Esta-ciona-rios	Exce-denta-rios		Peque-ños	Media-nos	Gran-des
Total	10.2	6.8	15.6	15.8	15.0	11.2	11.6	9.7	9.7
Región Norte	20.3	19.2	29.2	25.4	20.9	10.0	12.3	11.4	12.5
Región Pacífico Norte	14.7	10.8	12.5	18.7	13.0	18.0	14.2	10.1	8.1
Región Centro	4.3	3.2	6.0	6.2	6.4	5.6	6.2	5.9	8.8
Región Golfo	14.2	7.4	18.0	23.7	23.1	16.9	11.9	8.6	9.4
Región Pacífico Sur	11.9	6.4	23.3	27.3	26.0	13.4	14.2	13.4	11.4

FUENTE: CEPAL, sobre la base de un reprocesamiento de V censos agrícolas-ganadero y ejidal, 1970.

[a] Respecto del total de productores que sembraron en el año del censo.

CUADRO AE-23

MÉXICO: NÚMERO, SUPERFICIE Y PRODUCCIÓN DE LAS PLANTACIONES DE CAFÉ, POR TAMAÑO
1972/1973

Tamaño (hectáreas)	Plantaciones		Superficie		Producción	
	Número	%	Hectáreas	%	Sacos	%
Total	92 716	100.0	346 252	100.0	3 700 000	100.0
Menos de 1	20 813	22.5	8 360	2.4	85 100	2.3
1.1 a 5	56 004	60.4	108 250	31.3	1 110 000	30.0
5.1 a 10	10 905	11.8	73 381	21.2	754 800	20.4
10.1 a 20	2 976	3.2	44 628	12.9	469 900	12.7
20.1 a 50	1 495	1.6	48 997	14.2	521 700	14.1
50.1 a 100	318	0.3	23 001	6.6	262 700	7.1
Más de 100	205	0.2	39 636	11.4	495 800	13.4

FUENTE: Instituto Mexicano del Café, *Tecnología cafetalera mexicana*, México, 1974.

CUADRO AE-24

MÉXICO: PLANTACIONES DE CAÑA, POR TAMAÑO Y POR SECTORES DE TENENCIA, 1976

| | Superficie (ha) | | Total | | Tipo de tenencia | | | |
| | | | | | Ejidal | | Privado | |
	Total	%	Número	%	Número	%	Número	%
Total	460 592	100.0	109 848	100.0	90 272	100.0	19 576	100.0
0.1 a 2	64 074	13.9	49 462	45.0	41 986	46.5	7 476	38.8
2.1 a 6	144 499	31.4	40 565	36.9	34 777	38.5	5 788	29.6
6.1 a 10	100 334	21.8	13 353	12.2	10 878	12.1	2 475	12.6
10.1 a 20	55 671	12.1	4 249	3.9	2 400	2.6	1 849	9.4
Más de 20	96 014	20.8	2 219	3.0	231	0.3	1 966	10.2

FUENTE: CEPAL, sobre la base de Comisión Nacional de la Industria Azucarera, *Estadística azucarera, 1977*, y de la Unión Nacional de Productores de Azúcar, S.A. de C.V.

CUADRO AE-25

MÉXICO: REGIÓN NORTE. USO DE INSUMOS Y NIVEL DE MECANIZACIÓN POR TIPO DE TENENCIA

(porcentajes)[a]

	Total							
	Semilla mejorada	*Fertilizantes*	*Pesticidas*	*Tractor*	*Ganado de Trabajo*	*Mecanización alta*[b]	*Semilla mejorada*	*Fertilizantes*
Total	*20.1*	*17.7*	*14.2*	*30.3*	*81.5*	*23.1*	*19.5*	*16.1*
Campesinos								
Infrasubsistencia	9.3	5.1	3.7	10.4	91.9	5.6	9.5	3.0
Subsistencia	13.9	10.9	9.7	24.6	86.8	15.8	14.5	10.8
Estacionarios	21.1	12.3	9.9	41.7	78.6	29.2	21.0	13.3
Excedentarios	43.3	27.6	11.7	71.3	59.8	62.9	54.4	36.9
Productores								
transicionales	*49.9*	*60.7*	*52.9*	*72.6*	*56.8*	*62.0*	*53.6*	*67.4*
Empresarios								
Pequeños	44.9	59.9	48.1	85.3	39.2	79.2	22.5	49.6
Medianos	61.2	74.9	65.9	100.0	37.3	98.5	25.8	49.7
Grandes	.68.1	78.8	79.9	100.0	41.6	100.0	53.8	26.2

FUENTE: CEPAL, sobre la base de reprocesamiento de *V censos agrícola-ganadero y ejidal, 1970.*

ª Porcentaje de los productores que tuvieron actividad agrícola en 1970. El total de casos de cada tipo esta constituido por los productores que cultivaron sus tierras en el año del censo.

ᵇ Se definió como unidades de mecanización alta, etcétera.

	Sector								
	Ejidal					Privado			
Pesti-cidas	Tractor	Ganado de trabajo	Mecani-zación alta [b]	Semilla mejo-rada	Fertili-zantes	Pesti-cidas	Tractor	Ganado de	Mecanización alta [b]
14.4	*27.2*	*84.1*	*17.9*	*22.4*	*22.9*	*13.7*	*40.6*	*73.2*	*40.6*
3.5	10.2	93.8	4.5	8.4	14.9	4.3	11.2	82.9	11.2
10.7	25.0	86.1	14.3	11.1	11.0	5.1	22.8	89.9	22.8
10.9	42.0	76.7	24.7	21.4	9.8	7.1	41.1	83.4	41.0
13.1	73.1	49.4	55.6	33.2	19.0	10.4	69.6	69.3	69.6
61.9	*72.9*	*59.3*	*58.8*	*39.3*	*40.9*	*26.3*	*71.7*	*49.3*	*71.6*
30.0	60.5	48.9	42.8	56.6	65.3	57.5	98.3	34.2	98.3
26.5	75.5	52.3	41.1	64.8	77.6	70.0	100.0	35.8	100.0
20.0	43.1	58.5	33.8	68.9	81.9	83.4	100.0	40.7	100.0

CUADRO AE-26

MÉXICO: REGIÓN PACÍFICO NORTE. USO DE INSUMOS Y NIVEL DE MECANIZACIÓN, POR TIPO DE TENENCIA

(porcentaje)[a]

	Total							
	Semilla mejorada	*Fertilizantes*	*Pesticidas*	*Tractor*	*Ganado de trabajo*	*Mecanización alta*[b]	*Semilla mejorada*	*Fertili zantes*
Total	45.1	42.7	36.1	53.4	46.0	47.7	44.4	41.4
Campesinos								
Infrasubsistencia	13.3	6.6	11.5	19.5	55.4	11.5	13.8	5.8
Subsistencia	24.9	12.7	14.9	33.8	64.8	22.4	25.6	12.4
Estacionarios	33.4	30.2	20.5	55.2	52.3	38.8	34.6	31.9
Excedentarios	48.4	46.1	25.0	68.6	32.2	53.9	49.7	47.2
Productores transicionales	57.6	58.2	51.9	81.2	46.2	59.9	57.6	58.2
Empresarios								
Pequeños	67.8	75.4	75.2	93.0	37.2	74.6	65.9	74.2
Medianos	79.7	85.5	82.1	96.6	24.2	89.7	72.2	76.9
Grandes	84.3	94.3	90.6	98.8	13.2	96.6	81.0	78.4

FUENTE: CEPAL, sobre la base de un reprocesamiento de *V censos agrícola-ganadero y ejidal, 1970.*
[a] Porcentaje de los productores que tuvieron actividad agrícola en 1970. El total de censos de cada tipo está constituido por los productores que cultivaron sus tierras en el año del censo.
[b] Se definió como unidades de mecanización alta, etcétera.

			Tipo de tenencia						
Ejidal						Privado			
Pesti-cidas	Tractor	Ganado de trabajo	Mecani-zación alta^b	Semilla mejo-rada	Ferti lizant. s	Pesti-cidas	Tractor	Ganado de trabajo	Mecan. zación alta
35.9	63.0	47.0	44.5	49.1	50.4	37.6	65.9	40.1	65.5
12.3	19.6	52.5	10.3	10.3	11.9	6.9	18.9	73.8	18 7
15.7	34.5	65.0	21.7	18.6	14.9	7.8	27.9	63.7	27.9
21.9	58.5	51.2	39.9	24.7	17.5	9.8	31.1	60.0	31.0
26.3	70.0	30.8	52.7	40.5	39.3	17.5	61.0	40.5	61.0
53.3	81.4	47.4	57.6	57.6	57.7	39.5	79.6	36.0	19.5
77.9	92.6	41.6	68.5	73.3	78.9	67.0	94.3	23.9	93.1
84.6	91.0	42.7	70.7	82.8	89.0	81.0	98.9	16.6	97.5
73.3	33.6	54.3	64.7	84.5	95.2	91.6	99.7	10.8	98.8

CUADRO AE-27

MÉXICO: REGIÓN CENTRO. USO DE INSUMOS Y NIVEL DE MECANIZACIÓN, POR TIPO DE TENENCIA

(porcentaje)ᵃ

| | Total | | | | | | | |
	Semilla mejorada	Fertilizantes	Pesticidas	Tractor	Ganado de trabajo	Mecanización alta ᵇ	Semilla mejorada	Fertilizantes
Total	*9.9*	*34.6*	*7.7*	*19.9*	*75.6*	*12.4*	*12.7*	*36.8*
Campesinos								
Infrasubsistencia	4.7	30.2	2.5	13.0	77.7	7.8	6.4	32.7
Subsistencia	11.8	29.8	7.8	19.9	74.0	11.2	13.6	30.3
Estacionarios	16.0	33.6	11.3	25.2	75.8	13.3	18.5	33.9
Excedentarios	19.4	45.1	16.7	29.3	73.9	19.7	25.2	48.8
Productores								
transicionales	*22.1*	*55.5*	*23.2*	*42.4*	*68.8*	*28.0*	*25.9*	*59.6*
Empresarios								
Pequeños	38.7	75.2	50.4	69.9	59.1	63.7	44.2	86.2
Medianos	43.0	77.0	58.1	80.5	51.7	77.6	37.6	80.8
Grandes	57.4	88.5	73.1	91.4	50.6	91.2	45.2	73.8

FUENTE: CEPAL sobre la base de un reprocesamiento de *V censos agrícola-ganadero y ejidal, 1970.*
ᵃ Porcentaje de los productores que tuvieron actividad agrícola en 1970. El total de casos de cada tipo está constituido por los productores que cultivaron sus tierras en el año del censo.
ᵇ Se definió como unidades de mecanización alta, etcétera.

| | | Tipo de tenencia | | | | | | | |
| Ejidal | | | | | Privado | | | | |
Pesti-cidas	Tractor	Ganado de trabajo	Mecani-zación alta b	Semilla mejo-rada	Fertili-zantes	Pesti-cidas	Tractor	Ganado de trabajo	Mecani-zación alta b
8.8	*24.5*	*78.5*	*12.5*	*5.4*	*30.9*	*5.9*	*12.2*	*70.9*	*12.3*
2.7	17.6	82.1	8.1	2.7	27.1	2.3	7.5	72.5	7.5
8.4	22.3	75.7	11.2	5.5	28.1	5.8	11.2	67.9	11.2
12.4	28.3	77.5	13.3	6.3	32.4	7.2	13.2	69.3	13.2
19.8	35.8	74.2	20.9	8.9	38.5	11.1	17.6	73.3	17.6
25.6	*48.1*	*71.1*	*26.6*	*14.3*	*47.0*	*18.1*	*30.7*	*64.1*	*30.8*
52.4	71.9	62.8	55.5	35.3	68.6	49.1	68.6	56.8	68.6
60.1	70.5	67.4	54.3	44.3	76.1	57.6	82.8	48.1	82.8
46.8	54.8	66.7	48.4	58.3	89.5	75.0	94.1	49.5	94.2

CUADRO AE-28

MÉXICO: REGIÓN GOLFO. USO DE INSUMOS Y NIVEL DE MECANIZACIÓN, POR TIPO DE TENENCIA

(porcentaje)[a]

	Total						Semilla mejo- rada	Fertili- zantes
	Semilla mejo- rada	Fertili- zantes	Pesti- cidas	Tractor	Ganado de trabajo	Mecani- zación alta[b]		
Total	*5.5*	*15.0*	*13.9*	*13.5*	*32.8*	*5.7*	*5.8*	*12.3*
Campesinos								
Infrasubsistencia	2.3	8.7	4.6	5.2	21.3	1.6	2.5	4.3
Subsistencia	5.7	14.4	9.6	11.0	35.6	2.9	6.2	13.4
Estacionarios	7.4	13.6	15.2	12.5	37.3	4.0	8.0	13.2
Excedentarios	7.1	10.1	20.7	11.1	41.4	4.9	7.3	9.3
Productores transicionales	*10.2*	*32.6*	*32.4*	*38.3*	*49.0*	*16.8*	*10.6*	*31.1*
Empresarios								
Pequeños	17.2	60.1	60.7	55.7	57.4	38.4	17.6	60.3
Medianos	14.2	68.0	74.1	79.0	60.4	71.2	5.4	61.5
Grandes	16.1	72.7	74.2	78.6	67.1	74.2		45.5

FUENTE: CEPAL, sobre la base de un reprocesamiento de *V censos agrícola-ganadero y ejidal, 1970.*

[a] Porcentaje de los productores que tuvieron actividad agrícola en 1970. El total de casos de cada tipo está constituido por los productores que cultivaron sus tierras en el año del censo.

[b] Se definió como unidades de mecanización alta, etcétera.

				Tipo de tenencia					
Ejidal						Privado			
Pesti-cidas	Tractor	Ganado de trabajo	Mecani-zación. alta.[b]	Semilla mejo rada	Fertili-zantes	Pesti-cidas	Tractor	Ganado de trabajo	Mecani-zación alta [b]
12.0	14.1	30.9	4.1	4.4	24.4	20.7	11.4	39.3	11.4
3.9	4.3	17.9	0.8	1.7	22.0	6.5	4.1	31.5	4.1
8.8	12.5	35.8	2.6	3.7	18.9	13.4	4.4	34.6	4.4
14.4	13.9	36.5	3.8	4.2	15.5	19.7	5.2	41.5	5.2
16.6	11.5	37.5	3.6	6.2	13.1	35.5	9.3	55.4	9.3
29.6	41.1	49.6	14.1	8.4	38 1	43.2	27 4	46.5	27.4
41.7	50.4	50.9	18.1	16.6.	59.9	82.9	62.0	64.9	62.0
38.9	56.4	46.3	29.2	17.8	70.7	88.3	88.2	66.1	88.2
29.9	45.5	39.0	6.5	18.1	76.2	79.9	82.9	70.7	82.9

CUADRO AE-29

MÉXICO: REGIÓN PACÍFICO SUR, USO DE INSUMOS Y NIVEL DE MECANIZACIÓN, POR TIPO DE TENENCIA

(porcentaje)[a]

	Total						Semilla mejo- rada	Fertili- zantes
	Semilla mejo- rada	Fertili- zantes	Pesti- cidas	Tractor	Ganado de trabajo	Mecani- zación alta [b]		
Total	*3.8*	*6.5*	*5.5*	*8.6*	*56.5*	*4.4*	*3.8*	*5.7*
Campesinos								
Infrasubsistencia	2.3	4.3	2.4	6.3	59.2	3.3	2.3	3.6
Subsistencia	3.9	5.3	6.3	5.6	47.6	2.2	3.7	4.5
Estacionarios	4.7	5.3	8.3	7.1	46.0	2.7	4.5	4.8
Excedentarios	5.1	6.6	9.1	8.5	47.0	4.2	5.2	5.0
Productores								
Transicionales	*9.0*	*18.2*	*15.9*	*22.9*	*62.2*	*10.8*	*9.3*	*18.0*
Empresarios								
Pequeños	23.4	42.3	32.0	47.8	69.7	35.3	25.8	46.8
Medianos	37.0	54.1	51.0	60.2	62.4	54.1	48.1	59.5
Grandes	30.8	58.7	51.9	67.5	69.6	65.1	15.9	15.5

FUENTE: CEPAL, sobre la base de un reprocesamiento de *V censos agrícola-ganadero y ejidal, 1970.*
 [a] Porcentaje de los productores que tuvieron actividad agrícola en 1970. El total de casos de cada tipo está constituido por los productores que cultivaron sus tierras en el año del censo.
 [b] Se definió como unidades de mecanización alta, etcétera.

	Tipo de tenencia								
Ejidal						Privado			
Pesti-cidas	Tractor	Ganado de trabajo	Mecani-zación alta [b]	Semilla mejo-rada	Fertili-zantes	Pesti-cidas	Tractor	Ganado de trabajo	Mecani-zación alta [b]
5.7	7.8	50.7	2.0	3.9	8.7	4.8	10.5	70.9	10.5
2.7	5.4	53.0	0.8	2.4	5.7	1.8	8.2	71.7	8.2
6.5	5.1	44.5	1.2	5.2	9.8	4.8	8.8	67.1	8.8
8.8	7.0	43.2	1.8	5.8	9.1	4.8	8.1	64.0	8.1
8.7	8.3	41.6	2.9	4.8	12.9	10.9	9.5	69.1	9.5
16.4	24.6	59.7	7.5	8.3	18.7	14.6	18.6	68.4	18.6
30.6	51.9	62.7	30.8	19.9	35.6	34.1	41.8	79.9	41.8
53.5	62.2	44.3	49.7	26.4	49.1	48.7	58.2	79.6	58.2
24.4	18.7	43.8	10.2	36.6	75.4	62.6	86.4	79.6	86.4

APÉNDICE ESTADÍSTICO

CUADRO AE. 30

MÉXICO: USO DE INSUMOS Y NIVEL DE MECANIZACIÓN POR TIPO DE TENENCIA

(PORCENTAJE DE LAS UNIDADES QUE TUVIERON ACTIVIDAD AGRÍCOLA EN 1970)[a]

| | Tipo de tenencia | | | | | | | | | | | |
| | Ejidal | | | | | | Privado | | | | | |
	Semilla mejo-rada	Fertili-zantes	Pesti-cidas	Tractor	Ganado de trabajo	Mecani-zación alta[b]	Semilla mejo-rada	Fertili-zantes	Pesti-cidas	Tractor	Ganado de trabajo	Mecani-zación alta[b]
Total	*13.4*	*24.0*	*11.5*	*23.0*	*65.1*	*12.5*	*8.4*	*25.9*	*8.9*	*16.8*	*67.4*	*16.8*
Campesinos												
Infrasubsistencia	5.6	16.3	3.2	11.7	69.1	4.8	3.0	21.2	2.6	7.7	70.1	7.8
Subsistencia	11.6	18.4	9.0	19.0	66.3	9.4	6.7	20.8	6.6	12.8	67.8	12.8
Estacionarios	15.9	23.1	12.6	26.5	63.6	13.2	10.1	22.1	8.7	18.7	68.0	18.7
Excedentarios	25.4	32.5	18.1	36.0	51.2	23.4	15.9	28.5	14.9	30.4	67.1	30.1
Productores transicionales	*32.4*	*50.7*	*36.9*	*54.9*	*59.4*	*33.9*	*19.9*	*41.1*	*23.6*	*39.0*	*58.1*	*38.9*
Empresarios												
Pequeños	44.4	67.2	55.4	73.3	50.8	50.9	42.9	64.3	56.1	76.6	49.4	60.4
Medianos	45.7	67.6	59.3	71.6	49.1	53.0	52.8	75.4	68.0	89.2	43.9	88.8
Grandes	34.7	41.9	37.3	42.3	50.8	28.8	62.0	86.9	80.7	96.5	41.3	96.2

FUENTE: CEPAL, sobre la base de un reprocesamiento de *V censos agrícola-ganadero y ejidal, 1970.*

[a] Véase en el cuadro 16 los productores de uno o más cultivos.

[b] Se definió como unidades con mecanización alta a aquellas en que se mecanizaron a lo menos tres de las siguientes operaciones: preparación de suelos, siembra, aplicación de abonos o mejoradores y fertilizantes y cosechas.

CUADRO AE-31

MÉXICO: ALTERNATIVAS TECNOLÓGICAS MÁS IMPORTANTES EN EL
MAÍZ. CICLO PRIMAVERA-VERANO

	Porcentajes			Rendimiento (kg/ha)
	Producción	Predios	Superficie	
Total	70	71	71	1 079[a]
Temporal, yunta y bajo uso de insumos y servicios	14	28	28	540
Temporal, yunta y uso medio de insumos y servicios	14	20	16	1 000
Temporal, yunta y alto uso de insumos y servicios	15	15	12	1 349
Temporal, maquinaria y alto uso de insumos y servicios	21	6	13	1 733
Riego, maquinaria y alto uso de insumos y servicio	6	2	2	3 375

FUENTE: Dirección General de Economía Agrícola, Secretaría de Agricultura y Recursos Hidráulicos, *Econotecnia agrícola*, vol. 1, núm. 2, febrero de 1977.
[a] Promedio ponderado por superficie sembrada.

CUADRO AE-32

MÉXICO: DISTRIBUCIÓN DE LOS PRODUCTORES POR ESTRATOS DE VALOR DE LA PRODUCCIÓN EN SALARIOS MÍNIMOS RURALES ANUALES

(porcentajes)

	Total	Salarios mínimos rurales anuales								
		0.0– 0.1	0.11– 0.5	0.51 1.0	1.1– 2.0	2.1– 5.0	5.1– 10.0	10.1– 50.0	50.1– 100.0	Más de 100.0
Total	100.0	29.1	25.6	15.5	13.4	10.8	3.4	1.9	0.2	0.1
Campesinos										
Infrasubsistencia	100.0	42.9	35.0	13.5	6.3	2.0	0.2	0.1	—	—
Subsistencia	100.0	16.2	20.9	25.8	23.7	11.6	1.5	0.3	—	—
Estacionarios	100.0	13.6	15.6	19.4	27.0	20.0	3.6	0.8	—	—
Excedentarios	100.0	13.5	9.9	13.4	20.9	28.1	10.2	3.7	0.2	0.1
Productores transicionales	100.0	4.6	8.1	12.5	21.7	33.7	13.2	5.9	0.2	0.1
Empresarios										
Pequeños	100.0	5.1	1.4	2.0	4.4	20.2	27.5	36.5	2.3	0.6
Medianos	100.0	5.4	1.4	1.3	3.1	8.2	14.3	51.2	11.7	3.4
Grandes	100.0	4.6	1.8	1.9	2.2	4.6	5.2	31.0	22.8	25.9

FUENTE: CEPAL, sobre la base de un reprocesamiento de *V censos agrícola - ganadero y ejidal, 1970.*

CUADRO AE-33

MÉXICO: ÍNDICES DE RECURSOS DISPONIBLES Y DE PRODUCTO GENERADO POR TIPO DE TENENCIA

(Base unidades de la infrasubsistencia = 1)

| | Tipo de tenencia | | | | | | | | | |
| | Ejidal | | | | | Privado | | | | |
	Super-ficie arable	Super-ficie de riego	Capi-tal	Ocupa-ción	Pro-ducto	Super-ficie arable	Super-ficie de riego	Capi-tal	Ocupa-ción	Pro-ducto
Campesinos										
Infrasubsistencia	1.0	1.0	1.0	1.0	1.0	1.0	1.0	1.0	1.0	1.0
Subsistencia	3.3	6.3	1.5	1.4	2.7	4.3	5.2	2.3	1.4	3.4
Estacionarios	5.6	11.7	2.1	1.6	4.0	7.1	9.3	3.6	1.6	4.8
Excedentarios	13.2	46.5	3.0	1.9	6.9	29.1	47.4	9.7	2.2	12.5
Productores										
Transicionales	7.3	29.3	4.4	3.8	9.1	18.9	38.9	12.4	3.9	14.5
Empresarios										
Pequeños	12.9	75.2	15.4	8.4	26.9	60.3	218.2	55.2	7.8	51.1
Medianos	12.5	55.9	26.1	11.7	36.0	103.1	466.2	104.5	11.3	96.6
Grandes	9.7	28.7	24.9	6.4	-22.7	177.8	945.8	276.3	26.9	277.0

FUENTE: CEPAL, sobre la base de un reprocesamiento de V censos agrícola-ganadero y ejidal, 1970.

CUADRO AE-34

MÉXICO : ÍNDICES DE ALGUNAS RELACIONES INSUMO-INSUMO E INSUMO-PRODUCTO POR TIPO DE TENENCIA

(infrasubsistencia nacional = 100)

	Ejidal				
	Valor del producto total			*Valor de los medios de producción*	
	Por hectárea de equivalente temporal	*Por persona ocupada*	*Por unidad de capital*	*Por hectárea de equivalente temporal*	*Por persona ocupada*
Campesinos					
Infrasubsistencia	93.3	99.9	113.7	82.1	87.9
Subsistencia	74.2	169.3	190.6	39.0	88.9
Estacionarios	67.1	220.3	204.8	32.8	107.6
Excedentarios	48.7	327.4	248.5	19.6	131.8
Productores transicionales	*117.1*	*195.0*	*224.9*	*52.1*	*86.7*
Empresarios					
Pequeños	195.2	258.8	191.7	101.9	135.1
Medianos	270.8	250.2	150.6	179.8	166.2
Grandes	220.3	289.4	99.5	221.6	291.1

FUENTE: CEPAL, sobre la base de un reprocesamiento de *V censos agrícola-ganadero y ejidal, 1970.*

			Privado			
Tipo de tenencia						
Personas ocupadas por ha de equivalente temporal	Valor del producto total			Valor de los medios de producción		Personas ocupadas por ha de equivalente temporal
	Por hectárea de equivalente temporal	Por persona ocupada	Por unidad de capital	Por hectárea de equivalente temporal	Por persona ocupada	
93.4	115.6	100.1	81.4	142.1	123.0	115.5
43.8	92.9	222.0	124.5	74.6	178.4	41.8
30.5	78.4	286.3	109.6	71.5	261.2	27.4
14.9	50.3	579.5	106.1	47.4	546.5	8.7
60.0	90.3	326.7	97.2	92.9	336.2	27.6
75.4	100.1	594.3	77.1	129.9	771.4	16.8
108.2	110.6	763.3	76.9	143.8	992.5	14.5
76.1	184.2	887.5	83.5	220.6	1 063.0	20.8

324

CUADRO AE-35

MÉXICO: EJIDATARIOS CON TÍTULOS DE DERECHOS AGRARIOS Y PARCELARIOS, POR ENTIDAD FEDERATIVA

(porcentaje)

	Infrasubsistencia		Subsistencia		Campesinos Estacionarios	
	Agrario	Parcelario	Agrario	Parcelario	Agrario	Parcelario
Aguascalientes	33.8	10.2	44.4	12.3	38.4	13.3
Baja California Norte	10.2	10.2	15.5	10.6	22.8	38.0
Baja California Sur	5.1	1.3	5.4	1.1	—	1.8
Campeche	25.7	4.2	22.7	4.0	22.0	5.4
Coahuila	30.8	12.7	42.2	14.9	33.1	13.1
Chiapas	25.7	5.2	26.9	6.5	25.3	8.1
Colima	9.7	1.9	27.8	7.6	33.4	14.6
Chihuahua	17.6	3.6	29.2	14.3	22.8	10.6
Distrito Federal	44.0	44.1	40.0	6.7	12.5	62.5
Durango	22.2	15.0	35.5	17.9	36.7	14.7
Guanajuato	26.9	8.7	41.3	12.2	48.9	15.7
Guerrero	18.0	4.7	18.5	5.9	14.6	5.9
Hidalgo	29.8	17.4	34.4	25.6	26.0	24.3
Jalisco	23.1	8.5	33.3	12.9	39.3	15.3
México	38.0	19.0	33.6	25.1	19.5	10.8
Michoacán	36.4	12.7	43.6	24.4	45.5	25.3
Morelos	33.3	6.0	48.0	9.2	54.0	17.5
Nayarit	17.9	2.5	24.6	4.3	29.9	6.7
Nuevo León	25.6	10.2	37.5	6.9	37.5	6.0
Oaxaca	17.4	6.1	22.5	8.0	29.3	8.6
Puebla	46.8	16.9	50.7	28.6	42.4	29.3
Querétaro	33.9	9.3	31.7	33.1	40.8	26.8
Quintana Roo	11.4	0.6	12.2	1.1	22.2	—
San Luis Potosí	30.9	10.4	44.4	10.8	42.6	8.8
Sinaloa	12.1	3.7	17.8	5.9	30.2	15.3
Sonora	28.8	2.8	42.9	4.7	41.3	10.5
Tabasco	24.9	8.5	26.4	9.6	25.8	7.5
Tamaulipas	18.8	3.7	31.0	5.2	30.4	11.7
Tlaxcala	52.1	23.4	66.6	17.0	43.1	40.0
Veracruz	19.9	4.5	28.9	12.2	32.9	14.2
Yucatán	31.4	4.4	33.4	4.1	23.6	4.2
Zacatecas.	40.2	7.7	45.4	9.7	48.2	5.4

FUENTE: CEPAL, sobre la base de un reprocesamiento de *V censos agrícola-ganadero y ejidal, 1970.*
NOTA: No se incluye el estrato de empresarios grandes por su número reducido

Excedentarios		Productores Transicionales		Empresarios Pequeños		Medianos	
Agrario	Parcelario	Agrario	Parcelario	Agrario	Parcelario	Agrario	Parcelario
43.8	12.5	50.4	14.9	55.6	11.1	100.0	—
17.0	36.8	17.2	55.0	10.2	81.4	10.2	66.1
—	—	0.6	—	—	—	—	—
19.0	5.8	12.7	2.8	10.3	3.5	66.7	33.3
32.7	5.5	60.1	14.4	58.3	22.8	69.2	38.5
15.5	6.5	36.2	7.8	42.9	4.6	45.3	17.0
31.8	20.0	42.7	27.9	37.6	34.0	62.8	18.6
27.3	11.4	35.6	16.2	29.9	18.8	40.0	—
60.0	20.0	81.2	4.9	—	—	—	—
37.0	12.0	48.6	10.0	50.8	14.8	50.0	25.0
49.5	19.1	47.4	26.1	48.1	13.5	50.0	20.0
10.6	6.2	18.7	8.7	17.3	12.3	28.6	21.4
22.8	30.1	32.7	20.0	16.7	50.0	—	—
37.5	16.8	42.3	23.1	44.6	33.7	25.0	58.3
18.2	10.6	48.3	17.6	58.3	25.0	50.0	25.0
38.2	23.1	36.5	27.2	35.6	45.0	29.6	53.5
62.1	9.0	59.6	11.9	74.6	5.6	70.0	20.0
36.4	6.8	42.2	9.0	47.7	13.5	45.9	17.4
42.6	4.8	54.4	30.9	100.0	—	—	—
17.0	3.6	23.9	14.0	32.5	8.8	27.0	4.1
46.3	28.6	43.3	24.3	50.0	16.7	16.7	33.3
45.6	42.3	43.1	23.0	33.3	33.3	—	—
20.0	—	15.2	2.8	40.0	—	—	—
40.9	9.6	41.1	11.9	43.1	8.6	100.0	—
26.8	19.9	25.8	20.6	26.8	43.9	39.1	39.1
58.6	10.4	64.1	7.1	64.2	11.5	62.3	4.9
16.1	6.2	24.8	12.7	31.6	—	28.6	14.3
26.8	31.1	37.3	17.5	40.1	29.8	37.5	46.9
21.4	28.6	53.1	25.8	42.9	14.3	100.0	—
25.6	11.1	31.4	11.5	28.6	16.0	42.9	8.2
25.0	3.1	31.8	8.3	33.3	—	—	—
63.0	7.0	49.8	6.3	16.7	—	75.0	25.0

CUADRO AE-36

MÉXICO: PRODUCCIONES ACTUALES Y POTENCIALES DE MAÍZ BAJO CONDICIONES DE TEMPORAL POR ENTI

	Area de maíz temporal en 1975 (ha)	Rendimientos promedio en 1973 (t/ha)	Producción estatal (t)
Total	5 793 400		
Aguascalientes	7 193	0.56	4 028
Baja California Norte	195	–	–
Baja California Sur	–	–	–
Campeche	40 769	–	–
Coahuila	9 259	–	–
Colima	50 000	–	–
Chiapas	414 329	1.62	671 213
Chihuahua	172 460	0.51	87 955
Distrito Federal	15 218	–	–
Durango	17 700	–	–
Guanajuato	294 285	1.02	300 171
Guerrero	332 597	1.00	332 597
Hidalgo	78 434	–	–
Jalisco	846 250	2.27	1 920 987
México	636 820	1.50	955 230
Michoacán	223 000	1.30	289 900
Morelos	34 020	–	–
Nayarit	119 100	–	–
Nuevo León	18 362	–	–
Oaxaca	436 358	0.81	353 450
Puebla	420 300	1.31	550 593
Querétaro	109 575	–	–
Quintana Roo	3 000	–	–
San Luis Potosí	270 903	–	–
Sinaloa	41 900	–	–
Sonora	1 690	–	–
Tabasco	84 900	–	–
Tamaulipas	84 726	1.60	135 562
Tlaxcala	59 900	0.61	36 539
Veracruz	615 030	1.90	1 160 557
Yucatán	86 799	0.98	83 063
Zacatecas	268 300	0.36	96 588

FUENTE: Programa Nacional para el Desarrollo de la Agricultura de las Areas de Temporal (PRONDAAT), capítulo II, p. 72.
[a] Una versión más desagregada de este tipo de análisis ha sido desarrollada para el proyecto Sistema Alimentario Mexicano (SAM)
[b] Se refiere sólo a los estados con información sobre rendimientos en 1973.

Rendimientos potenciales (t/ha) [b]	Toneladas	
	Producción potencial [b]	Incrementos potenciales en la producción de maíz [b]
2.52	*14 661 246*	*5 876 838* [b]
1.24	8 919	4 891
1.24	242	—
—	—	—
2.92	119 241	—
1.24	11 481	—
3.12	155 860	—
2.79	1 155 286	484 073
1.24	213 850	125 895
3.14	47 754	—
1.24	21 948	278 659
1.97	578 830	687 046
3.07	1 019 643	—
1.36	106 663	670 569
3.06	2 591 556	793 222
2.75	1 748 425	336 373
2.81	626 273	—
3.07	104 360	—
2.91	346 248	—
1.39	25 571	867 698
2.80	1 221 148	—
2.68	1 127 707	577 114
1.97	216 356	—
2.63	7 890	—
1.33	359 542	—
2.46	103 283	—
1.24	2 096	—
2.56	217 514	—
2.11	179 119	43 557
2.56	153 374	116 835
2.68	1 646 866	478 309
2.88	249 859	164 796
1.28	344 389	247 801

BIBLIOGRAFÍA

Banco Mundial, *Desarrollo rural*, documento de política sectorial, 1975.

Barbosa, R. y S. Maturana, *El arrendamiento de tierras ejidales*, Centro de Investigaciones Agrarias, 1972.

Barkin, D., *Desarrollo regional y reorganización campesina*, México, Nueva Imagen, 1978.

Barraclough, S. y A. Domike, "La estructura agraria en siete países de América Latina", *El Trimestre Económico*, México, abril-junio de 1966.

Bartra, Armando, "Sobre las clases sociales en el campo mexicano", *Cuadernos Agrarios*, Año 1, núm. 1, México, 1976.

Bartra, Roger, *Estructura agraria y clases sociales en México*, México, ERA, 1974.

Bartra, Roger, "La teoría del valor y la economía campesina, invitación a la lectura de Chayanov", *Comercio Exterior*, vol. 25, núm. 5, México, 1975.

Bengoa, J., "Economía campesina y acumulación capitalista", en *Economía campesina*, Lima, DESCO, 1979.

Bernstein, H., "Concepts for the analysis of contemporary peasantries", por aparecer en M.J. Mbiling y C.K. Omarim, *Peasant production in Tanzania*, University of Dar es-Salaam.

Castell, J. y F. Rello, "Las desventuras de un proyecto agrario, 1970-1976", *Investigación Económica*, vol. xxxvi, núm. 3, México, julio-septiembre de 1977.

Centro de Investigaciones Agrarias (CDIA), *Estructura agraria y desarrollo agrícola de México*, México, Fondo de Cultura Económica, 1974.

Centro de Investigaciones para el Mejoramiento del Maíz y del Trigo (CIMMYT), *El plan Puebla: siete años de experiencia 1967-1973*, México, 1974.

CIPAL, *La política agrícola en el período 1958-1976*, capítulo I, Sección Agrícola, borrador en preparación (CEPAL/FAO), 1980.

CIPAL, *La asignación de recursos públicos a la agricultura en México, 1959-1976* (borrador, fotocopia), Proyecto de política agrícola, Sección agrícola (CIPAL/FAO), 1981.

CIPAL, *El papel del Estado en la comercialización de granos básicos*, Proyecto de política agrícola, Sección agrícola, borrador (CIPAL/FAO), 1980.

Coello, M., "La pequeña producción campesina y la ley de Chayanov", *Historia y Sociedad*, núm. 8, México, 1975.

Comisión del Plan Nacional Hidráulico (CPNH), Secretaría de Agricultura y Recursos Hidráulicos, *Plan nacional hidráulico. Resumen general*, México, 1976.

Cordera, R., "Estado y desarrollo en el capitalismo tardío y subordinado", *Investigación Económica*, vol. xxxi, núm. 23, México, julio-septiembre de 1971.

Córdova, Arnaldo, *La política de masas del cardenismo*, México, ERA, 1974.

Córdova, Arnaldo, *La ideología de la Revolución mexicana*, México, ERA, 1975 (4a. ed.).

Cornelius, W.A., "La migración ilegal mexicana a Estados Unidos", en *Indocumentados, mitos y realidades*, México, El Colegio de México, 1979.

Chávez, M., *Ley federal de reforma agraria*, México, Porrúa, 1973.

Chayanov, A.V., "The socioeconomic nature of peasant farm economy", en P. Sorokin, *et al.*, *A systematic source book in rural sociology*, University of Minnesota Press, 1931.

Chayanov, A.V., *The theory of peasant economy*, Thorner, Kerblay y Smith [comps.], Illinois, Richard D. Irwin, Inc., 1966.

Chayanov, A.V., *La organización de la unidad económica campesina*, Buenos Aires, Nueva Visión, 1974.

Chevalier, F., "The ejido and political stability in Mexico", en *The politics of conformity in Latin America*, Londres, C. Veliz Ed. Oxford University Press, 1967.

Dirección General de Estadística, "Encuesta especial sobre rendimientos y precios medios", *V censo agropecuario*, México, 1972.

Dirección General de Estadística, *V censo agropecuario y ejidal, Resumen general*, 1972.

Eckstein, S., *El ejido colectivo en México*, México, Fondo de Cultura Económica, 1966.

Eneno, J., P. Hirst, y K., Tribe, "Peasantry as an economic cathegory", *Journal of Peasant Studies*, vol. 4, núm. 4, Londres, F. Cass and Co., julio de 1977.

Esquer Domínguez, R.M., *El neolatifundio: un caso de Sonora*, tesis de grado, Universidad Autónoma de Sinaloa, Escuela de Economía, 1978.

Esteva, Gustavo, "La economía campesina actual como opción de desarrollo", *Investigación Económica*, enero-marzo, 1979, núm. 147, Facultad de Economía, UNAM.

Feder, E., "Campesinistas y descampesinistas", *Comercio Exterior*, vol. 27, núm. 12, diciembre de 1977, y vol. 28, núm. 1, enero de 1978.

Fei, J.C. y G. Ramis, "A theory of economic development", *American Economic Review*, vol. 51, núm. 4, septiembre de 1961.

Fernández y Fernández, R., "Los ejidos del Valle del Yaqui", en *Notas sobre la reforma agraria mexicana*, Chapingo, México, 1965.

Fernández y Fernández, R., *Temas agrarios*, México, Fondo de Cultura Económica, 1974.

Fertilizantes Mexicanos (FERTIMEX), *Memoria 1977-1978*, México, 1979.

Flores, E., *Vieja revolución, nuevos problemas*, México, Joaquín Mortiz, 1970.

Gómez Oliver, L., "Crisis agrícola y crisis de los campesinos", *Comercio Exterior*, vol. 28, núm. 6, junio, 1978.

Gómez Oliver, Luis, *Hacia una fundamentación analítica para una nueva estrategia de desarrollo rural* (fotocopia), México, CIDER, 1977.

Goodman, D.E., "Rural structure, surplus mobilization and modes of production in a peripherial region: The Brazilian north-east", *Journal and Peasant Studies*, Londres, F. Cass, vol. v, núm. 1, octubre, 1977.

Gutelman, M., *Capitalismo y reforma agraria en México*, México, ERA, 1974.

Hardy, C., "La unión de ejidos Emiliano Zapata (perspectivas de una organización independiente)", Astorgo, E. y Hardy, C., *Organización, lucha y dependencia económica.* CIDER, México, Nueva Imagen, 1978.

Harrison, M., "The peasant mode of production", *Journal of Peasant Studies,* Londres, F. Cass, vol. 4, núm. 4, julio de 1977.

Hewitt de Alcántara, Cynthia, *La modernización de la agricultura mexicana 1940-1970.* México, Siglo XXI, 1978.

Instituto Mexicano del Café (INMECAFE), *Registro de productores de café,* México, 1970.

Instituto Nacional de Nutrición, *Valor nutritivo de los alimentos mexicanos,* México, 1974.

Johnson, G., "The modern family farm and its problems", en *Economic problems of agriculture in industrial societies,* Londres, MacMillan, 1969.

Johnston y Mellor, "El papel de la agricultura en el desarrollo económico", *El Trimestre Económico,* vol. XXII, núm. 114, abril-junio, 1962.

Jorgeson, D., "The development of a dual economy", *Economic Journal,* vol. 71, junio de 1961.

Kula, W., *Theone économique du système féodal,* París, Mouton, 1970.

Lehman, D.. *On the theory of peasant economy* (fotocopia facilitada por el autor).

Lewis, A., "Desarrollo económico con oferta limitada de mano de obra", *El Trimestre Económico,* vol. XXVII, núm. 108.

Lipton, M., "Towards a theory of land reform", *Agrarian Reform and Agrarian Reformism,* editado por D. Lehman Faber, Londres, 1974.

Lipton, M., "The theory of the optimizing peasant", *Journal of Development Studies,* vol. IV, abril de 1968.

Luiselli, C., *Diagnóstico del sector agrícola de 1965 a 1974,* México, CIDE, 1978 (fotocopia).

Mever, J., *Problemas campesinos y revueltas agrarias (1821-1910),* México, Sepsetentas, 1973.

Nacional Financiera/Organización de las Naciones Unidas para el Desarrollo Industrial,[NAFINSA/ONUDI,]*México: una estrategia para desarrollar los bienes de capital.* México, 1977.

Paré, Luisa, *El proletariado agrícola en México,* México, Siglo XXI, 1977.

Pearce, A., "Peasant based rural development strategies", United Nations Peasant Institute in Social Development (UNPISD, 1979) (fotocopia facilitada por el autor), por aparecer en *Seeds of plenty, seeds of want,* Londres, F. Cass, 1981.

Pearce, A., *The Latin American peasant,* Londres, F. Cass, 1975.

Programa Nacional de Desarrollo de las Áreas de Agricultura de Temporal (PRONDAAT), *Un enfoque para el desarrollo agrícola en áreas de temporal,* Chapingo, México, Colegio de postgraduados, 1976.

Rello, F. y J. Castell, "Las desventuras de un proyecto agrario", *Investigación Económica,* núm. 3, Facultad de Economía, UNAM, julio-septiembre de 1977.

Restrepo, Iván y Salomón Eckstein, *La agricultura colectiva en México: la experiencia de La Laguna,* México, Siglo XXI, 1975.

Reyes Osorio, S., "Hacia una política de organización económica en el sector rural", en Iván Restrepo [comp.], *Los problemas de la organización campesina,* México, Editorial Campesina, 1975.

Sachs, I., "Environment and styles of development", en *Outer limits and hu-*

man needs, W.H. Matthews, Uppsala, Dag Hammarskjöld Foundation, 1976.

Santos de Morais, C., *Laboratorios de capacitación en organización*.

Scott, C.D., "Peasants, proletarization and articulation of modes of production: the case of sugar-cane gutters in northern Peru", *Journal of Peasant Studies*, vol. 3, núm. 3, abril de 1976.

Schejtman, A., *Hacienda and peasant economy*, tesis de grado, Universidad de Oxford, 1970.

Schejtman, A., *Crédito a productores de bajos ingresos en ejidos de temporal: estudios de casos del noroeste de Guanajuato*, Proyecto FAO / SRA / MEX /74/006 (fotocopia), 1976.

Schejtman, A., "Elementos para una teoría de la economía campesina: pequeños propietarios y campesinos de hacienda", *El Trimestre Económico*, vol. XLII (2), núm. 166, México, abril-junio de 1975, reeditado en *Economía Campesina*, Lima, DESCO, 1979.

Secretaría de Programación y Presupuesto, Coordinación General de los Servicios Nacionales de Estadística, Geográfica e Informativa, *Documento de consulta sobre el diseño conceptual del VI censo agropecuario*, México, diciembre de 1979.

Secretaria de Industria y Comercio, Dirección General de Estadística, *Encuesta de ingresos-gasto de 1968*, México, 1970.

Shanin, T., "A Russian peasant household at the turn of the century", en *Peasants and peasant societies*, Penguin, 1973.

Silva Herzog, Jesús, *El agrarismo mexicano y la reforma agraria*, México, Fondo de Cultura Económica, 1959 (2a. ed. aumentada, 1964).

Silva Herzog, Jesús, *El pensamiento económico, social y político de México, 1810-1964*, México, Fondo de Cultura Económica, 1967.

Solís, L., "Hacia un análisis general y a largo plazo del desarrollo económico de México", *Demografía y Economía*, vol. 5, núm. 1, México, El Colegio de México, 1967.

Soto y Gama, *La revolución agraria del sur y Emiliano Zapata, su caudillo*, México, 1960.

Stavenhagen, R., "Aspectos sociales de la estructura agraria en México", en *neolatifundio y explotación*, 1968, Nuestro Tiempo.

Stavenhagen, R., "Siete tesis equivocadas sobre América Latina", en *Sociología y subdesarrollo*, México, Nuestro Tiempo, 1971.

Steinhart, J.S., y C.E., Steinhart, "Energy use in the American food system", *Science*, vol. 184, 1974.

Tabacalera Mexicana (TABAMEX), *Apuntes sobre el tabaco*, México, 1975.

Tepicht, J., *Marxisme et agriculture: Le paysan polonais*, París, Ed. A. Colin, 1973.

Tepicht, J., "Economía contadina y teoría marxista", *Crítica Marxista*, núm. 1, Roma, 1967.

Vergópoulos, K., y S. Amin, *La cuestión campesina y el capitalismo*, México, Nuestro Tiempo, 1975.

Vergópoulos, K., *Capitalisme disforme*, París, Maspero.

Vernon, R., *El dilema del desarrollo económico de México*, México, Diana, 1966.

Vilar, P., "La economía campesina", *Historia y Sociedad*, núm. 15, México, 1977.

impreso en national print, s.a.
san andrés atoto 12 - naucalpan de juárez
53500 edo. de méxico
un mil ejemplares y sobrantes
7 de marzo de 1989

CPSIA information can be obtained
at www.ICGtesting.com
Printed in the USA
BVHW070600090322
630905BV00001B/14